**PAULO FURTADO
DE OLIVEIRA FILHO**
COORDENADOR

LEI DE RECUPERAÇÃO E FALÊNCIA

PONTOS RELEVANTES E CONTROVERSOS DA REFORMA PELA LEI 14.112/20

AUTORES
ARTHUR CASSEMIRO MOURA DE ALMEIDA
JOSÉ AFONSO LEIRIÃO FILHO
MAICON DE ABREU HEISE
MARIA ISABEL FONTANA
OTÁVIO JOAQUIM RODRIGUES
PAULO FURTADO DE OLIVEIRA
PAULO MENDES DE OLIVEIRA
RICARDO DE MORAES CABEZÓN
RITA DIAS NOLASCO

2021 © Editora Foco

Coordenador: Paulo Furtado de Oliveira Filho
Autores: Arthur Cassemiro Moura de Almeida, José Afonso Leirião Filho, Maicon de Abreu Heise, Maria Isabel Fontana,
Otávio Joaquim Rodrigues Filho, Paulo Furtado de Oliveira Filho, Paulo Mendes de Oliveira,
Ricardo de Moraes Cabezón e Rita Dias Nolasco
Diretor Acadêmico: Leonardo Pereira
Editor: Roberta Densa
Assistente Editorial: Paula Morishita
Revisora Sênior: Georgia Renata Dias
Capa Criação: Leonardo Hermano
Imagem de capa: Paulo Oliveira Matos Júnior
Diagramação: Ladislau Lima e Aparecida Lima
Impressão miolo e capa: GRAFNORTE

Dados Internacionais de Catalogação na Publicação (CIP) (Câmara Brasileira do Livro, SP, Brasil)

L525   Lei de recuperação e falência: pontos relevantes e controversos da reforma / Arthur Cassemiro Moura de Almeida
... [et al.] ; coordenado por Paulo Furtado de Oliveira Filho. - Indaiatuba, SP : Editora Foco, 2021.
136 p. ; 17cm x 24cm.

Inclui bibliografia.

ISBN: 978-65-5515-213-5

1. Direito. 2. Direito empresarial. 3. Lei de recuperação e falência. I. Almeida, Arthur Cassemiro Moura de.
II. Leirião Filho, José Afonso. III. Heise, Maicon de Abreu. IV. Fontana, Maria Isabel. V. Rodrigues Filho, Otávio
Joaquim. VI. Oliveira Filho, Paulo Furtado de. VII. Oliveira, Paulo Mendes de. VIII. Cabezón, Ricardo de Moraes. IX.
Nolasco, Rita Dias. X. Título.

2021-229   CDD 346.07   CDU 347.7

Elaborado por Vagner Rodolfo da Silva - CRB-8/9410

Índices para Catálogo Sistemático:

1. Direito empresarial 346.07   2. Direito empresarial 347.7

DIREITOS AUTORAIS: É proibida a reprodução parcial ou total desta publicação, por qualquer forma ou meio, sem a prévia autorização da
Editora FOCO, com exceção do teor das questões de concursos públicos que, por serem atos oficiais, não são protegidas como Direitos Autorais,
na forma do Artigo 8º, IV, da Lei 9.610/1998. Referida vedação se estende às características gráficas da obra e sua editoração. A punição para a
violação dos Direitos Autorais é crime previsto no Artigo 184 do Código Penal e as sanções civis às violações dos Direitos Autorais estão previstas
nos Artigos 101 a 110 da Lei 9.610/1998. Os comentários das questões são de responsabilidade dos autores.

NOTAS DA EDITORA:

Atualizações e erratas: A presente obra é vendida como está, atualizada até a data do seu fechamento, informação que consta na página II do livro.
Havendo a publicação de legislação de suma relevância, a editora, de forma discricionária, se empenhará em disponibilizar atualização futura.

Erratas: A Editora se compromete a disponibilizar no site www.editorafoco.com.br, na seção Atualizações, eventuais erratas por razões de erros
técnicos ou de conteúdo. Solicitamos, outrossim, que o leitor faça a gentileza de colaborar com a perfeição da obra, comunicando eventual
erro encontrado por meio de mensagem para contato@editorafoco.com.br. O acesso será disponibilizado durante a vigência da edição da obra.

Impresso no Brasil (01.2021) – Data de Fechamento (01.2021)

2021

Todos os direitos reservados à
Editora Foco Jurídico Ltda.

Rua Nove de Julho, 1779 – Vila Areal
CEP 13333-070 – Indaiatuba – SP

E-mail: contato@editorafoco.com.br
www.editorafoco.com.br

APRESENTAÇÃO

Esta obra representa um esforço inicial de compreensão das novidades introduzidas no sistema de insolvência brasileiro pela Lei 14.112/2020, contendo, em sua primeira edição, nove artigos escritos por procuradores, advogados, administradores judiciais, promotores e juízes.

Paulo Mendes de Oliveira e Rita Dias Nolasco retratam a evolução da disciplina do tratamento dos créditos tributários das empresas em crise, concluindo que uma recuperação judicial efetiva não pode dispensar o equacionamento do passivo tributário.

Na sequência, abordo os dispositivos legais que introduzem as mediações e conciliações, apontando a fragilidade do sistema de tratamento preventivo da crise que se pretende implantar.

Ricardo de Moraes Cabezón analisa as novas hipóteses de recuperação judicial em falência, como o esvaziamento patrimonial pelo devedor no curso do processo, bem como o descumprimento do parcelamento tributário.

Otávio Joaquim Rodrigues Filho expõe a sua visão crítica acerca da desconsideração da personalidade jurídica e da extensão da falência, bem como a conexão da matéria com a consolidação substancial.

A seguir, apresento a disciplina do encerramento do processo de recuperação judicial, que mostra-se mais eficiente do que o regime atual.

Arthur Cassemiro Moura de Almeida cuida de um das maiores novidades da Lei 14.112/2020, apresentando relevante abordagem da insolvência transnacional.

Maicon de Abreu Heise comenta os mecanismos criados para tornar mais eficiente a realização do ativo na falência e permitir o encerramento mais rápido de falências frustradas.

Maria Isabel Fontana aponta os problemas decorrentes da disciplina da consolidação substancial, a par de comentar os dispositivos que cuidam da consolidação processual.

Finalmente, José Afonso Leirião Filho oferece uma visão abrangente da nova disciplina da recuperação judicial no agronegócio.

Espero que a obra seja útil ao leitor.

Paulo Furtado de Oliveira Filho

APRESENTAÇÃO

Esta obra representa um esforço inicial de compreensão das novidades introduzidas no sistema de insolvência brasileiro pela Lei 14.112/2020, contendo, em sua primeira edição, nove artigos escritos por procuradores, advogados, administradores judiciais, promotores e juízes.

Paulo Mendes de Oliveira e Rita Dias Nolasco retratam a evolução da disciplina do tratamento dos créditos tributários das empresas em crise, concluindo que uma recuperação judicial efetiva não pode dispensar o equacionamento do passivo tributário. Na sequência, abordou os dispositivos legais que introduzem as mudanças e conclusões, apontando a fragilidade do sistema de tratamento preventivo da crise que se pretende implantar.

Ricardo de Moraes Cabezón analisa as novas hipóteses de recuperação judicial em latência, como o esvaziamento patrimonial pelo devedor no curso do processo, bem como o descumprimento do parcelamento tributário.

Otávio Joaquim Rodrigues Filho expõe a sua visão crítica acerca da desconsideração da personalidade jurídica e da extensão da falência, bem como a conexão da matéria com a consolidação substancial.

A seguir, apresento a disciplina do encerramento do processo de recuperação judicial, que se mostra mais eficiente do que o regime atual.

Arthur Caetano Moura de Almeida cuida de um das maiores novidades da Lei 14.112/2020, apresentando relevante abordagem da insolvência transnacional.

Marcon de Abreu Heise comenta os mecanismos criados para tornar mais eficiente a realização do ativo na falência e permitir o encerramento mais rápido de falências frustradas.

Maria Isabel Fontana aponta os problemas decorrentes da disciplina da consolidação substancial, a par de comentar os dispositivos que cuidam da consolidação processual.

Finalmente, José Afonso Leirão Filho oferece uma visão abrangente da nova disciplina da recuperação judicial no agronegócio.

Espero que a obra seja útil ao leitor.

Paulo Furtado de Oliveira Filho

SUMÁRIO

OS CRÉDITOS TRIBUTÁRIOS E O NOVO MODELO DE RECUPERAÇÃO JUDICIAL

Paulo Mendes de Oliveira e Rita Dias Nolasco 1

DAS CONCILIAÇÕES E DAS MEDIAÇÕES ANTECEDENTES OU INCIDENTAIS AOS PROCESSOS DE RECUPERAÇÃO JUDICIAL

Paulo Furtado de Oliveira Filho 11

CONVOLAÇÃO DA RECUPERAÇÃO JUDICIAL EM FALÊNCIA

Ricardo de Moraes Cabezón 31

DESCONSIDERAÇÃO DA PERSONALIDADE JURÍDICA E EXTENSÃO DA FALÊNCIA: ANÁLISE DO ART. 82-A DA LEI 11.101/2005, INTRODUZIDO PELA LEI 14.112/2020

Otávio Joaquim Rodrigues Filho 47

A NOVA DISCIPLINA DO ENCERRAMENTO DO PROCESSO DE RECUPERAÇÃO JUDICIAL

Paulo Furtado de Oliveira Filho 57

DA INSOLVÊNCIA TRANSNACIONAL

Arthur Cassemiro Moura de Almeida 65

REALIZAÇÃO DO ATIVO E FALÊNCIA FRUSTRADA

Maicon de Abreu Heise 77

O PASSO EM FALSO DO LEGISLADOR COM RELAÇÃO À CONSOLIDAÇÃO PROCESSUAL E SUBSTANCIAL

Maria Isabel Fontana 91

IMPACTOS DAS ALTERAÇÕES DA LEI FALIMENTAR À ATIVIDADE RURAL E AO FINANCIAMENTO DO AGRONEGÓCIO

José Afonso Leirião Filho 111

1
OS CRÉDITOS TRIBUTÁRIOS E O NOVO MODELO DE RECUPERAÇÃO JUDICIAL

Paulo Mendes de Oliveira

Pós-Doutor em Direito (UFBA). Doutor e Mestre em Direito (UFRGS). Professor de Direito Processual Civil Procurador da Fazenda Nacional.

Rita Dias Nolasco

Doutora em Direito (PUC/SP). Professora de Direito Processual Civil. Diretora Regional do Instituto Brasileiro de Direito Processual. Procuradora da Fazenda Nacional.

> **Sumário:** 1. Notas introdutórias. 2. Comentários ao art. 3º da Lei 14.112/2020. 2.1 Notas sobre o art. 10-A da Lei 10.522/02, modificado pela Lei 14.112/2020. 2.2 Notas sobre o art. 10-B da Lei 10.522/02, incluído pela Lei 14.112/2020. 2.3 Notas sobre o art. 10-C da Lei 10.522/02, incluído pela Lei 14.112/2020. 3. Referências.

1. NOTAS INTRODUTÓRIAS

O art. 3º da Lei 14.112/2020 traz importantes mudanças no regime da recuperação judicial em relação à cobrança dos créditos públicos. A reforma legislativa justifica-se em razão das sérias dificuldades que tais créditos vêm enfrentando diante da recuperação judicial, pois os dispositivos da Lei 11.101/05 têm sido interpretados de maneira que, na prática, impedem os atos para satisfação do crédito público[1], afastando o modelo proposto pelo legislador.

Os arts. 57[2] da Lei 11.101/05 e 191-A[3] do CTN exigem a Certidão Negativa de Débitos tributários como um dos requisitos para concessão da recuperação judicial e o art. 6º, § 7º-A e B LREF[4] são claros no sentido de que a cobrança judicial do crédito público

---

1. A Segunda Seção do STJ, por exemplo, entende que o deferimento da recuperação judicial não suspende a execução fiscal, mas os atos de execução devem se submeter ao juízo universal. Ademais, não exige a apresentação de CND como requisito para o prosseguimento da recuperação judicial, nos termos do art. 57 da Lei 11.101/05. Vide: AgRg no CC 136130/SP, AgRg no CC 136844/RS, AgRg no CC 138942/RS e EDcl nos EDcl no AgRg no AgRg no CC 119202/SP.
2. Art. 57, da Lei 11.101/05: Após a juntada aos autos do plano aprovado pela assembleia geral de credores ou decorrido o prazo previsto no art. 55 desta Lei sem objeção de credores, o devedor apresentará certidões negativas de débitos tributários nos termos dos arts. 151, 205, 206 da Lei 5.172, de 25 de outubro de 1966 – Código Tributário Nacional.
3. Art. 191-A. A concessão de recuperação judicial depende da apresentação da prova de quitação de todos os tributos, observado o disposto nos arts. 151, 205 e 206 desta Lei.
4. Art. 6º, § 7º-A, da Lei 11.101/05: O disposto nos incisos I, II e III do caput deste artigo não se aplica aos créditos referidos nos §§ 3º e 4º do art. 49 desta Lei, admitida, todavia, a competência do juízo da recuperação judicial para determinar a suspensão dos atos de constrição que recaiam sobre bens essenciais à manutenção da atividade

não se sujeita à recuperação judicial, bem como que a execução fiscal não se suspende pelo deferimento da recuperação judicial. A despeito do deferimento da recuperação judicial, a execução fiscal deve prosseguir até ultimar os atos executórios, mediante a constrição e a alienação de bens pertencentes à executada, a fim de assegurar o integral adimplemento do crédito público.

Aquele que pretende se utilizar do regime legal de recuperação judicial deve adotar as medidas necessárias para, no mínimo, suspender o curso das execuções fiscais, por meio do pedido de parcelamento administrativo.

Há inúmeras decisões do STJ no sentido de ser dispensável a apresentação de Certidão Negativa de Débito (CND) e de que as execuções fiscais devem ficar paralisadas enquanto tramita a recuperação judicial.[5] Ou seja, os Entes Públicos, além de terem as suas execuções suspensas, restando impossibilitados de cobrar um crédito que a lei previu que seria prioritário, também não podem fazer parte do plano de recuperação, pois a lei não prevê a sua participação (justamente porque o crédito público não se submete à recuperação judicial). Tal interpretação é realizada em nome do "princípio da preservação da empresa", que supostamente autorizaria o Poder Judiciário a se afastar completamente das regras previstas em lei e a criar um modelo próprio de recuperação judicial, no qual o crédito público estaria completamente alijado.

O principal fundamento utilizado para flexibilizar a regra que exige a apresentação da CND era de que não havia um parcelamento especial para dívidas tributárias das empresas em recuperação judicial. A Lei 13.043 foi publicada em 14.11.2014, incluindo o artigo 10-A na Lei 10.522/2002, que prevê o parcelamento especial para os devedores em recuperação judicial.[6]

---

empresarial durante o prazo de suspensão a que se refere o § 4º deste artigo, a qual será implementada mediante a cooperação jurisdicional, na forma do art. 69 da Lei 13.105, de 16 de março de 2015 (Código de Processo Civil), observado o disposto no art. 805 do referido Código. § 7º-B O disposto nos incisos I, II e III do caput deste artigo não se aplica às execuções fiscais, admitida, todavia, a competência do juízo da recuperação judicial para determinar a substituição dos atos de constrição que recaiam sobre bens essenciais à manutenção da atividade empresarial até o encerramento da recuperação judicial, a qual será implementada mediante a cooperação jurisdicional, na forma do art. 69 da Lei 13.105, de 16 de março de 2015 (Código de Processo Civil), observado o disposto no art. 805 do referido Código.

5. Agravo interno no agravo em recurso especial. Recuperação judicial. Processamento. Viabilidade. Certidão negativa de débito. Desnecessidade. Análise de direito local. Impossibilidade. 1. Recurso especial interposto contra acórdão publicado na vigência do Código de Processo Civil de 2015 (Enunciados Administrativos 2 e 3/STJ). 2. Não é necessária a apresentação de certidão negativa de débito tributário como pressuposto para o deferimento da recuperação judicial. Precedentes da Corte Especial. 3. A análise de contrariedade a lei estadual é inviável pela via do recurso especial, nos termos da Súmula 280/STF. 4. Agravo interno não provido. (AgInt no AREsp 1185380/SC, Rel. Ministro RICARDO VILLAS BÔAS CUEVA, TERCEIRA TURMA, julgado em 26/06/2018, DJe 29/06/2018)5 "Desse modo, observa-se que a jurisprudência nacional afasta-se ligeiramente do modelo legal previsto para a questão do crédito fiscal na recuperação judicial para, além de dispensar a regularização fiscal da interessada na benesse legal, permitir um prosseguimento apenas formal do executivo fiscal, com a imposição de óbices quase intransponíveis à efetivação de atos de constrição e alienação patrimonial, resultando, por vezes, na satisfação primeira de credores privados em detrimento do crédito público, o que não se conforma aos valores consagrados na ordem jurídica brasileira". (MENEGAT, Bruno; FOLADOR, Rafael. "Da cobrança de créditos fiscais de empresas em recuperação judicial: custos, experiências internacionais e análise crítica da jurisprudência brasileira." *Revista da PGFN*. Ano VII, Número 10, 2017, p. 215).

6. A liminar deferida na RCL 43169 (STF), publicada em 09/09/20, o ministro Luiz Fux entendeu que "A exigência de Certidão de Regularidade Fiscal para a homologação do plano de recuperação judicial faz parte de um sistema que impõe ao devedor, para além da negociação com credores privados, a regularização de sua situação fiscal, por

Diante deste cenário jurisprudencial, o legislador novamente tenta estabelecer um procedimento que, sem descurar da adequada tutela às empresas recuperandas, confira a necessária proteção aos créditos públicos, que não podem ser desconsiderados diante dos credores privados. Segundo consta do relatório apresentado pelo Deputado Hugo Leal, pretende-se "aproximar o Fisco da recuperação judicial, conferindo-lhe, tanto quanto possível, tratamento similar ao dos credores sujeitos à RJ". E prossegue explicando que, sem mudar a lógica inicial de não incluir os créditos públicos no plano de recuperação, se devem conferir maiores proteções ao crédito público, autorizando inclusive a transação tributária: "estamos propondo autorizar a transação tributária, mas mantendo o crédito fiscal como não sujeito à RJ, de forma que as negociações com o fisco sejam realizadas em paralelo às negociações com os credores sujeitos ao plano (...)."[7]

Deve-se ter presente, por fim, que a recuperação judicial é uma tentativa de soerguimento de empresas viáveis e não um estado pré-falimentar, que pode ser utilizado para beneficiar certos credores em detrimento de outros. Não à toa, a Lei 11.101/05 exige tantos requisitos para o seu deferimento, dentre os quais a disposição e a aptidão para a regularização dos créditos públicos. Assim se manifesta doutrina autorizada:

> Assim, a recuperação da empresa não deve ser vista como um valor jurídico a ser buscado a qualquer custo. Pelo contrário, as más empresas devem falir para que as boas não se prejudiquem. Quando o aparato estatal é utilizado para garantir a permanência de empresas insolventes inviáveis, opera-se uma inversão inaceitável: o risco da atividade empresarial transfere-se do empresário para seus credores"[8]

A Lei 14.112/2020 deve ser vista, portanto, como uma importante iniciativa legislativa para reestruturar o procedimento de recuperação judicial, após mais de uma década de experimentação. Importante que a doutrina e o Poder Judiciário interpretem adequadamente seus dispositivos, sobretudo com respeito à proposta que foi tão estudada e discutida no parlamento. Os créditos públicos não podem ser colocados em segundo plano, a fim de que só sejam adimplidos após o pagamento dos credores privados, modelo este que se afasta por completa do procedimento estruturado na legislação.[9]-[10]

---

meio do parcelamento de seus débitos junto ao Fisco. Consectariamente, a não regularização preconizada pelo legislador possibilita a continuidade dos executivos fiscais movidos pela Fazenda (art. 6º, § 7º da Lei 11.101/05), o que, em última instância, pode resultar na constrição de bens que tenham sido objeto do Plano de Recuperação Judicial, situação que não se afigura desejável."

7. Relatório PL 6.229/05, p. 20.

8. COELHO, Fábio Ulhoa. *Comentários à Nova Lei de Falências e de Recuperação Judicial*. São Paulo: Saraiva, 2005, p. 117.

9. Nesse sentido: "A Segunda Turma do STJ, no julgamento do REsp 1.512.118/SP, Rel. Min. Herman Benjamin, revisitou a jurisprudência relativa ao tema, para assentar o seguinte entendimento: a) constatado que a concessão do Plano de Recuperação Judicial se deu com estrita observância dos arts. 57 e 58 da Lei 11.101/2005 (ou seja, com prova de regularidade fiscal), a Execução Fiscal será suspensa em razão da presunção de que os créditos fiscais encontram-se suspensos nos termos do art. 151 do CTN; b) caso contrário, isto é, se foi deferido, no juízo competente, o Plano de Recuperação Judicial sem a apresentação da CND ou CPEN, incide a regra do art. 6º, § 7º, da Lei 11.101/2005, de modo que a Execução Fiscal terá regular prosseguimento, pois não é legítimo concluir que a regularização do estabelecimento empresarial possa ser feita exclusivamente em relação aos seus credores privados, e, ainda assim, às custas dos créditos de natureza fiscal." (Resp. 1.673.421/RS, Julgado em 17.10.2017).

10. Chama a atenção o resultado de estudo empírico sobre as recuperações judiciais em São Paulo, revelando que apenas 5% dos processos efetivamente encerram com o resultado esperado: o saneamento das dívidas e o cumprimento do plano: "(...) a quantidade de empresários ou sociedades empresárias que tiveram suas recuperações judiciais encerradas por cumprimento do plano e soergueram suas atividades é baixa, quando comparado ao total de pedidos de processamento, pois percentualmente representa apenas 5,02% do total dos pedidos de processamento."

2. COMENTÁRIOS AO ART. 3º DA LEI 14.112/2020

2.1 Notas sobre o art. 10-A da Lei 10.522/02, modificado pela Lei 14.112/2020

O art. 3º da Lei 14.112/2020 modifica a redação do art. 10-A da Lei 10.522/02 e acrescenta os arts. 10-B e 10-C à mesma lei.

O art. 10-A, na sua redação original, foi introduzido pela Lei 13.043/14 com o objetivo de regulamentar o parcelamento especial que foi posto à disposição do empresário ou da sociedade empresária que pleiteasse ou tivesse deferido o processamento da recuperação judicial, nos termos dos arts. 51, 52 e 70 da Lei 11.101/05. Tal parcelamento foi bastante aguardado, pois era tido por algumas decisões judiciais como requisito para a exigência da certidão negativa prevista no art. 57 da Lei 11.101/05, ou seja, só seria exigida a certidão negativa de débitos tributários como requisito para o prosseguimento da recuperação judicial após a implementação legislativa do referido parcelamento especial.[11] O art. 10-A traz algumas novidades.

Diga-se, de início, que o parcelamento especial ora em comento possui condições extremamente benéficas aos recuperandos, uma vez que as mensalidades serão fixadas, durante as doze primeiras parcelas, no percentual de 0,5% (cinco décimos por cento) sobre o valor da dívida consolidada; nas dozes parcelas seguintes, equivalerá a 0,6% (seis décimos por cento). Trata-se de fórmula bastante vantajosa aos sujeitos em recuperação judicial, oportunizando o pagamento, no período inicial de dois anos, de parcelas significativamente reduzidas, além de um prazo mais alongado em relação ao parcelamento ordinário.

Efetivado o parcelamento, o sujeito passivo cumprirá o requisito previsto no art. 57 da Lei 11.101/05 c/c art. 191-A do CTN, que exigem a regularização fiscal como condição *sine qua non* para o deferimento da recuperação judicial.

Outra vantagem do novo parcelamento é a possibilidade de inclusão de débitos ainda não vencidos, quando do protocolo da petição inicial da recuperação judicial ou da decretação da falência. Assim, o devedor poderá liquidar os seus débitos junto à Fazenda Nacional, ainda que não vencidos até a data do protocolo da petição inicial da recuperação judicial ou da decretação da falência, de natureza tributária ou não tributária, constituídos ou não, inscritos ou não em dívida ativa (art. 10-A, *caput*). Na hipótese de o sujeito passivo optar pela inclusão no parcelamento de débitos que se encontrem sob discussão administrativa ou judicial, submetidos ou não à causa legal de suspensão de exigibilidade, deverá comprovar que desistiu expressamente e de forma irrevogável da impugnação ou do recurso interposto ou da ação judicial e, cumulativamente, que

---

(OLIVEIRA, Rafael Alves. Recuperação Judicial: uma análise empírica do processo de recuperação distribuídos junto à 2ª Vara de Falências e Recuperações do Foro Cível da Comarca da Capital do Estado de São Paulo, com ênfase nas recuperações judiciais encerradas por cumprimento. Fundação Getúlio Vargas, São Paulo, 2015, p. 93. Disponível em: https://bibliotecadigital.fgv.br/dspace/bitstream/handle/10438/13642/Rafael%20Alves%20de%20 Oliveira%20-%20Disserta%c3%a7%c3%a3o.pdf?sequence=1&isAllowed=y. Acesso em: 26.02.2020).

11. "O parcelamento tributário é direito da empresa em recuperação judicial que conduz a situação de regularidade fiscal, de modo que eventual descumprimento do que dispõe o art. 57 da LRF só pode ser atribuído, ao menos imediatamente e por ora, à ausência de legislação específica que discipline o parcelamento em sede de recuperação judicial, não constituindo ônus do contribuinte, enquanto se fizer inerte o legislador, a apresentação de certidões de regularidade fiscal para que lhe seja concedida a recuperação" (REsp 1.187.404/MT, DJe de 21.08.2013).

renunciou às alegações de direito sobre as quais se fundem a ação judicial e o recurso administrativo (art. 10-A, § 2°). Não basta, portanto, a desistência do processo judicial, indispensável a renúncia à pretensão formulada na ação, o que ensejará uma decisão de mérito, nos termos do art. 487, III, do CPC.

Apesar de o parágrafo terceiro do art. 10-A expor que a adesão ao parcelamento abrangerá a totalidade dos débitos exigíveis em nome do sujeito passivo, o próprio dispositivo traz algumas exceções. É possível que sejam excluídos os débitos objeto de outros parcelamentos ou que comprovadamente sejam objeto de discussão judicial. Nesta última hipótese, será necessário o oferecimento de garantia idônea e suficiente, aceita pela Fazenda Pública em juízo, ou a apresentação de decisão judicial em vigor e eficaz que determine a suspensão da sua exigibilidade (art. 10-A, § 1-C, I). Ou seja, estando o débito em discussão judicial, só é possível excluí-lo do parcelamento se estiver adequadamente garantido ou estiver com a sua exigibilidade suspensa por decisão judicial.

Optando pelo oferecimento da garantia e não havendo suspensão da exigibilidade ou a extinção do crédito em discussão judicial, a Lei prevê que a referida garantia não poderá ser incluída no plano de recuperação judicial, permitida a sua execução regular, inclusive por meio da expropriação (art. 10-A, § 1°-C, II). A mesma regra aplica-se para os depósitos judiciais oferecidos para fim de garantia e suspensão da exigibilidade do crédito fiscal (art. 10-A, § 1°-C, III). Trata-se de mandamento legal muito claro e que visa à proteção do crédito público, dispositivo que está em rigorosa harmonia sistemática com o regime da recuperação judicial. Se o crédito público não se submete à recuperação judicial, a sua eventual garantia não pode ser incluída no plano de recuperação, sob pena de reconfigurar a proposta do legislador. Vale lembrar, no particular, a súmula 480 da jurisprudência do STJ, que estabelece que "o juízo da recuperação judicial não é competente para decidir sobre a constrição de bens não abrangidos pelo plano de recuperação da empresa". Assim, caberá ao juízo da execução fiscal definir o destino dos bens ofertados em garantia ao crédito público.

A adesão ao parcelamento previsto no art. 10-A da Lei 10.522/2002 depende da assinatura de um termo de compromisso pelo interessado, que, nos termos do art. 10-A, § 2°-A, estará previsto:

I – o fornecimento, à Secretaria da Receita Federal do Brasil do Ministério da Economia e à Procuradoria-Geral da Fazenda Nacional, de informações bancárias, incluídas aquelas sobre extratos de fundos ou aplicações financeiras e sobre eventual comprometimento de recebíveis e demais ativos futuros;

II – o dever de amortizar o saldo devedor do parcelamento de que trata este artigo com percentual do produto de cada alienação de bens e direitos integrantes do ativo não circulante realizada durante o período de vigência do plano de recuperação judicial, sem prejuízo do disposto no inciso III do § 4° do art. 10-A. Segundo o § 2°-B, I, do art. 10-A, a referida amortização implicará redução proporcional da quantidade de parcelas vincendas. Ademais, observado o limite máximo de trinta por cento do produto da alienação, o percentual a ser destinado para a amortização do parcelamento corresponderá à razão entre o valor total do passivo fiscal e o valor total de dívidas do devedor, na data do pedido de recuperação judicial (art. 10-A, § 2°-B, II).

III – o dever de manter a regularidade fiscal; e

IV – o cumprimento regular das obrigações para com o Fundo de Garantia do Tempo de Serviço (FGTS).

A Lei prevê duas modalidades de parcelamento, devendo o sujeito passivo escolher apenas uma delas. A principal novidade da proposta legislativa, no particular, é o aumento do prazo, que antes era de 84 parcelas e foi estendido para 120 prestações. Vejamos os parcelamentos previstos:

I – parcelamento da dívida consolidada em até cento e vinte prestações mensais e sucessivas, calculadas de modo a observar os seguintes percentuais mínimos, aplicados sobre o valor da dívida consolidada no parcelamento: a) da primeira à décima segunda prestação: cinco décimos por cento; b) décima terceira à vigésima quarta prestação: seis décimos por cento; e c) da vigésima quinta prestação em diante, aplicar-se-á um percentual correspondente ao saldo remanescente, em até noventa e seis prestações mensais e sucessivas; ou

II – em relação aos débitos administrados pela Secretaria da Receita Federal do Brasil do Ministério da Economia, liquidação de até trinta por cento da dívida consolidada no parcelamento com a utilização de créditos decorrentes de prejuízo fiscal e base de cálculo negativa da Contribuição Social sobre o Lucro Líquido – CSLL ou com outros créditos próprios relativos aos tributos administrados pela Secretaria da Receita Federal do Brasil do Ministério da Economia, hipótese em que o restante poderá ser parcelado em até oitenta e quatro parcelas, calculadas de modo a observar os seguintes percentuais mínimos, aplicados sobre o saldo da dívida consolidada: a) da primeira à décima segunda prestação: cinco décimos por cento; b) da décima terceira à vigésima quarta prestação: seis décimos por cento; c) da vigésima quinta prestação em diante, aplicar-se-á um percentual correspondente ao saldo remanescente, em até sessenta prestações mensais e sucessivas. Esta segunda modalidade chama a atenção por viabilizar a liquidação de 30% do débito sem que o devedor tenha que utilizar o caixa da empresa, o que se afigura bastante vantajoso.

Não é apenas o parcelamento previsto no art. 10-A da Lei 10.522 que possibilita o prosseguimento da recuperação judicial, não sendo necessário que débitos incluídos em outros parcelamentos sejam deles excluídos. É possível que tais débitos continuem submetidos às regras de outros parcelamentos, sem prejuízo da inclusão de outros débitos no parcelamento específico da recuperação judicial. Neste caso, deverá ser firmado ou mantido o termo de compromisso a que se refere o § 5º do art. 10-A supra mencionado, sob pena de indeferimento ou de exclusão do parcelamento (art. 10-A, § 1º). Contudo, o empresário ou a sociedade empresária poderá, a seu critério, desistir dos parcelamentos em curso, independentemente da modalidade, e solicitar que sejam parcelados nos termos previstos no art. 10-A (art. 10-A, § 7º).

No § 4º do art. 10-A estão previstas as hipóteses de exclusão do sujeito passivo do parcelamento, assim elencadas:

I – a falta de pagamento de três parcelas consecutivas ou de seis parcelas alternadas;

II – a falta de pagamento de uma ou duas parcelas, se todas as demais estiverem pagas;

III – a constatação, pela Secretaria da Receita Federal do Brasil do Ministério da Economia ou pela Procuradoria Geral da Fazenda Nacional, de qualquer ato tendente ao esvaziamento patrimonial do sujeito passivo como forma de fraudar o cumprimento do parcelamento, observado, no que couber, o disposto no inciso II do § 2º-A do art. 10-A;

IV – a decretação de falência ou extinção, pela liquidação, da pessoa jurídica optante;

V – a concessão de medida cautelar fiscal, nos termos da Lei 8.397 de 6 de janeiro de 1992;

VI – a declaração de inaptidão da inscrição no Cadastro Nacional da Pessoa Jurídica – CNPJ, nos termos dos arts. 80 e 81 da Lei 9.430 de 27 de dezembro de 1996;

VII – a extinção sem resolução do mérito ou a não concessão da recuperação judicial, bem como a convolação desta em falência; ou

VIII – o descumprimento de quaisquer das condições previstas no § 2º-A do art. 10-A.

Uma vez excluído o sujeito passivo do parcelamento, restabelece-se a exigibilidade imediata da totalidade do débito confessado e ainda não pago, com o prosseguimento das execuções fiscais relacionadas aos créditos cuja exigibilidade estava suspensa, inclusive com a possibilidade de prática de atos de constrição e alienação pelos juízos que as processam, podendo ser executadas as garantias, ressalvada a hipótese de a Fazenda Nacional requerer a convolação da recuperação judicial em falência. Na hipótese de o sujeito passivo ter optado por amortizar sua dívida utilizando-se de créditos decorrentes de prejuízo fiscal e base de cálculo negativa da Contribuição Social sobre o Lucro Líquido – CSLL ou com outros créditos próprios relativos aos tributos administrados pela Secretaria da Receita Federal do Brasil do Ministério da Economia (art. 10-A, II), ocorrerá o restabelecimento em cobrança dos valores liquidados com tais créditos, ou seja, o devedor perde o direito à utilização destes créditos para amortização de sua dívida (art. 10-A, § 4º-A).

Por fim, com o objetivo de concretizar o comando constitucional de tratamento favorecido para pequenas de pequeno porte, previsto no art. 170, IX, da CF/88, o § 7º do art. 10-A prevê que as microempresas e as empresas de pequeno porte farão jus a prazos vinte por cento superiores àqueles regularmente concedidos às demais empresas.

2.2 Notas sobre o art. 10-B da Lei 10.522/02, incluído pela Lei 14.112/2020

Mais uma importante novidade instituída pelo art. 3º da Lei 14.112/2020 foi a possibilidade de parcelamento de débitos relativos a tributos passíveis de retenção na fonte, de desconto de terceiros ou de sub-rogação e relativos a Imposto sobre Operações de Crédito, Câmbio e Seguro e sobre Operações relativas a Títulos e Valores Mobiliários – IOF, retido e não recolhido ao Tesouro Nacional (art. 14, I e II, da Lei 10.522/02). Tais débitos, ainda que não vencidos até a data do protocolo da petição inicial da recuperação judicial, constituídos ou não, inscritos ou não em dívida ativa, poderão ser parcelados em até vinte e quatro parcelas mensais e consecutivas, calculadas de modo a observar os seguintes percentuais mínimos, aplicados sobre o valor da dívida consolidada (art. 10-B, *caput*):

I – da primeira à sexta prestação: três por cento;

II – da sétima à décima segunda prestação: seis por cento;

III – da décima terceira prestação em diante, aplicar-se-á um percentual correspondente ao saldo remanescente, em até doze prestações mensais e sucessivas.

À presente modalidade de parcelamento aplica-se o art. 10-A antes comentado, exceto quanto às modalidades de parcelamentos previstas nos incisos I e II do caput e seus consectários (vide art. 10-A, § 2º, e § 9º, III).

Também aqui há um regime diferenciado para as microempresas e empresas de pequeno porte, que farão jus a prazos vinte por cento superiores àqueles regularmente concedidos às demais empresas (art. 10-B, § 2º).

2.3 Notas sobre o art. 10-C da Lei 10.522/02, incluído pela Lei 14.112/2020

Um fenômeno que vem modificando substancialmente o Direito brasileiro é a presença, cada vez maior, da consensualidade no direito público. O seu impacto no direito tributário pode ser visto pelo advento da Lei 13.988, de 14 de abril de 2020, fruto da conversão da denominada MP do Contribuinte Legal (MP 899, de 2019), que regulamentou a transação tributária, nos termos do art. 171 do CTN. Confere-se maior discricionariedade aos agentes públicos para analisar a situação financeira dos sujeitos em dívida com a Fazenda Pública e tentar buscar a melhor situação de acordo com as características do caso concreto. A possibilidade de transação tributária abrange inclusive os devedores em recuperação judicial ou extrajudicial e falidos.[12]

Seguindo esta linha evolutiva, o art. 10-C da Lei 10.522/02 traz previsão específica de transação tributária no contexto da recuperação judicial, a fim de oportunizar mais um caminho para o adimplemento do crédito público e viabilização da empresa em situação de insolvência.

Assim, alternativamente ao parcelamento, o sujeito passivo que tiver deferido o processamento da recuperação judicial, poderá, até o momento referido no art. 57 da Lei 11.101, de 9 de fevereiro de 2005, submeter à Procuradoria-Geral da Fazenda Nacional – PGFN proposta de transação relativa a créditos inscritos em dívida ativa da União, nos termos da Medida Provisória 899, de 16 de outubro de 2019, observado que (art. 10-C, I, II, III):

> I – o prazo máximo para quitação será de até até cento e vinte meses;
>
> II – o limite máximo para reduções será de até setenta por cento;
>
> III – a transação também terá como limites os percentuais médios de alongamento de prazos e de descontos oferecidos no plano de recuperação judicial em relação aos créditos a ele sujeitos, sendo autorizada, para fins de observância desse limite, a modificação unilateral do termo de transação por parte da PGFN na hipótese de alteração superveniente do plano de recuperação judicial ofertado aos credores ou por estes aprovados nos termos da Lei 11.101, de 9 de fevereiro de 2005.

O limite de que trata o trata o item I poderá ser ampliado em até doze meses adicionais quando constatado que o devedor em recuperação judicial desenvolve projetos sociais, nos termos da regulamentação a que se refere a Medida Provisória 899, de 16 de outubro de 2019 (art. 10-C, § 1°).

Importante ter presente que o negócio jurídico celebrado entre a União e o sujeito passivo é um ato personalíssimo, pois devem ser analisadas as circunstâncias concretas de cada empresário ou sociedade empresária e, por consequência, a possibilidade de o crédito tributário ser efetivamente adimplido. Assim, caberá à PGFN, em juízo de conveniência e oportunidade, obedecidos os requisitos em Lei e em atos regulamentares, de forma motivada, propor ou analisar proposta de transação formulada pelo devedor, observado interesse público e os princípios da isonomia, capacidade contributiva, transparência, moralidade, livre concorrência, preservação da atividade empresarial,

---

12. Portaria n. 9.917, de 14 de abril de 2020. Disopnível em: https://www.in.gov.br/en/web/dou/-/portaria-n-9.917-de-14-de-abril-de-2020-252722494.

razoável duração dos processos e eficiência, tendo como parâmetros, dentre outros (art. 10-C, IV):

a) a recuperabilidade do crédito, inclusive considerando eventual prognóstico em caso de falência;

b) a proporção entre o passivo fiscal e o restante das dívidas do sujeito passivo;

c) o porte e a quantidade de vínculos empregatícios mantidos pela pessoa jurídica; e

d) o disposto no inciso III do art. 10-C.

A transparência no procedimento de transação é fundamental para a legitimação do ato do poder público. Por tal razão, a cópia integral do processo administrativo de análise da proposta de transação será encaminhada ao juízo da recuperação judicial, ainda que esta tenha sido rejeitada (art. 10-C, IV).

Ademais, sem prejuízo do disposto no art. 4º da Medida Provisória 899, de 16 de outubro de 2019, serão exigidos os seguintes compromissos adicionais do proponente (art. 10- C, V):

a) fornecer à PGFN informações bancárias e empresariais, incluídas aquelas sobre extratos de fundos ou aplicações financeiras e sobre eventual comprometimento de recebíveis e demais ativos futuros;

b) manter regularidade fiscal perante a União;

c) manter o Certificado de Regularidade do FGTS;

d) demonstrar a ausência de prejuízo ao cumprimento das obrigações contraídas com a celebração da transação em caso de alienação ou oneração de bens ou direitos integrantes do respectivo ativo não circulante;

A apresentação da proposta de transação suspende o andamento das execuções fiscais, salvo oposição justificada por parte da PGFN, a ser apreciada pelo respectivo juízo (art. 10-C, VI).

A transação prevista no art. 10-C aplica-se, no que couber, aos créditos de qualquer natureza das autarquias e das fundações públicas federais (art. 10-C, § 2º). Em relação aos Estados, ao Distrito Federal e aos Municípios, poderão, por lei de iniciativa própria, autorizar que o referido disposto legal se aplique a seus créditos. É necessária esta lei específica, pois o legislador federal não possui atribuição constitucional para dispor sobre créditos tributários dos demais entes federativos.

3. REFERÊNCIAS

CAMPI, Ana Cristina Baptista. "O deferimento da recuperação judicial não suspende a execução fiscal, mas os atos que importem em constrição ou alienação do patrimônio da recuperanda devem se submeter ao juízo universal." *Teses jurídicas dos tribunais superiores: direito comercial*, v. 8, n. 1. São Paulo: Ed. RT, 2017.

CAMPOS, Marcelo. "Conflito de competência – execução fiscal – recuperação judicial – dois juízos competentes para determinar a destinação de um mesmo patrimônio – procedimento executório que não se suspende com o deferimento do plano de soerguimento – atos de alienação, contudo, que são obstados, para não prejudicar a reorganização da empresa – julgamento afeto ao juízo universal." *Revista tributária e de finanças públicas*, v. 23, n. 124, p. 357-363, set./out. 2015.

COELHO, Fábio Ulhoa. *Comentários à Nova Lei de Falências e de Recuperação Judicial*. São Paulo: Saraiva, 2005.

LUCAS, Laís Machado. Transcorridos 10 Anos de Recuperação Judicial no Brasil, pode-se falar em (in) eficácia do instituto? In GARCIA, Ricardo (Org.) 10 Anos da Lei de Falências e Recuperação Judicial de Empresas: Inovações, Desafios e Perspectivas. Porto Alegre, Editora Fi, 2016.

MENEGAT, Bruno; FOLADOR, Rafael. "Da cobrança de créditos fiscais de empresas em recuperação judicial: custos, experiências internacionais e análise crítica da jurisprudência brasileira." *Revista da PGFN*. Ano VII, Número 10, 2017.

OLIVEIRA, Rafael Alves. Recuperação Judicial: uma análise empírica dos processo de recuperação distribuídos junto à 2ª Vara de Falências e Recuperações do Foro Cível da Comarca da Capital do Estado de São Paulo, com ênfase nas recuperações judiciais encerradas por cumprimento. Fundação Getúlio Vargas, São Paulo, 2015, p. 93. Disponível em: https://bibliotecadigital.fgv.br/dspace/bitstream/handle/10438/13642/Rafael%20Alves%20de%20Oliveira%20%20Disserta%c3%a7%c3%a3o.pdf?sequence=1&isAllowed=y, acesso em 26.02.2020.

OLIVEIRA, Bruno Kurzweil. "Execução fiscal e recuperação judicial; competência; Lei 13.043/2014 (STJ – AgRg no CC 136.130/SP).". *Revista brasileira de direito comercial*, v. 1, n. 5, p. 158-165, jun./jul. 2015.

SALOMÃO, Luis Felipe. Recuperação judicial, extrajudicial e falência : teoria e prática. Rio de Janeiro : Forense, 2019.

SILVA, Cínthia Tamara Araújo da. "A execução de crédito fiscal contra empresa em recuperação judicial: uma análise sobre a aplicabilidade de atos executórios contra empresa recuperanda", *Revista de direito da Advocef*, v. 12, n. 23, p. 337-372, nov. 2016.

ature 2

DAS CONCILIAÇÕES E DAS MEDIAÇÕES ANTECEDENTES OU INCIDENTAIS AOS PROCESSOS DE RECUPERAÇÃO JUDICIAL

Paulo Furtado de Oliveira Filho

Juiz de Direito Titular da 2ª Vara de Falências e Recuperações Judiciais da Comarca de São Paulo

Sumário: 1. Introdução. 2. Referências.

1. INTRODUÇÃO

A Seção II-A, introduzida na Lei 11.101/2005 e composta pelos artigos 20-A a 20-D, disciplina alguns aspectos da relação da mediação e da conciliação com processos de recuperação judicial e extrajudicial, iniciando por dizer que tais métodos de resolução de conflitos devem ser estimulados pelo Poder Judiciário, o que já constava do Código de Processo Civil (CPC)[1].

Porém, enquanto nos processos regidos pelo CPC os conflitos geralmente são de natureza bilateral – em que há interesses contrapostos, como o do vendedor e o do comprador, do locador e do locatário, e do marido e da mulher –, nos processos de recuperação judicial há uma situação de crise econômica e financeira de um devedor com impacto em múltiplos interesses, como o dos acionistas, dos empregados, das instituições financeiras, dos fornecedores e do Fisco.

Portanto, é preciso salientar qual a vocação dos processos de reorganização empresarial, a fim de que os novos dispositivos legais relativos à utilização da mediação e da conciliação não sejam aplicados em colidência com os aspectos essenciais do modelo de superação de crise empresarial em vigor desde 2005, quando o direito brasileiro passou por grande transformação quanto à disciplina das empresas em crise, substituindo a concordata[2] pela

---

1. Nos termos do artigo 3º, §§ 2º e 3º, do CPC: "§ 2º O Estado promoverá, sempre que possível, a solução consensual dos conflitos. §3º A conciliação, a mediação e outros métodos de solução consensual de conflitos deverão ser estimulados pelos juízes, advogados, defensores e membros do Ministério Público, inclusive no curso do processo judicial".

2. "A concordata não passava de um privilégio ("favor legal") garantido ao comerciante regular, através de combinações pré-concebidas de desconto (remissão parcial) pedir prorrogação de vencimento de dívidas em face dos credores quirografários. Tratava-se do regime jurídico que não levava em conta as peculiaridades do devedor nem possibilitava uma proposta diferenciada de solução para a crise, o que acabava gerando um resultado duplamente nefasto: empresas viáveis não tinham espaço para propor soluções adequadas aos seus problemas empresas inviáveis postergavam sua liquidação, se mantendo no mercado e aumentando o potencial prejuízo de seus credores"

recuperação judicial e extrajudicial como meio de superação de crises econômico-financeiras experimentadas pelos empresários[3].

Segundo autorizadas fontes doutrinárias estrangeiras e nacionais[4], o processo de recuperação judicial nada mais é do que um ferramenta para a melhor solução coletiva para os credores como grupo, diante de uma situação de crise econômica do devedor comum.

De acordo com o professor Francisco Satiro, nada impede que um empresário em dificuldades componha-se livremente com seus credores independentemente da existência de um arcabouço normativo específico. Entretanto, a realidade mostra que, especialmente diante da complexidade estrutural das atividades empresariais atuais e da multiplicidade de credores com interesses e objetivos no mais das vezes incompatíveis, a tarefa de negociação e composição de débitos, ou mesmo de restruturação de negócios, tende a ser inefetiva, quando não impossível. Identificou-se assim a necessidade de, ao lado do imprescindível procedimento de liquidação dos agentes financeira ou economicamente inviáveis (representado pela falência), oferecer-se ao empresário em dificuldades ferramentas que reduzissem os custos de transação, desestimulassem comportamentos oportunistas e organizassem de uma forma minimamente racional as ações dos seus credores, do modo a possibilitar um coordenado processo de negociação e decisão. Esse procedimento negociado de reorganização, no Brasil toma a forma de recuperação judicial e recuperação extrajudicial[5].

Segundo o professor Eduardo Munhoz, em momentos de dificuldade financeira é natural que os credores busquem a satisfação de seus créditos, com o objetivo de obter algum benefício, mas a atuação de um deles precipita a corrida de todos, o que pode levar a resultado pior para o grupo. Por isso, o procedimento de recuperação judicial tem como instrumento importante a suspensão das ações e execuções contra o devedor ("stay period"), cuja finalidade é interromper a corrida individual dos credores, evitando a liquidação precipitada de bens integrantes do patrimônio do devedor, até que sejam reunidos e classificados os diversos credores e até que seja apresentado um plano de recuperação.[6]

De acordo com o referido professor, a reunião de credores em classes visa a assegurar que a vontade dos credores na recuperação seja manifestada de forma coerente com as

---

(TELLECHEA, Rodrigo, SCALZILLI, João Pedro, SPINELLI, Luis Felipe. *História do direito falimentar: da execução pessoal à preservação da empresa*. São Paulo: Almedina, 2018. p. 205).

3. Na perspectiva da professora Sheila Cerezetti, p. 427, "o diploma revolucionou o sistema concurso nacional ao adotar o princípio da preservação da empresa e preferir os mecanismos de recuperação empresarial aos de liquidação, sempre que se trate de empresas viáveis". (NEDER CEREZETTI, Sheila Christina, *A Recuperação Judicial de Sociedade por Ações – O Princípio da Preservação da Empresa na Lei de Recuperação e Falência*. São Paulo, Malheiros, 2012).

4. JACKSON, Thomas. The logic and limits of bankruptcy. Washington D.C.: Beard Books, 2001; BAIRD, Douglas G, e JACKSON, Thomas H. *Corporate Reorganizations and the Treatment of Diverse Ownership Interests: A Comment on Adequate Protection of Secured Creditors in Bankruptcy*. U. Chi. L. Rev., v. 51, 1984; SOUZA JUNIOR, Francisco Satiro. Autonomia dos Credores na Aprovação do Plano de Recuperação judicial. In: CASTRO, Rodrigo Rocha Monteiro de; WARDE JÚNIOR, Walfrido Jorge e GUERREIRO, Carolina Dias Tavares (Coord.). *Direito Empresarial e Outros Estudos em Homenagem ao Professor José Alexandre Tavares Guerreiro*. São Paulo: Quartier Latin, 2013; MUNHOZ, Eduardo Secchi. Cessão fiduciária de direitos de crédito e recuperação judicial de empresa. *Revista do Advogado*, v. 29, n° 105, 2009.

5. Op. cit., p. 103.

6. Op. cit., p. 34.

2 • DAS CONCILIAÇÕES E DAS MEDIAÇÕES AOS PROCESSOS DE RECUPERAÇÃO JUDICIAL

características e prerrogativas contratuais de cada crédito, evitando-se, com isso, desvios de ordem hierárquica dos créditos e, portanto, soluções que acarretem o pagamento de credores de hierarquia inferior em detrimento de credores de hierarquia superior. O princípio majoritário dentro de cada classe é imprescindível para evitar situações de *hold up*, nas quais algum credor, por conta de uma situação particular, poderia, isoladamente e contra a vontade da maioria, impedir uma solução avaliada melhor para todos. A regra da unanimidade, nesse aspecto, seria deletéria, pois conferiria a credores determinados o poder de isoladamente impedir eventual recuperação. Esse poder de veto individual, ou isolado, poderia ser utilizado, inclusive, para obter vantagens injustificadas comparativamente a outros credores de mesma classe, titulares de crédito de natureza idêntica ou semelhante.[7]

Uma vez aprovado o plano pelos credores, segundo as maiorias legais, o juiz profere decisão, concedendo a recuperação. Para Francisco Satiro, o caráter contratual do plano se reafirma quando, após o encerramento do processo de recuperação judicial (art. 63), eliminado o conteúdo processual, a própria Lei n. 11.101/2005 em seu art. 62 estabelece que as obrigações dele decorrentes serão tratadas como obrigações contratuais comuns, e possibilitarão aos seus titulares execução específica ou até mesmo pedido de falência do devedor com base no art. 94. Como contrato, portanto, o plano demanda para sua formação, a manifestação válida de vontade dos contratantes[8].

Portanto, os processos de recuperação judicial são procedimentos de natureza coletiva, que contêm elementos essenciais, sem os quais se tornará difícil, senão improvável, a melhor solução para a situação de crise do devedor: a) "stay period" (suspensão das ações e execuções contra o devedor); b) reunião dos credores em classe; e c) deliberação por maioria dos credores, que vincula a minoria dissidente.

Dito isto, passemos ao exame da disciplina legal.

> Art. 20-A. A conciliação e a mediação deverão ser incentivadas em qualquer grau de jurisdição, inclusive no âmbito de recursos em segundo grau de jurisdição e nos Tribunais Superiores, e não implicarão a suspensão dos prazos previstos nesta Lei, salvo se houver consenso entre as partes em sentido contrário ou determinação judicial.

Ninguém discorda que soluções consensuais devem ser estimuladas e incentivadas, porém elas não podem ser inseridas, em procedimentos coletivos de superação da crise empresarial, sem a necessária adaptação aos elementos essenciais do procedimento.

Por exemplo, o "stay period" é de 180 dias a contar do deferimento do processamento da recuperação judicial, e pode ser prorrogado uma única vez, desde que não haja concorrência do devedor (art. 6º, § 4º)[9]. Não cabe à mediação ou conciliação estabelecer diálogo entre os interessados, para que determinem a prorrogação do "stay period" além do prazo legal, pois o legislador já realizou a ponderação entre os interesses do devedor e dos credores e fixou o prazo máximo para a proteção da devedora contra os credores.

---

7. Op. cit., p. 38-39.
8. Op. cit., p. 104.
9. A nova disciplina legal permite a extensão do prazo, quando aos credores facultar-se a apresentação de um plano (art. 6º, § 4º-A), porém esta matéria não será abordada nestes comentários, e sim em outro volume.

Por outro lado, é possível que mediações e conciliações possam resultar em negócio jurídico processual que discipline matéria que não seja regida por norma de ordem pública (art. 189, § 2°). Exemplo disso é a fixação de um prazo maior para apresentação do plano desde que respeitado o "stay period". Suponha-se que credores e a devedora, em uma sessão de mediação, concordem em estabelecer um procedimento para deliberação acerca do plano, que se mostre mais adequado à análise das informações financeiras, elaboração de laudo de avaliação e negociação: a) apresentação das informações em 90 dias; b) manifestação dos credores nos 30 dias seguintes, em reunião agendada para esse fim; e c) deliberação em 30 dias.

Ora, se essa forma de negociação para a superação da crise for considerada a mais adequada aos interesses da coletividade de credores e da devedora, parece possível homologá-la em juízo, pois os prazos dos procedimentos não essenciais podem ser modificados pela devedora e os credores, observado o quórum legal[10].

Porém, é preciso cautela com a previsão legal contida na parte final do art. 20-A, que faculta ao juiz a suspensão de prazos, sem justa causa, com base na simples existência de um procedimento de conciliação ou de mediação. Uma mediação no curso do processo de recuperação judicial não pode ser fator de retardamento na solução da crise empresarial, mas de incentivo a soluções mais eficientes, a partir da escuta dos interessados e do respeito aos seus interesses.

Quanto maior a demora na solução da crise empresarial, a experiência demonstra, maior o risco de insucesso nas medidas de reorganização financeira do devedor e de prejuízo aos seus credores. Por isso mesmo, a introdução da mediação deve ser estimulada pelo Poder Judiciário preferencialmente desde o início do processo.

Foi o que se deu nos casos em trâmite na 2ª Vara de Falências e Recuperações Judiciais da Comarca de São Paulo – Processos 1050778-50.2020.8.26.0100 e 1057089-57.2020.8.26.0100, com os seguintes fundamentos:

a) havendo interesses múltiplos em um processo de recuperação judicial, como o dos empregados, dos fornecedores, dos bancos, do Fisco, do Poder Público, é importante introduzir a mediação desde logo no processo, a fim de seja capaz de oferecer soluções adequadas a todos os interessados, com rapidez e economia de custos;

b) compete ao mediador realizar sessões de pré-mediação, e, caso não haja oposição dos interessados, prosseguir no exercício da função; e

c) a nomeação do profissional pelo juiz é compatível com o princípio da autonomia das partes na escolha do mediador, e ela se deve a uma razão de ordem prática. Na fase inicial do processo de recuperação judicial é absolutamente impossível aguardar a atuação coordenada dos credores na indicação de um mediador.

---

10. A propósito dos prazos previstos em lei, e da ausência de sistematização, note-se que na recuperação judicial, em que se supõe a inexistência de prévia negociação pelo devedor com os credores, o plano deverá ser apresentado em 60 dias (art. 53 LREF); já na recuperação extrajudicial, em que facultado o ingresso em juízo com a adesão de 1/3 dos titulares de créditos sujeitos, o devedor ainda conta com 90 dias para alcançar o quórum legal, de mais da metade dos créditos (cf. LREF, art. 163, "caput" e seu § 7°). Não há sentido algum no estabelecimento de prazos distintos e na fixação de prazo maior na recuperação extrajudicial.

A medida mais adequada, como estímulo à mediação em processos de recuperação judicial, parece ser exatamente a nomeação pelo juiz no início do processo[11], sem prejuízo de que a escolha pela devedora e credores recaia sobre outro profissional, após as sessões de pré-mediação.

Ainda sobre o dever de estimular a mediação atribuído ao Poder Judiciário, importante registrar que a Corregedoria-Geral da Justiça do Estado de São Paulo instituiu, por meio do Provimento 19/2020, um projeto-piloto destinado à solução de crises econômico-financeiras, decorrentes dos impactos do combate à Covid-19.

Trata-se de uma mediação em fase pré-processual, ou seja, uma negociação coletiva extrajudicial iniciada a pedido do devedor, mediante o preenchimento de um formulário a ser enviado para mediacaocovid@tjsp.jus.br.

Recebido o pedido, o mediador é nomeado e participa da primeira audiência. Em seguida, competirá a ele organizar as sessões de mediação com o devedor e os credores. A consulta ao teor do Provimento pode ser feita no endereço eletrônico http://www.tjsp.jus.br/coronavirus/mediacaoempresarial.

> Art. 20-B. Serão admitidas conciliações e mediações antecedentes ou incidentais aos processos de recuperação judicial, notadamente:
>
> I – nas fases pré-processual e processual de disputas entre os sócios e os acionistas de sociedade em dificuldade ou em recuperação judicial, bem como nos litígios que envolverem credores não sujeitos à recuperação judicial, nos termos dos §§ 3º e 4º do art. 49 desta Lei, ou de credores extraconcursais;
>
> II – em conflitos que envolverem concessionárias ou permissionárias de serviços públicos em recuperação judicial e órgãos reguladores ou entes públicos municipais, distritais, estaduais ou federais;
>
> III – na hipótese de haver créditos extraconcursais contra empresas em recuperação judicial durante período de vigência de estado de calamidade pública, a fim de permitir a continuidade da prestação de serviços essenciais;
>
> IV – na hipótese de negociação de dívidas e respectivas formas de pagamento entre a empresa em dificuldade e seus credores, em caráter antecedente ao ajuizamento do pedido de recuperação judicial;

---

11. Assim tem sido realizada a nomeação do mediador, na decisão de deferimento do processamento da recuperação judicial: "A Lei 11.101/2005 confere aos diretamente afetados pela crise o papel de decidir acerca da melhor forma de superá-la, após uma negociação, que poderá resultar na aprovação ou rejeição do plano de recuperação. Deve o Poder Judiciário, que supervisiona este processo de negociação, criar incentivos para que ele seja mais rápido, barato e eficiente do que a experiência tem demonstrado. Não se pode mais conviver com processos com sucessivas revisões de plano, inúmeras convocações de AGCs, prorrogações de "stay period" e litigiosidade excessiva, além dos planos de empresas inviáveis. Diante de tal quadro, a utilização da mediação deve ser estimulada como método adequado à facilitação da negociação (art. 3º, § 3º, do CPC) e à consecução dos objetivos de um processo recuperação judicial. Esse método já foi adotado nas recuperações da Saraiva e EBD, e foi positivo ao facilitar a comunicação do devedor com os credores, reduzindo assimetrias de informação e aumentando a transparência no processo, de modo a permitir a descoberta de pontos de convergência. Assim, como a mediação pode contribuir para a obtenção de uma solução mais adequada a todos os interessados no processo, com rapidez e economia de custos, nomeio como *mediador*, desde logo, competindo ao mediador realizar sessões de pré-mediação, e, caso não haja oposição dos interessados, prosseguir no exercício da função. A nomeação judicial não vulnera a autonomia da devedora e dos credores no processo de escolha do mediador, mas se deve a uma razão de ordem prática. Nesta fase do processo é absolutamente impossível aguardar a atuação coordenada dos credores na indicação de um mediador. Portanto, a medida mais adequada, como estímulo à adoção da mediação, é a nomeação judicial, sem prejuízo de que a escolha recaia sobre outro profissional, após as sessões de pré-mediação" (o nome do mediador foi propositalmente omitido).

Como já mencionado na introdução a estes comentários, o modelo adotado na legislação brasileira é o de superação da crise por meio de negociação coletiva, entre devedor e os credores, e o resultado dessa negociação é formalizado em um plano de recuperação, que, ao receber a adesão da maioria dos credores, vincula a minoria. Diante disso, não se pode deixar de estranhar que o art. 20-B, nos seus três primeiros incisos, faça referência ao cabimento de mediação de conflitos essencialmente bilaterais[12], mas não cuide de apontar a principal função da mediação no processo de recuperação, que é o apoio à negociação coletiva em torno do plano por meio do qual a devedora pretende realizar a superação da crise e o pagamento aos credores.

A propósito, Ronaldo Vasconcelos observa que "o plano de recuperação representa a verdadeira 'alma' do processo de recuperação. Portanto, impõe-se que a sua discussão (com vistas à elaboração de acordo com o regime de comunhão de interesses) seja realizada com maior maturidade possível e, principalmente, propiciando meios para a extração da mais objetiva análise da viabilidade econômica do plano de recuperação e da empresa em si. Para tanto, deve-se fomentar a instituição de medidas de reequilíbrio na análise do plano de recuperação, de modo que os sujeitos do processo sejam colocados em contato com os detalhes e fundamentos fáticos e econômicos do plano de recuperação muito antes de sua apresentação em juízo no exíguo prazo legal estipulado pelo art. 53 da Lei de Recuperações e Falências ('60 dias da publicação da decisão que deferir o processamento da recuperação judicial')."[13]

No mesmo sentido é a opinião de Alessandra Fachada Bonilha, ao se referir à fase deliberativa do processo: "(...) é nesta fase que se apresenta e discute o Plano de Recuperação, instrumento-chave do processo....É justamente nessa etapa que se compreende o período entre o despacho que defere o processamento da recuperação judicial até a aprovação do Plano que a mediação encontra o melhor momento para se desenvolver, isso porque a Lei de Recuperação Judicial permitiu que os Credores participem na elaboração do Plano de Recuperação. Ora, o Mediador na qualidade de um terceiro não conflitado vislumbra todas as condições de catalisar os interesses dos credores para que juntos com a devedora consigam desenvolver um Plano que de fato proporcione ganhos mútuos, isto é, atenda a função social da empresa e continue viabilizando sua permanência no mercado, pagado os credores. Criada a oportunidade, é possível se formar um ambiente de confiança capaz de minimizar as assimetrias existentes, oferecer oportunidades ainda desconhecidas e proporcionar um espaço de negociação diferenciado, que poderá imprimir a velocidade necessária ao processo. A mediação nada mais é do que um processo de negociação assistida, realizada por um terceiro imparcial, isto é, que não possui conflito de interesses com as partes e em termos de resultado, traz eficiência, sobretudo, no que tange à satisfação das partes."[14]

---

12. Por exemplo, o conflito entre devedora e credor fiduciário, cujo crédito não está sujeito à recuperação judicial; entre a devedora e um ente público, relativo a um crédito por multa decorrente de infração à legislação; e entre a devedora e um prestador de serviço público essencial, como um fornecedor de energia elétrica.

13. Vasconcelos, Ronaldo. A Mediação na Recuperação Judicial: compatibilidade entre as Leis 11.101/05, 13.015/15 e 13.140/15. In: NEDER CEREZETTI, Sheila Christina e MAFFIOLETTI, Emanuelle Urbano (Coord.). *Dez anos da Lei 11.101/2005 – Estudos sobre a lei de recuperação e falência*, São Paulo: Almedina, 2015. p. 458.

14. A mediação como ferramenta de gestão e otimização de resultado da recuperação judicial, *Revista de Arbitragem e Mediação*, v. 57, ano 15, p 385/410. São Paulo: Ed. RT, abr-jun 2018. p. 395.

2 • DAS CONCILIAÇÕES E DAS MEDIAÇÕES AOS PROCESSOS DE RECUPERAÇÃO JUDICIAL

Confirmando as ideias acima expostas, a mediação realizada em dois processos de recuperação judicial, que tramitaram na 2ª Vara de Falências e Recuperações Judiciais da Comarca de São Paulo, proporcionou a redução de assimetria de informações e a melhor consideração dos interesses dos credores, com a formulação de um plano mais adequado do que o inicialmente apresentado pela devedora.

No processo de recuperação judicial 1108161-88.2017, de menor porte, e para evitar despesas excessivas, as sessões de mediação foram conduzidas pelos mediadores em salas do Fórum João Mendes Júnior, de forma reservada em três horários distintos, ouvindo-se separadamente os credores trabalhistas, os credores microempresários e empresários de pequeno porte, e os credores quirografários.

O plano inicialmente apresentado continha uma proposta, em favor dos credores trabalhistas, de pagamento dos créditos de até 150 salários mínimos com deságio de 35%; após as sessões de mediação, ouvidos os credores trabalhistas, nova proposta foi realizada pela devedora, sem qualquer deságio. Para os credores ME/EPP, inicialmente, a proposta de pagamento continha deságio de 35%, para os créditos de até 150 salários mínimos; após as sessões de mediação, o deságio foi reduzido para 10%. Evidentes os resultados positivos decorrentes da mediação, com melhores condições de pagamento previstas no plano de recuperação judicial.

No processo de recuperação judicial 1119642-14.2018.8.26.0100, de maior comple-xidade, na primeira fase de mediação inscreveram-se 248 credores e 200 compareceram. Foram envolvidos 7 profissionais para a mediação[15]. Os credores foram divididos em 6 subgrupos para facilitar a comunicação. Foram feitas perguntas amplas que conduziram os credores a discutir suas expectativas e pretensões. Os mediadores apresentaram rela-tório à devedora, com informação sobre as premissas gerais dos interesses dos credores, que se desdobraram em 37 pontos que mereceriam atenção[16]. O relatório não foi juntado aos autos devido ao princípio da confidencialidade que rege as sessões de mediação.

Ao final, o plano foi aprovado com vários dispositivos que introduziram mecanis-mos de aperfeiçoamento na administração da companhia, com a eleição de membros do Conselho de Administração entre profissionais selecionados pelos credores[17], além

---

15. De acordo com o art. 15 da Lei 13.140, de 26 de junho de 2015, "a requerimento das partes ou do mediador, e com a anuência daquelas, poderão ser admitidos outros mediadores para funcionarem no mesmo procedimento, quando isso for recomendável em razão da natureza e da complexidade do conflito."

16. Nos termos do art. 19, da Lei 13.140, de 26 de junho de 2015, "no desempenho de sua função, o mediador poderá reunir-se com as partes, em conjunto ou separadamente, bem como solicitar das partes as informações que entender necessárias para a facilitar o entendimento entre aquelas."

17. A cláusula 4.1 do plano assim dispunha a respeito de medidas de governança corporativa: "*Indicação do Diretor-Presidente e Membros do Conselho.* A fim de aperfeiçoar a gestão da Saraiva, as Recuperandas deverão contratar, no prazo de até 20 (vinte) dias corridos contados da Homologação do Plano e às suas expensas, empresa especializada em recrutamento e seleção ("*Headhunter*"), dentre a lista de empresas indicadas no *Anexo 4.1*. O *Headhunter* será responsável por, em até 40 (quarenta) dias corridos contados da sua contratação, (*i*) elaborar lista tríplice de profissionais indicados para o cargo de Diretor-Presidente da Holding ("*Profissionais Indicados para Diretor-Presidente*"); e (*ii*) selecionar e indicar 9 (nove) profissionais para o preenchimento de pelo menos 2 (duas) vagas de membro independente e profissional do Conselho de Administração da Holding ("*Profissionais Indicados para o Conselho de Administração*" e, em conjunto com os "Profissionais Indicados para Diretor-Presidente", os "*Profissionais Indicados*"), de um total de 5 (cinco) membros do Conselho de Administração, observado o disposto na Cláusula 4.2.

da criação de comitês internos de auditoria e de operação de lojas e atendimento[18], e a previsão de substituição do diretor-presidente, a ser eleito pelos novos integrantes do Conselho.

A insatisfação dos credores com a gestão da recuperanda já havia sido detectada nas sessões de mediação e acabou sendo retratada na versão final do plano. Mais uma vez, a mediação deu voz aos credores e permitiu à recuperanda abordar os pontos de divergência de uma forma satisfatória, viabilizando a aprovação do plano de recuperação.

Portanto, cabe ao juízo da recuperação judicial incentivar prioritariamente a mediação na negociação acerca do plano de recuperação judicial, compreendendo-se as hipóteses previstas nos incisos I[19], II[20] e III[21], do art.20-B, como parte integrante da negociação multilateral para a superação da crise.

Quanto à hipótese prevista no inciso IV, de mediação ou conciliação antes do processo de recuperação judicial, será tratada nos comentários ao § 1º.

> § 1º Na hipótese prevista no inciso IV do *caput* deste artigo, será facultado às empresas em dificuldade que preencham os requisitos legais para requerer recuperação judicial obter tutela de urgência cautelar, nos termos do art. 305 e seguintes da Lei n. 13.105, e 16 de março de 2015 (Código de Processo Civil), a fim de que sejam suspensas as execuções contra elas propostas pelo prazo de até 60 (sessenta dias), para tentativa de composição com seus credores, em procedimento de mediação ou conciliação já instaurado perante o Centro Judiciário de Solução de Conflitos e Cidadania (Cejusc) do tribunal competente ou da câmara especializada, observados, no que couber, os arts. 16 e 17 da Lei n. 13.140, de 26 de junho de 2015.

O § 1º, do artigo 20-B, institui um sistema de solução da crise empresarial de natureza pré-processual que se revela ineficiente e lacunoso, por várias razões: a) estabelece a negociação antecedente que exige a atuação de dois órgãos, um deles integrante do Poder

---

18. A cláusula 4.4, por sua vez, tinha o seguinte teor: "*4.4. Comitês – Fiscalização e Apoio*. O Conselho de Administração deverá, por ocasião da primeira reunião de seus membros eleitos conforme a cláusula 4.3, criar (a) um comitê de auditoria; e (b) um comitê de operação de lojas e atendimento ("*Comitês Obrigatórios*"), sem prejuízo de outros comitês que o Conselho de Administração julgue pertinente, os quais terão função de fiscalizar e dar suporte ao Conselho de Administração, conforme o caso, dentro de suas respectivas áreas de competência..."

19. Os conflitos entre credor fiduciário e devedor são muito comuns nos processos de recuperação judicial, pois a alienação fiduciária é dominante nas operações de crédito bancário. Trata-se, em regra, de conflito bilateral, com repercussão para a solução global da crise. O interesse do credor não sujeito à recuperação precisa ser de alguma forma satisfeito, sob pena de prosseguimento das medidas de excussão do bem, após decorrido o "stay period". Ao devedor cabe apresentar proposta que leve o credor a desistir de prosseguir com os atos de excussão, que levam a despesas com registro, editais e leilão, além do risco de desvalorização do bem.

20. Negociações entre devedoras que são concessionárias de serviço público federal e a União podem agora ser realizadas, não apenas no âmbito de recuperações judiciais, mas também em outras situações que admitem a transação com a União, nos termos da Lei n. 13.988/2020. Trata-se de negociação para solução de conflito bilateral, embora com repercussão na solução global da crise. A participação da Fazenda Pública em negociações exigirá a capacitação dos profissionais integrantes da Administração, bem como uma mentalidade aberta ao conhecimento do resultado que pode ser alcançado por meio do procedimento de mediação. Vale registrar que, em recuperações judiciais em trâmite na 2ª Vara de Falências e Recuperações Judiciais, procuradores da Fazenda Nacional foram convidados a participar de sessões de mediação.

21. Muitas concessionárias de serviços público essencial, como as fornecedoras de água, energia e telefonia, aceitam propostas de parcelamento para o pagamento dos débitos, que se enquadrem em suas políticas de acordos com devedores inadimplentes. A negociação deve ser iniciada diretamente pela devedora, e, em caso de insucesso, poderá ser realizada sessão de conciliação presidida pelo próprio juiz da recuperação, por meio de plataforma eletrônica, sem prejuízo da iniciativa do administrador judicial nos esforços de conciliação, com base no disposto no art. 22, I, "j", da Lei 11.101/2005.

Judiciário, sem nenhuma razão jurídica; b) impõe requisitos para o "stay period" que tornam a sua concessão passível de impugnação pelos credores; c) não prevê qualquer mecanismo de imposição da decisão da maioria dos credores à minoria; d) não define o que é uma "empresa em dificuldade", autorizada a iniciar uma negociação antecedente; e) não prevê o procedimento de negociação antecedente; e f) não prevê que a renegociação de dívida, com as formas de pagamento estabelecidas pelo devedor e os credores durante a negociação, estará a salvo de declaração de ineficácia[22].

De acordo com a disciplina legal, cabe ao devedor inicialmente apresentar um requerimento de mediação ou conciliação a um determinado órgão integrante da organização judiciária estadual – o CEJUSC (Centro Judiciário de Solução Consensual de Conflitos) – ou a uma câmara especializada[23], e em seguida, dirigir-se ao Poder Judiciário e requerer uma tutela de urgência cautelar, para obter o "stay period", ou seja, uma proteção contra os credores pelo prazo de 60 dias.

Porém, não há sentido na atuação do Poder Judiciário para a concessão do "stay period" se a negociação será feita extrajudicialmente no CEJUSC ou em câmara especializada. Ao contrário do que se pensa, de forma equivocada, medidas de proteção contra credores, como a suspensão de ações judiciais, não são exclusivas de órgãos jurisdicionais. Exemplo disso é a Lei 6024/74, que prevê, como consequência da decretação da liquidação extrajudicial de uma instituição financeira pelo Banco Central, a suspensão das execuções individuais por parte dos credores.

Se o propósito era a instituição de uma negociação pré-processual, de caráter coletivo e preventivo, não havia qualquer impedimento para que o requerimento por parte do devedor, junto ao CEJUSC ou a uma câmara especializada, e não perante um juiz de direito, pudesse ensejar imediatamente o "stay period" por 60 dias para a negociação.

Se não bastasse a criação de um sistema de negociação extrajudicial com intervenção jurisdicional, a norma comentada estabelece que o "stay period" será concedido se o devedor, na petição inicial[24], demonstrar a presença dos requisitos legais para o pedido de recuperação judicial[25] e para a obtenção da tutela cautelar de urgência[26].

---

22. O tema será abordado nos comentários ao art. 20-C.
23. Câmara especializada é uma entidade sem definição na Lei n. 11.101/2005. A interpretação mais adequada ao propósito legislativo é que a especialização da câmara seja na matéria empresarial, de recuperação judicial e falência, além da própria capacidade de atuação em resolução de conflitos multilaterais. As câmaras privadas devem estar inscritas em "cadastro nacional e em cadastro de tribunal de justiça", e os mediadores devem ter "capacitação mínima, por meio de curso realizado por entidade credenciada, conforme parâmetro curricular definido pelo Conselho Nacional de Justiça em conjunto com o Ministério da Justiça". Os Tribunais de Justiça determinarão o percentual de audiências não remuneradas que deverão ser suportadas pelas câmaras privadas, nos casos de gratuidade de justiça, "como contrapartida de seu credenciamento" (CPC, arts. 167 e 168).
24. O devedor não pode deixar de cumprir todos os requisitos da petição inicial (arts. 319 e 320 do CPC) e, ainda, deverá recolher as despesas processuais e a taxa judiciária. No Estado de Paulo, a taxa judiciária é de 1% do valor da causa. O valor da causa deve corresponder ao benefício econômico da demanda. Como a negociação antecedente tem natureza coletiva, o valor da causa deve corresponder ao total dos créditos sujeitos à negociação. Trata-se de aplicação analógica do disposto no art. 51, § 5º.
25. Os arts. 1º, 2º, e 48 da Lei 11.101/2005 estabelecem os requisitos subjetivo e objetivo da Lei 11.101/2005. A modificação introduzida na legislação de insolvência não estendeu a sua incidência aos agentes econômicos não empresários.
26. Art. 300 do CPC: "A tutela de urgência será concedida quando houver elementos que evidenciem a probabilidade do direito e o perigo do dano ou o risco ao resultado útil do processo".

Portanto, não se trata de "automatic stay" decorrente da mera distribuição do pedido apresentado pelo devedor ao Poder Judiciário, mas de concessão fundamentada pelo Juiz, após a análise dos requisitos legais, especialmente o risco ao resultado útil de uma negociação já iniciada pelo devedor, de boa-fé, no CEJUSC ou em câmara especializada.

Claro, portanto, que o Juiz pode negar a tutela de urgência se o devedor não puder requerer recuperação judicial ou se ausente o risco de prejuízo irreparável ou de difícil reparação ao devedor. Por exemplo, o juiz poderá negar a tutela de urgência se: a) constatar que o devedor não é empresário ou não exerce há mais de dois anos atividade empresarial regular; b) as ações de execução em andamento contra o devedor não colocarem em grave risco a sua atividade; c) se, realizada uma constatação prévia, concluir o juiz que a atividade empresarial já foi encerrada[27].

Também poderá o juiz conceder a tutela de urgência apenas em parte, em relação a credores das classes II, III e IV, do art. 41 da Lei n. 11.101/2005, caso constate que o passivo trabalhista do devedor é insignificante e por isso o devedor poderá superar a crise em sacrificar os credores da classe I[28].

Admitindo seja concedida a tutela de urgência por decisão judicial, ao devedor caberá retomar a negociação extrajudicial, no Cejusc ou na câmara especializada, porém nada impede que qualquer credor se dirija ao juízo competente para impugnar a concessão da tutela de urgência, em razão da ausência dos requisitos legais[29]. A tutela de urgência também poderá ser impugnada pelos credores por falta de boa-fé do devedor na negociação extrajudicial.

Afinal, se ao devedor é concedida tutela de urgência para assegurar a efetividade de uma negociação extrajudicial, qualquer credor atingido pelo "stay period" poderá requerer a revogação da tutela se demonstrar que devedor não negocia de boa-fé. Podem

---

27. A constatação prévia pode ser realizada por determinação judicial, para a aferição, na recuperação judicial, antes do deferimento do pedido, das "condições de funcionamento da requerente e da regularidade e da completude da documentação apresentada com a petição inicial" (art. 51-A). Se a medida é cabível na recuperação judicial, com o propósito de evitar pedidos fraudulentos, por idêntica razão pode ser determinada a constatação prévia no pedido de tutela de urgência, a fim de obstar a mesma atuação indevida.

28. Cf. decisão no processo n. 1099468-13.2020.8.26.0100: "O pedido de recuperação judicial deve ser indeferido em parte, eis que a crise da recuperanda pode ser superada sem necessidade de atingir os credores microempresários e empresários de pequeno porte. Do passivo total declarado na petição inicial, R$86.059.969,37, R$85.283.125,55 são devidos a credores quirografários e R$776.843,82 a ME e EPP. Não foram relacionados credores nas classes trabalhista e com garantia real. De acordo com o relato da devedora, ações de execução propostas por bancos, que integram a classe quirografária, precipitaram o ajuizamento da recuperação. Já os 67 credores da classe IV, que titularizam menos de 1% do passivo sujeito à recuperação, não têm potencial de causar qualquer dano à atividade da devedora, que tem em caixa aproximadamente dez vezes o passivo perante a classe IV. Diante de tal quadro, constata-se que a superação da crise da recuperanda não passa pela renegociação junto aos credores da classe IV. Sob o ponto de vista processual, a medida processual pleiteada pela recuperanda, em relação aos credores da classe IV está desprovida de interesse de agir. Sob o ponto de vista material, trata-se de uma medida desproporcional, que impõe pesado ônus a quem justamente não poderá se valer de uma recuperação judicial em caso de crise, em razão do elevado custo do processo, insuportável para pequenos empresários. O exercício de um direito, que efetivamente não atende ao interesse de seu titular, mas causa grave mal a outros interessados, deve ser coibido pelo Poder Judiciário. Pelo exposto, indefiro o pedido em relação aos credores microempresários e empresários de pequeno porte."

29. Por força do art. 306 do CPC, todos os credores devem ser citados, para, no prazo de 5 dias, apresentar contestação. Portanto, não basta requerer a tutela de urgência e pretender a continuidade da negociação, sem citação. Se o modelo adotado pelo legislador, embora sem sentido, foi o da judicialização da negociação antecedente, deve ser completada a relação processual com a citação dos credores.

ser citadas as seguintes condutas do devedor contrárias à boa-fé na negociação: a) deixar de enviar aos credores uma proposta em tempo razoável; b) apresentar propostas sem razoabilidade econômica; c) deixar de prestar informações econômico-financeiras essenciais para avaliação da proposta pelos credores; e d) não se empenhar na negociação.

Além disso, o regime previsto no art.20-B não contém qualquer norma que imponha a decisão da maioria dos credores à minoria resistente. Se um de dez credores se negar a aceitar a proposta feita extrajudicialmente pelo devedor, e a aceitação por parte deste credor resistente for essencial à solução da crise financeira, todos os esforços de negociação terão sido perdidos. Portanto, falta um mecanismo semelhante ao previsto na Lei 11.101/2005, capaz de neutralizar a atuação de algum credor que, por sua situação particular, isoladamente e contra a vontade da maioria, impede a melhor solução para todos.

Diante dos três fatores acima mencionados – atuação de um órgão jurisdicional e de uma câmara ou do CEJUSC, quando seria dispensável a atuação jurisdicional; previsão de requisitos de tutela de urgência para a concessão do "stay period", e não a sua automática concessão; e inexistência de vinculação da minoria à proposta apresentada pelo devedor e aprovada pela maioria –, o sistema de negociação pré-processual é ineficiente e não dispensará o devedor de ajuizar uma recuperação judicial ou extrajudicial futuramente, a fim de tentar impor um plano, que vier a ser aceito pela maioria dos credores, à minoria resistente.

Além de ineficiente o modelo criado para a "negociação de dívidas e respectivas formas de pagamento entre a empresa em dificuldade e seus credores, em caráter antecedente ao ajuizamento do pedido de recuperação judicial", outros problemas graves decorrem do texto do inciso IV do art. 20-B, sugerindo que ele será usado apenas para se obter uma medida de suspensão de execuções movidas por credores durante 60 dias, sem verdadeiro propósito negocial.

Não cuidou o legislador de definir "empresa em dificuldade", causando insegurança jurídica decorrente das interpretações divergentes quanto ao destinatário da norma. Diante da ausência dos elementos de caracterização da empresa em dificuldade, haverá quem sustente que ela não deve estar em situação de impontualidade autorizadora da decretação da falência (cf. art. 94, inciso I). Nesse sentido, a negociação antecedente será destinada exclusivamente a uma atuação precoce do devedor, que antevê a iminente iliquidez e recorre ao CEJUSC ou à câmara especializada.[30] Outros podem sustentar

---

30. Prevalecendo esse sentido mais restritivo de "empresa em dificuldade", e desde que assegurada a confidencialidade na negociação, realmente poderia ter início um movimento de estímulo aos devedores para uma atuação preventiva. Segundo Márcio Souza Guimaraes, o sistema adotado na França, para tratamento prevento da crise empresarial, deveria ser adotado no Brasil, com a criação do mandato *ad hoc* e da conciliação como instrumentos de prevenção de dificuldade das empresas, que correrão em segredo de justiça, com "a identificação da dificuldade das empresas, cada vez mais precoce e de forma branda, sem regramento preciso, deixando a cargo dos que se encontram em dificuldades, com o auxílio estatal, a busca da solução. Qualquer fórmula pré-concebida para a solução preventiva das dificuldades das empresas será infrutífera, devendo ser moldada uma solução para cada caso específico, tendo em vista que o mundo empresarial é quase que infinito. Nessa linha, pode ser destacada a atribuição do Tribunal do Comércio Francês, dotado de extremo poder preventivo, podendo ser seguido pelo Poder Judiciário Brasileiro, modificando a postura passiva da magistratura para uma magistratura ativa e econômica, aí incluída a figura, cada vez mais marcante, do Ministério Público, em sua atuação como Parquet empresarial." (Apontamentos sobre o direito das empresas em dificuldades (*droit des entreprises en difficulté*) em França". Revista do Advogado. AASP. Ano XXIX, setembro de 2009, n. 105, p. 142)

que as dificuldades se manifestam pelas execuções em andamento, que não podem ser satisfeitas por falta de liquidez, admitindo-se ao devedor em situação de impontualidade o recurso à negociação antecedente, especialmente para que possa obter em juízo, na sequência, o "stay period", e propor novas formas de pagamento das dívidas.[31]

Além da lacuna legislativa quanto à definição de empresa em dificuldade, nada foi disciplinado acerca do procedimento de negociação antecedente, contrariando diretrizes de organismos internacionais que tratam da matéria[32]. Considerando que nenhuma tentativa séria de composição pode dispensar informações a respeito da real situação econômica, financeira e patrimonial do devedor, e de uma comunicação aos credores sujeitos à negociação, é indispensável a apresentação de todos os documentos previstos no art. 51 da Lei 11.101/2005, perante o CEJUSC ou a câmara especializada.

Se o modelo de superação da crise empresarial é baseado na negociação do devedor com os credores, e a legislação já contém os documentos que devem ser apresentados no início do procedimento judicial, a nova modalidade instituída no regime de prevenção à insolvência – a negociação antecedente – deve ter o mesmo grau de transparência nas informações, aplicando-se por analogia o dispositivo legal acima mencionado. Portanto, o CEJUSC ou a câmara especializada não deve dar sequência a qualquer pedido de negociação antecedente, sem que todos os documentos previstos no art. 51 da Lei 11.101/2005 sejam apresentados pelo devedor[33]. Caso o pedido esteja regularmente instruído, o CEJUSC ou a câmara especializada promoverá a comunicação a todos os credores[34] e designará a primeira reunião de mediação.

O procedimento de negociação deve ser encerrado no prazo de 60 dias[35], porém a parte final do § 1º, do art. 20-B refere-se ao art. 16, da Lei 13.140/2015, que admite a suspensão do processo "por prazo suficiente para a solução consensual do litígio" e "nos termos requeridos de comum acordo pelas partes", conforme a redação do seu "caput" e § 1º. Esta remissão legislativa sugere a possibilidade de prorrogação do prazo de 60 dias para o encerramento de mediação, com a suspensão de todas as ações enquanto conti-

---

31. A publicidade atribuída à crise, com a confissão por parte do devedor que ingressa em juízo para requerer proteção contra credores, é deletéria à sua reputação.

32. A Uncitral – Comissão das Nações Unidas para o direito do comércio internacional, produziu um guia para auxiliar os Estados na elaboração de uma legislação de insolvência eficiente, recomendando que procedimentos híbridos, que conjugam negociações privadas com a atuação judicial, devem conter alguns aspectos essenciais do procedimento judicial – como, por exemplo, os requisitos da petição inicial, a lista de credores, o "stay period", a ciência aos credores, entre outros. Nada disso foi observado. O guia está disponível em: http://www.uncitral.org/ pdf/english/texts/insolven/05-80722_Ebook.pdf.

33. A proposta de renegociação das dívidas não é documento essencial para a instrução do pedido de negociação antecedente, porém o devedor poderá apresentá-la desde logo, demonstrando, com isso, transparência e boa-fé.

34. A comunicação deve ser dirigida a todos os credores do devedor, incluindo os titulares de créditos ainda não exigíveis. Do contrário, a negociação tenderá a ser realizada de forma parcelada e prolongada no tempo. Suponha-se que o devedor tenha duas execuções contra si e pretenda negociar com os dois credores uma moratória. Propõe a negociação antecedente, obtém o "stay" por 60 dias e inicia a negociação. No décimo quinto dia de negociação, surgem mais cinco execuções, o devedor propõe outra negociação antecedente e outra tutela de urgência, com o "stay" por mais 60 dias. No trigésimo dia dessa segunda negociação, iniciam-se mais dez execuções, adotando o devedor o mesmo expediente anterior. Evidente que a propositura de sucessivas medidas de negociação antecedente é contrária ao propósito de solução da crise empresarial e presta-se a apenas a "pedaladas" que prejudicam a paridade dos credores e sobrecarregam o Poder Judiciário.

35. O resultado positivo da mediação poderá ser materializado em um acordo escrito, e levado a homologação judicial. O art. 20-C, que trata da homologação, será objeto de comentário específico.

nuarem as negociações, mas a interpretação mais adequada deve ser restritiva. Como o procedimento de mediação extrajudicial instituído por lei não conta com a imposição legal da deliberação da maioria dos credores sobre a minoria, aos credores que não concordaram com a prorrogação do prazo para as negociações não é oponível a suspensão das ações deliberada pela maioria.

Portanto, a manifestação de vontade favorável do devedor e de apenas uma parcela de credores que concordarem expressamente com a prorrogação do prazo de mediação e de suspensão das execuções, não impedirá que os credores não aderentes ao acordo saiam da mediação e prossigam com as ações, revelando, mais uma vez, que o procedimento previsto em lei é ineficiente.

> § 2º São vedadas a conciliação e a mediação sobre a natureza jurídica e a classificação de créditos, bem como sobre critérios de votação em assembleia geral de credores.

A Lei 13.140/2015, em seu artigo 3º, estabelece que "pode ser objeto de mediação o conflito que verse sobre direitos disponíveis ou sobre direitos indisponíveis que admitam transação". Em regra, na falência e na recuperação judicial estão em jogo direitos disponíveis, decorrentes de relações de natureza patrimonial mantidas entre o devedor e os credores. Porém, certas normas da legislação de insolvência são inspiradas por interesses superiores ao de cada uma das partes. Quer pela consideração de que na falência os credores não podem ser tratados de forma igual em razão da insuficiência do patrimônio do devedor[36], quer pela necessidade de uma deliberação legítima dos credores na recuperação judicial[37], não é dados aos credores ajustarem entre si a mudança da natureza de seu crédito, para obter uma posição mais favorável em relação a outros credores na falência, ou com o propósito de ter maior influência na deliberação sobre o plano de recuperação judicial.

Por isso, a classificação dos créditos decorre diretamente da lei, e não da vontade das partes, e ao Juiz, no procedimento de verificação de crédito, compete apurar a existência, valor e a classe a que pertence determinado crédito, segundo a previsão legal. Na falência, os credores são classificados em classes distintas, a fim de que os pagamentos sejam feitos em observância à ordem prevista em lei (art. 83 c/c art. 149 da Lei 11.105/2001). Na recuperação judicial, por sua vez, os credores são agrupados em classes pela lei, para deliberarem sobre o plano (arts. 41 e 45 da Lei 11.101/2005).

---

36. "Classificar créditos concorrentes é estabelecer a ordem de colocação das exceções à regra de que todos os bens do devedor garantem igualmente o pagamento de todos os seus débitos. Essas exceções resultam diretamente da lei, embora possa motivar o seu aparecimento a diligência do credor, em obter, v.g., para o seu crédito, uma garantia real. E, como exceções, não é possível ampliar os casos especificados na lei de prelação entre os credores concorrentes. Vigoram na falência as preferências estabelecidas pelo direito comum, civil ou comercial, ou ainda constantes de leis especiais, pois que é na falência do devedor que tais preferências encontram o seu mais amplo campo de aplicação" (VALVERDE, Trajano de Miranda. *Comentários à Lei de Falências*. Rio de Janeiro: Forense, 1962, v. II, p. 167).

37. "Sob a atual perspectiva do direito concursal, a qual prevê legalmente os procedimentos de recuperação, as classes têm por intuito organizar interesses, agrupando os homogêneos e afastando os assimétricos, A composição de classes permite que se esclareça o tratamento a ser conferido aos credores do mesmo grupo e fornecer um mecanismo para que se apure se os votos foram suficientes à aprovação de um plano". (CEREZETTI, Sheila Neder. A recuperação Judicial de Sociedades por ações: *O princípio da preservação da empresa na Lei de Recuperação e Falência*. São Paulo: Malheiros, 2012, p. 282-283).

Em síntese, qualquer conflito entre devedor e credores a respeito da natureza dos créditos, e de sua classificação na falência e na recuperação judicial, será solucionada pelo juiz, e não por meio da mediação.

§ 3ºSe houver pedido de recuperação judicial ou extrajudicial, observados os critérios desta Lei, o período de suspensão previsto no § 1º deste artigo será deduzido do período de suspensão previsto no art. 6º desta Lei.

Na introdução a estes comentários destacou-se que um dos elementos essenciais do procedimento de recuperação judicial é o "stay period". Trata-se do prazo de suspensão de execuções contra o devedor, destinado a evitar o desmantelamento do seu estabelecimento empresarial e a permitir que seja elaborado um plano de recuperação e realizadas as negociações com os credores. Este prazo é de 180 dias, a contar do deferimento do processamento da recuperação judicial, e pode ser prorrogado uma única vez, desde que não haja concorrência do devedor para a demora na conclusão das negociações com os credores.

Caso, antes do pedido de recuperação judicial, o devedor tenha requerido a negociação coletiva extrajudicial e obtido em juízo o direito à suspensão das ações e execuções propostas pelos credores, pelo prazo de 60 dias, este prazo será deduzido do prazo de 180 ou 360 dias (art. 6º, § 4º, da Lei n. 11.101/2005).

Trata-se de uma medida destinada a evitar o uso da negociação coletiva extrajudicial apenas para o devedor evitar a suspensão de constrições patrimoniais em curso, pelo prazo de 60 dias, sem qualquer propósito negocial. Porém, não se pode descartar o indevido manejo da negociação antecedente, devido à inexistência de qualquer outro ônus para o devedor, como já destacado nos comentários ao § 1º. Ou seja, a mera dedução de prazo, instituída pelo legislador, não tem força suficiente para conferir à negociação antecedente a desejada eficiência que um sistema de negociação coletiva extrajudicial deveria ter.

Art. 20-C. O acordo obtido por meio de conciliação ou mediação com fundamento nesta Seção deverá ser homologado pelo juiz competente conforme o disposto no artigo 3º desta Lei.

O dever de sujeitar o acordo à homologação pelo juiz da recuperação judicial conflita com as disposições previstas na Lei 13.140/2015, que não obrigam as partes a submeter o acordo à homologação judicial (cf. art. 20, parágrafo único[38], e 28, parágrafo único[39]), pois elas podem preferir o sigilo à publicidade.

Ao juiz também não pode ser imposto o dever de homologar qualquer acordo resultante da mediação extrajudicial, o que fere a sua independência funcional, assegurada pela Constituição Federal e pela Lei Orgânica da Magistratura, e que recentemente foi violada pela Recomendação 63 do Conselho Nacional de Justiça, declarada inconstitu-

---

38. Art. 20, parágrafo único: "O termo final de mediação, na hipótese de celebração de acordo, constitui título executivo extrajudicial e, quando homologado judicialmente, título executivo judicial."

39. Art. 28, parágrafo único: "Se houver acordo, os autos serão encaminhados ao juiz, que determinará o arquivamento do processo e, desde que requerido pelas partes, homologará o acordo, por sentença, e o termo final da mediação e determinará o arquivamento do processo."

2 • DAS CONCILIAÇÕES E DAS MEDIAÇÕES AOS PROCESSOS DE RECUPERAÇÃO JUDICIAL   25

cional em precedentes da 1ª Câmara Reservada de Direito Empresarial do Tribunal de Justiça de São Paulo, que mantiveram decisão no mesmo sentido[40].

---

40. Cf. decisão proferida no processo n. 0038328-39.2013.8.26.0100: "Por oportuno, como a devedora invocou a Recomendação n. 63 do CNJ, o que tem ocorrido em inúmeros casos, devo declará-la inconstitucional porque emanada de órgão que não tem função jurisdicional e que viola a independência jurídica da Magistratura. Segundo Moacyr Amaral Santos, "a independência do Poder Judiciário se reveste de características especiais, porque nela está a sua própria força. Sendo sua função específica a de compor conflitos de interesses pela aplicação da lei aos casos concretos, ou seja, julgar, fazer justiça, indispensável é que seus órgãos se caracterizem por sua suspeição e serenidade e, pois, deverão gozar da mais absoluta independência, sem o que não se sentirão em condições de julgar. A independência do juiz, para ser completa, deverá ser interna e externa, jurídica e política." (Primeiras Linhas de Direito Processual Civil, Max Limonad, 1º v., 2. ed., São Paulo, p. 129). Acerca da independência jurídica do juiz, prossegue o autor: "No exercício de suas funções o juiz deverá sentir-se o intérprete da lei, o órgão que manifesta a sua vontade no caso concreto, a "vox legis". Nisso consiste a sua independência interna, dita independência jurídica. O juiz a ninguém e a nada se subordina, senão à lei." (op. cit., p. 129). Nas palavras de José Frederico Marques, "nem o Legislativo nem o Executivo podem dar ordens a qualquer juiz ou tribunal, sobretudo no que tange ao exercício da função jurisdicional. É isto que se denomina de "independência jurídica" do juiz. Magistrados e tribunais, portanto, no exercício da jurisdição, somente estão vinculados ao direito objetivo, não devendo obediência, neste passo, a qualquer outro órgão do Estado, ainda que colocado este na própria área do Judiciário" (Manual de Direito Processual Civil, Saraiva, 1974, São Paulo, v. 1, p. 95-96). A independência jurídica dos juízes é assegurada não só pela Constituição Federal, com as garantias da vitaliciedade, inamovibilidade e irredutibilidade de vencimentos, mas também pela Lei Orgânica da Magistratura Nacional, ao enunciar que o magistrado não pode ser punido ou prejudicado pelas opiniões que manifestar ou pelo teor das decisões que proferir, e pela Lei de Abuso de Autoridade, ao dispor que a divergência na interpretação de lei não configura abuso de autoridade. No discurso que proferiu ao receber o Colar do Mérito Judiciário, honraria merecidamente concedida pelo E. Tribunal de Justiça de São Paulo, em 1997, o Ministro Celso de Mello advertiu: "O juiz não pode ser despojado de sua independência. O Estado não pode pretender impor ao magistrado o veto da censura intelectual, que o impeça de pensar, de refletir e de decidir com liberdade. É preciso não perder de perspectiva jamais o fato de que os tribunais e juízos constituem, por excelência, o espaço institucional de defesa das liberdades. O direito de o magistrado proferir decisões com independência e liberdade, observados os parâmetros delineados pelo sistema de direito positivo, sem qualquer tipo de imposição exegética ou definição interpretativa condicionante, constitui o pressuposto indeclinável ao exercício responsável da jurisdição e o requisito essencial à preservação dos direitos fundamentais e das franquias democráticas, pois, sem juízes independentes, não há sociedades livres." O Supremo Tribunal Federal, quando reconheceu o Conselho Nacional de Justiça como órgão compatível com a independência do Poder Judiciário, observou que ele teria competências de ordem administrativa e censória, não podendo interferir na atividade-fim do juiz, que é a jurisdição. Conselho Nacional de Justiça. Órgão de natureza exclusivamente administrativa. Atribuições de controle da atividade administrativa, financeira e disciplinar da magistratura" (ADI 3.367-1, Rel. Min. Cézar Peluso). No entanto, a Recomendação n. 63, do Conselho Nacional de Justiça, a pretexto de garantir os melhores resultados em processos de recuperação judicial e de falência, em tempos de pandemia da Covid-19, interfere na atividade jurisdicional, orientando juízes a: A) reconhecer ocorrência de caso fortuito ou força maior (como se a qualificação jurídica de um fato como a pandemia da Covid-19 não fosse isso função do julgador); B) admitir a convocação de assembleia geral de credores para votação sobre plano modificativo (como se estes pedidos não fossem normalmente apreciados quando formulados); C) permitir a prorrogação de prazos (sem ao menos recomendar ponderação sobre os demais agentes econômicos afetados por tal prorrogação); D) sugerir cautela no exame de pedidos formulados contra os devedores (como se a LOMAN não exigisse equilíbrio e serenidade no exercício das funções em todos os casos sujeitos a julgamento).)." Além de presumir que todos os juízes de recuperação judicial não tenham capacidade e responsabilidade de decidir, o que é uma "capitis deminutio" a todos que cumprimos nossa missão cumprindo a lei e com as cautelas devidas, o provimento serve de argumento de autoridade por quem, mesmo injustificadamente, pretende ter seus pleitos atendidos. No direito, não há uma adesão absoluta e geral de toda a comunidade jurídica quanto à melhor aplicação da lei para a solução de determinado conflito, sendo uma constante a existência de pontos de vista contrários e respeitáveis. Nessa linha de raciocínio, os juízes de falências e recuperações judiciais devem ter assegurada sua prerrogativa constitucional de decidir, com equilíbrio e serenidade todas as questões relevantes que têm sido postas neste momento de pandemia da COVID-19, ponderando todos os aspectos envolvidos no cumprimento de um plano de recuperação e não apenas a situação do devedor, pois a empresa não existe sozinha, e sim em relação com outras empresas, além de ter empregados e credores trabalhistas. Os advogados de devedoras e credores têm plena capacidade de formular suas pretensões e o juízes estão aptos a decidirem os pleitos, caso a caso, com equilíbrio e responsabilidade, não podendo sofrer interferência na atividade jurisdicional, pelo CNJ, mesmo sob o propósito de obtenção de bons resultados, pois a Constituição Federal não conferiu a este órgão tal competência. Por isso,

Não são passíveis de homologação acordos que violem normas de ordem pública. Não podem ser homologados acordos sobre direitos indisponíveis que não admitem transação. O juiz também deverá negar homologação a acordo em que prevista a inexistência de sucessão tributária ou trabalhista na alienação de unidade produtiva isolada, pois esta consequência decorre da alienação prevista em plano de recuperação judicial ou extrajudicial homologado[41]. É vedado ao juiz homologar acordo contendo atos previstos no art. 94, III, ou no art. 130, da Lei n. 11.101/2005[42], por aplicação analógica do art. 164, §§ 3º e 4º, que veda a homologação de plano recuperação extrajudicial com esse teor.

Alguém poderá alegar que a negociação realizada pelo devedor com determinado credor, cujo êxito tenha sido alcançado com a celebração de um acordo, poderá ser levada à homologação judicial, reduzindo em parte a crise econômico-financeira do devedor. Porém, acordos que beneficiem determinados credores, em detrimento dos demais, também não podem ser homologados, como, por exemplo: a) a concessão de garantia real em favor de credor quirografário, sem que restem bem suficientes para pagamento aos demais credores medida que viola a "par conditio creditorum" e é caracterizada como ato de falência (art. 94, III, e); b) a dação em pagamento de um imóvel a determinado credor, sendo o imóvel de valor superior ao crédito, com proveito para um credor em detrimento dos demais (art. 129, II)[43]; c) o pagamento em prazo menor ou com menor deságio somente em favor dos credores aderentes, prejudicando os credores não aderentes.

Portanto, restará ao juiz homologar acordos de menor complexidade e que não sejam passíveis de declaração de ineficácia, como a concessão de prazo e de desconto, a revelar que se trata de um instituto de alcance muito limitado para a solução de crises empresariais mais profundas, diagnóstico que era feito por Paulo Penalva Santos em 2006 acerca da recuperação extrajudicial e que se aplica à negociação antecedente.[44]

---

declaro a inconstitucionalidade da Recomendação n. 63 do CNJ e determino a expedição de ofício, com cópia desta decisão, ao Exmo. Sr. Procurador-Geral da República, para as providências que entender cabíveis."

41. Sobre a inexistência de sucessão na recuperação judicial, cf. BECUE, Sabrina. *A Alienação de Estabelecimento Empresarial*: Recuperação Judicial e a Inexistência de Sucessão. São Paulo: Quartier Latim, 2018; e na recuperação extrajudicial, cf. MARTINS, Glauco Alves. *A Recuperação Extrajudicial*. São Paulo: Quartier Latin, 2012. p. 171-181.

42. Caso o juiz homologue o acordo, sem ter se pronunciado expressamente sobre a não ocorrência das hipóteses do art. 130 – intenção de prejudicar credores e conluio fraudulento –, o ato posteriormente poderá ser declarado ineficaz caso sobrevenha a falência do devedor, por força do art. 138 da Lei n. 11.101/2005. Segundo Clara Moreira Azzoni, "conquanto essa disposição seja objeto de algumas críticas, em função de uma suposta violação à coisa julgada e à segurança jurídica, acreditamos que ela tem importante papel na proteção dos interesses dos credores no processo falimentar, impedindo que o Poder Judiciário seja utilizado como instrumento para a perpetração de manobras fraudulentas entre devedor e terceiro" (Fraude contra Credores no Processo Falimentar. Ação revocatória falimentar e ineficácia do art. 129 da Lei de recuperação judicial, extrajudicial e de falência – Curitiba: Juruá, 2017, p. 358)

43. O juiz não deve homologar qualquer acordo contendo ato que possa ser declarado ineficaz, nos termos do art. 129, da Lei 11./101/2005, pois não se deve permitir a violação à "par conditio creditorum; "A *ratio legis* da declaração da ineficácia é justamente proteger os credores do falido no tocante à prática de atos bastante específicos, eleitos criteriosamente pelo legislador, potencialmente prejudiciais à igualdade existente entre os credores..." (SCALZILLI, João Pedro; SPINELLI, Luis Felipe e TELLECHEA, Rodrigo. *Recuperação de empresas e falência*: teoria e prática na Lei 11.101/2005. São Paulo: Almedina, 2018, p. 850).

44. "Na recuperação extrajudicial, o devedor, para resolver problemas de liquidez, propõe a seus credores, na maioria dos casos, remissão ou dilação. Esse procedimento – extremamente simples – tem por finalidade dar transparência e segurança às negociações, desde que seja garantido aos credores, tenham ou não aderido ao contrato, as mesmas condições de prorrogação de prazo de vencimento ou redução percentual do passivo. A Recuperação Extrajudicial

2 • DAS CONCILIAÇÕES E DAS MEDIAÇÕES AOS PROCESSOS DE RECUPERAÇÃO JUDICIAL

Parágrafo único. Requerida a recuperação judicial ou extrajudicial em até 360 (trezentos e sessenta) dias contados do acordo firmado durante o período da conciliação ou de mediação pré-processual, o credor terá reconstituídos seus direitos e garantias nas condições originalmente contratadas, deduzidos os valores eventualmente pagos e ressalvados os atos validamente praticados no âmbito dos procedimentos previstos nesta Seção.

A previsão de que os efeitos de uma negociação antecedente, sucedida por uma recuperação judicial ou extrajudicial ajuizada em 360 dias, resultará em reconstituição dos direitos e garantias dos credores as condições originalmente contratadas, não parece ser acertada. Embora a medida possa ser entendida como um inibidor do uso da negociação antecipada por devedor em busca de um respiro ("stay period" por 60 dias), sem real propósito negocial, ela pode apresentar efeitos indesejados, como a escassez de novos recursos para o apoio à superação da crise.

Segundo Eduardo Munhoz, "em geral, a empresa em crise, ao entrar em recuperação judicial, não dispõe de bens livres e desonerados para serem oferecidos em garantia, ou em alienação fiduciária, para obtenção de financiamento novo...Assim, diante da ausência de bens livres e desonerados, torna-se impossível à empresa em recuperação oferecer ao provedor do financiamento uma garantia que lhe confira a prioridade necessária, em caso de falência, para viabilizar a operação".[45]

O financiamento do devedor, na fase da negociação antecedente, também está cercado de riscos, em decorrência da disciplina legal, que não oferece segurança para os negócios jurídicos celebrados que forem sucedidos por um pedido de recuperação no prazo de 360 dias.

Supondo que, na fase de negociação antecedente, seja pactuada a liberação de um imóvel hipotecado, a fim de que ele seja alienado fiduciariamente ao concedente de novos recursos, e que o devedor ingresse em juízo com o pedido de recuperação judicial em prazo inferior a 360 dias após o acordo de financiamento, surge a seguinte questão: os antigos credores garantidos terão reconstituída a hipoteca, em detrimento do credor financiador, que será privado da garantia fiduciária?

Se a resposta for positiva, não haverá incentivo ao fornecimento de recursos ao devedor, mediante a prestação de garantia, que assegure uma prioridade ao financiador, em relação aos credores anteriores. A resposta mais adequada, contudo, pode ser no sentido da manutenção da garantia, mediante a aplicação analógica do art. 66-A[46], desde que observadas das cautelas previstas no art. 66.

O dispositivo legal certamente terá aplicação limitada às situações em que o credor concedeu desconto ou moratória, e, após o pedido de recuperação ajuizado pelo devedor

---

na Nova Lei de Falências. In: SANTOS, Paulo Penalva (Coord.). "*A nova lei de falências e de recuperação de empresas*: Lei 11.101/05". Rio de Janeiro: Forense, 2006, p. 373.

45. MUNHOZ, Eduardo Secchi. Financiamento e Investimento na Recuperação Judicial. NEDER CEREZETTI, Sheila Christina e MAFFIOLETTI, Emanuelle Urbano (Coord.). *Dez Anos da Lei 11.101/2005*: Estudos sobre a Lei de Recuperação e Falência. São Paulo: Almedina, 2015, p. 282.

46. A alienação de bens ou a garantia outorgada pelo devedor a adquirente ou a financiador de boa-fé, desde que realizada mediante autorização judicial expressa ou prevista em plano de recuperação judicial ou extrajudicial aprovado, não poderá ser anulada ou tornada ineficaz após a consumação do negócio jurídico com o recebimento dos recursos correspondentes pelo devedor.

no prazo de até 360 dias do acordo, terá o seu crédito reconstituído no valor e no prazo originariamente contratados.

Art. 20-D. As sessões de conciliação e de mediação de que trata esta Seção poderão ser realizadas por meio virtual, desde que o CEJUSC do tribunal competente ou a câmara especializada[47] responsável disponham de meios para a sua realização.

Devido às medidas sanitárias de distanciamento social, necessárias ao combate da disseminação do vírus que causa a COVID-19, a tecnologia passou a ser utilizada na fiscalização da atividades do devedor, pelo administrador judicial, e na realização de assembleia geral de credores, sem a presença física dos credores, o que foi objeto de recomendação da Corregedoria-Geral a Justiça de São Paulo[48].

Considerando que as medidas sanitárias de distanciamento social ainda são necessárias e que as ferramentas tecnológicas de comunicação foram disseminadas com sucesso, deve ser estimulado o uso de plataformas virtuais para a realização da mediação, permitindo aos mais diversos interessados, como fornecedores, credores trabalhistas, empregados e até mesmo o Fisco, o acesso a este método de solução de conflitos.

A mediação feita em plataforma eletrônica deve seguir todos os princípios que regem este método, como a autonomia dos interessados na escolha do mediador e a confidencialidade durante as sessões de conciliação e de mediação, além de exigir segurança jurídica para a manifestação da vontade dos interessados.

Apesar de toda a tragédia que envolve a pandemia da COVID-19, não há dúvida quanto ao reconhecimento de que as plataformas eletrônicas de comunicação interpessoal podem viabilizar sessões de conciliação e de mediação nos processos de recuperação, com proveito para todos os interessados na superação da crise empresarial.

2. REFERÊNCIAS

AZZONI, Clara Moreira. *Fraude contra Credores no Processo Falimentar. Ação revocatória falimentar e ineficácia do art. 129 da Lei de recuperação judicial, extrajudicial e de falência*. Curitiba: Juruá, 2017.

BAIRD, Douglas G, e JACKSON, Thomas H. *Corporate Reorganizations and the Treatment of Diverse Ownership Interests: A Comment on Adequate Protection of Secured Creditors in Bankruptcy*. U. Chi. L. Rev., v. 51, 1984.

BECUE, Sabrina. *A Alienação de Estabelecimento Empresarial*: Recuperação Judicial e a Inexistência de Sucessão. São Paulo: Quartier Latim, 2018.

BONILHA, Alessandra Fachada. A mediação como ferramenta de gestão e otimização de resultado da recuperação judicial, *Revista de Arbitragem e Mediação*, v. 57, ano 15, p 385/410. São Paulo: Ed. RT, abr-jun 2018.

---

47. Recomenda-se a consulta ao "Guia de boas práticas para mediação em recuperação judicial", da Câmara de Mediação e Arbitragem Empresarial – Brasil (CAMARB), ao final deste capítulo.

48. Com o propósito de conferir proteção aos credores e segurança às deliberações sobre o plano de recuperação judicial, foram estabelecidos os requisitos mínimos que os administradores judiciais possam realizar uma assembleia-geral de credores virtual (Comunicado CG n. 809/2020 – Processo 2020/76446, publicado no DOE em 24 de agosto de 2020).

CASTRO, Rodrigo Rocha Monteiro de; WARDE JÚNIOR, Walfrido Jorge e GUERREIRO, Carolina Dias Tavares (Coord.). *Direito Empresarial e Outros Estudos em Homenagem ao Professor José Alexandre Tavares Guerreiro*. São Paulo: Quartier Latin, 2013.

CEREZETTI, Sheila Neder. A recuperação Judicial de Sociedades por ações: *O princípio da preservação da empresa na Lei de Recuperação e Falência*. São Paulo: Malheiros, 2012.

CEREZETTI, Sheila Christina N. e MAFFIOLETTI, Emanuelle Urbano (Coord.). *Dez Anos da Lei 11.101/2005*: Estudos sobre a Lei de Recuperação e Falência. São Paulo: Almedina, 2015.

GUIMARÃES, Márcio Souza. Apontamentos sobre o direito das empresas em dificuldades (droit des entreprises em difficulté) em França". *Revista do Advogado*. AASP. Ano XXIX, setembro de 2009, n. 105, p. 142.

JACKSON, Thomas. *The logic and limits of bankruptcy*. Washington D.C.: Beard Books, 2001.

MARTINS, Glauco Alves. *A Recuperação Extrajudicial*. São Paulo: Quartier Latin, 2012.

MUNHOZ, Eduardo Secchi. Cessão fiduciária de direitos de crédito e recuperação judicial de empresa. *Revista do Advogado*, v. 29, n. 105, 2009.

SANTOS, Paulo Penalva (Coord.). *A Recuperação Extrajudicial na Nova Lei de Falências*. "A nova lei de falências e de recuperação de empresas: Lei 11.101/05". Rio de Janeiro: Forense, 2006.

SCALZILLI, João Pedro; Spinelli, Luis Felipe e TELLECHEA, Rodrigo. *Recuperação de empresas e falência*: teoria e prática na Lei 11.101/2005. São Paulo: Almedina, 2018.

TELLECHEA, Rodrigo, Scalzilli, João Pedro, SPINELLI, Luis Felipe. *História do direito falimentar*: da execução pessoal à preservação da empresa. São Paulo: Almedina, 2018

VALVERDE, Trajano de Miranda. *Comentários à Lei de Falências*, Forense, 1962, v. II.

3
CONVOLAÇÃO DA RECUPERAÇÃO JUDICIAL EM FALÊNCIA

Ricardo de Moraes Cabezón

Doutorando junto a Faculdade de Direito da Universidade de São Paulo, Mestre em Direitos Difusos e Coletivos pela UNIMES, Especialista em Direito Processual pela UNIP e Docência do Ensino Superior pela UFRJ, Professor Universitário de Curso de Graduação e Pós-Graduação em Direito. Advogado, Administrador Judicial. Sócio administrador da Cabezón Administração Judicial EIRELI.

Sumário: 1. Introdução. 2. A criação do plano alternativo proposto por credores. 3. Outros casos. 4. Referências.

1. INTRODUÇÃO

No capítulo IV da Lei de Falências e Recuperações Judiciais recentemente alterada pelos termos da Lei 14.112/2020 encontramos o rol de situações que, uma vez caracterizadas no âmbito do processo recuperacional, levam a sua conversão ao procedimento falencial.

Tal possibilidade chamada pelo legislador de "convolação" está descrita nas hipóteses do artigo 73, recentemente aditado para contemplar outras situações que, uma vez constatadas, ensejarão decretação da quebra pelo juízo recuperacional.

O verbo *convolar* numa perspectiva etimológica advém do latim *convolare,* cujo significado é encontrado em nossos léxicos como "passar de um estado jurídico para outro", "mudar", "substituir", "transformar"[1].

É nesse contexto que a redação do referido dispositivo passou a tratar de novas hipóteses que ensejam a conversão do processo concursal em que se buscava o soerguimento de uma empresa (ou grupo de empresas) por meio de uma negociação coletiva para um processo de liquidação judicial no qual se opera uma espécie de execução coletiva, desde que tais fatos eventualmente ocorram durante o trâmite do procedimento de Recuperação Judicial até o fim do período de fiscalização.

A atual redação do dispositivo que regula a convolação do procedimento recuperacional contempla *seis hipóteses,* duas a mais do que o rol desenvolvido inicialmente pelo legislador originário, as quais são definidas como taxativas (*numerus clausus*), segundo precedente do Superior Tribunal de Justiça.[2]

---

1. DINIZ, Maria Helena. *Dicionário Jurídico.* 3. ed. rev. atual. e aum. São Paulo: Saraiva, 2008. p. 1.037; e FARIA, Ernesto (Org.). *Dicionário escolar latino-português.* Rio de Janeiro: Ministério da Educação e Cultura, 1955. p. 226.
2. Nos termos da decisão do STJ, proferida pela 4ª. Turma no julgamento do REsp 1587559PR com relatoria do Ministro Luis Felipe Salomão ocorrido em 06/04/17 foi proferido o referido entendimento a fim de que o Juízo recuperacional

Assim, o artigo 73 se revela um dispositivo crucial cuja aplicação deve ser precedida de cautela pelo magistrado em virtude de sua utilização colocar termo ao processo recuperacional selando derradeiramente o destino da Devedora.

Nesse contexto, salienta Carlos Klein Zanini que

"A decisão judicial que decreta a convolação em falência importa na capitulação do processo de recuperação. Daí o porquê de ser mais do que recomendável sua aplicação parcimoniosa pelo magistrado, até mesmo como forma de render homenagem aos princípios inspiradores da Lei, que propugnam pela preservação da empresa, e não o contrário."[3]

Destarte, a ponderação dos fatos somada à interpretação sistemática e teleológica da norma são cautelas fundamentais para se atenuar a severidade legal do dispositivo[4] e os reflexos dele decorrentes, razão pela qual vige o entendimento de que a previsão normativa para convolação não obriga o magistrado a decretá-la, porém dele exige atenção e meticulosidade, ou seja, parafraseando Carlos Henrique Abrão recomenda-se ao juiz o emprego de exegese *"cum granun salis"*[5].

---

fique atrelado as hipóteses legais de convolação, evitando adentrar aos aspectos econômicos ou negociais firmados entre devedora e credores, por extrapolar suas competências. Vide ementa: Recurso especial. Autos de agravo de instrumento dirigido contra a decisão que convolou a recuperação judicial em falência. Obrigatória convocação de nova assembleia de credores quando anulada aquela que aprovara o plano de recuperação judicial. Inexistente qualquer uma das causas taxativas de convolação.

1. No processo recuperacional, são soberanas as decisões da assembleia geral de credores sobre o conteúdo do plano de reestruturação e sobre as objeções/oposições suscitadas, cabendo ao magistrado apenas o controle de legalidade do ato jurídico, o que decorre, principalmente, do interesse público consubstanciado no princípio da preservação da empresa e consectária manutenção das fontes de produção e de trabalho.

2. Nessa perspectiva, sobressai a obrigatoriedade da convocação de nova assembleia quando decretada a nulidade daquela que aprovara o plano de recuperação e que, consequentemente, implicara a preclusão lógica das objeções suscitadas por alguns credores.

3. No caso concreto, o magistrado, após considerar nula a assembleia geral de credores que aprovara o plano de reestruturação, não procedeu à nova convocação e, de ofício, convolou a recuperação em falência, sem o amparo nas hipóteses taxativas insertas nos incisos I a IV do artigo 73 da Lei 11.101/2005, quais sejam: (i) deliberação da assembleia geral de credores sobre a inviabilidade do soerguimento da sociedade empresária; (ii) inércia do devedor em apresentar o plano de reestruturação no prazo de 60 (sessenta) dias contado da decisão deferitória do processamento da recuperação judicial; (iii) rejeição do plano de recuperação pela assembleia geral de credores, ressalvada a hipótese do cram down (artigo 58, §§ 1º e 2º, da Lei 11.101/2005); e (iv) descumprimento sem justa causa de qualquer obrigação assumida pelo devedor no plano, durante o período de dois anos após a concessão da recuperação judicial.

5. Em vez da convolação da recuperação em falência, cabia ao magistrado submeter, novamente, o plano e o conteúdo das objeções suscitadas por alguns credores à deliberação assemblear, o que poderia ensejar a rejeição do plano ou a ponderação sobre a inviabilidade do soerguimento da atividade empresarial, hipóteses estas autorizadoras da quebra. Ademais, caso constatada a existência de matérias de alta indagação e que reclamem dilação probatória, incumbir-lhe-ia remeter os interessados às vias ordinárias, já que o plano de recuperação fora aprovado sem qualquer impugnação.

6. Recurso especial provido a fim de cassar a decisão de convolação da recuperação judicial em falência e determinar que o magistrado de primeiro grau providencie a convocação de nova assembleia geral de credores, dando-se prosseguimento ao feito, nos termos da Lei 11.101/2005.

3. *Comentários à Lei de Recuperação de Empresas e Falência*. SOUZA JUNIOR, Francisco Satiro de; PITOMBO, Antonio S. A. de Moraes (coordenadores). 2. ed. São Paulo: Ed. RT, 2007. p. 331.

4. SCALZILLI, João Pedro, SPINELLI, Luis Felipe, TELLECHEA, Rodrigo. *Recuperação de Empresas e Falência: Teoria e Prática da Lei 11.101/2005*. São Paulo: Almedina, 2016. p. 363.

5. ABRÃO, Carlos Henrique. TOLEDO, Paulo Fernando Campos Salles. (Coord.). *Comentários à Lei de Recuperação de Empresas e Falência*. 3. ed. rev. e at. São Paulo: Saraiva, 2009. p. 230-231: "Resta evidenciado que o legislador deu maior importância ao aspecto de conteúdo financeiro e não propriamente de recuperação da empresa, uma

a. Art. 73 (...)

I – por deliberação da assembleia geral de credores, na forma do art. 42 desta Lei;

A *primeira* hipótese prevista no artigo 73 LREF está atrelada à vontade dos credores que, reunidos em conclave, deliberam, por maioria simples (artigo 42 LREF), pela não continuidade da Recuperação Judicial. 'Deliberar por maioria simples' significa coletar o voto dos credores que representem mais da metade do valor total dos *créditos presentes* à assembleia.

Tal situação enseja atenção do julgador em virtude da previsão de *quórum* comum e de algo que se revela habitual na rotina dos procedimentos recuperacionais: o não comparecimento da maioria dos credores na Assembleia para deliberação, clima propício para que prevaleça eventual tomada de decisão oportunista, ou o famigerado "abuso do poder de voto".

Desta forma, é importante que a decisão dos credores favorável à falência se funde *em irregularidades praticadas pelo devedor que justifiquem a inviabilidade do desenvolvimento de sua atividade empresarial.*[6]

Sobre o assunto, Carlos Henrique Abrão salienta que *"A decisão da assembleia geral se mostra soberana e conduz, a princípio, ao juízo valorativo da decretação da quebra, porém dentro da logicidade e da razoabilidade caberá ao magistrado verificar a circunstância do pressuposto objetivo antes de proferir sua decisão"*[7]

E complementa, analisando a atuação do Magistrado diante da soberania da AGC:

> A expressão soberania da assembleia geral, em sua decisão, não significa, em absoluto, que o Juízo da recuperação estará diante de uma camisa-de-força. Compete-lhe avaliar o terreno, verificar todas as hipóteses e, se for viável, reconvocar assembleia para dispersar dúvidas, calibrar ergonomia, otimizar resultados, a fim de que conclua, de forma justa e fundamentada, em torno da quebra[8].

A respeito do momento de sua ocorrência prospera o entendimento de que é cabível apenas *em período anterior ao da aprovação do Plano de Recuperação Judicial (PRJ)*, eis que após aprovado o plano e, sobretudo homologado pelo Juízo e tendo *subsequentemente* concedida a Recuperação Judicial, tal hipótese parece não fazer

---

vez que o descumprimento poderá não traduzir diretamente uma situação de insolvência, mas de crise transitória passível de renegociação.

Destarte, o tom imperativo redacional merece ser temperado entre a realidade da empresa e o incumprimento constatado, de modo a ser aberto prazo para manifestação do interessado e a finalidade de esclarecer, justificando o motivo pelo qual deixou de atender a determinação. Não se defende um perdão e complacência em relação ao devedor, porém a situação de intolerância é capaz de causar abalos, quando se cogita de qualquer obrigação, haja vista a colidência dos interesses dos credores com a preocupação de se reerguer a empresa.

Recomenda-se exegese *cun granum salis* sob os olhos atentos da fiscalização a cargo do Ministério Público, a intervenção pontual do juízo na desenvoltura da realidade falimentar e a dimensão em termos do plano da obrigação não cumprida.

Efetivamente, a inteligência redacional somente pode levar à interpretação segura sobre a relevância da obrigação no contexto do plano e sua importância em relação à preservação da empresa, perspective esta que deverá ser analisada por todos os interessados para não prejudicar o norte da atividade e prematuramente encerrar o negócio."

6. SACRAMONE, Marcelo Barbosa. *Comentários à lei de recuperação de empresas e falência*. São Paulo: Saraiva Educação, 2018. p. 300.

7. ABRÃO, Carlos Henrique. TOLEDO, Paulo Fernando Campos Salles. (Coord.). *Comentários à Lei de Recuperação de Empresas e Falência*. 3. ed. rev. e at. São Paulo: Saraiva, 2009. p. 227.

8. Idem, ibidem. p. 227.

sentido, até porque o PRJ foi aquiescido por quórum qualificado (mais elevado e com votação especial dos credores de todas as classes presentes na assembleia), portanto, salvaguardada a hipótese em que a Recuperanda não o cumpra e assim estaria incursa na previsão do inciso IV, a devedora está respaldada a prosseguir na tentativa de soerguimento de sua atividade empresária.

Sergio Campinho[9] acerca dessa questão salienta que *"não é razoável conferir-se um poder de vida e morte à assembleia geral de credores durante todo o processo de recuperação, notadamente após a sua obtenção pelo devedor. O ideal da lei é a recuperação, não se admitindo possa ficar prejudicada por simples capricho da assembleia. Após aprovar o plano e admitir a sua legalidade pelo magistrado ao conceder a recuperação, não há como admitir a sua 'rescisão' por simples decisão assemblear, até porque o plano homologado constitui-se título executivo judicial (§ 1º do art. 59). O mesmo raciocínio se estabelece para a circunstância de objeção ao plano."*

Críticas à parte não se pode olvidar que os credores que representem, ao menos, vinte e cinco por cento do valor total dos créditos de uma determinada classe consoante os termos do § 2º do art. 36 da LREF, ou mesmo o Comitê, caso tenha sido instalado (art. 27, I, "e" LREF), poderão convocar uma Assembleia Geral.

Por fim, cabe salientar que tal situação não se aplica às hipóteses de procedimento simplificado da recuperação judicial (art. 72 LREF), no qual inexiste a figura da Assembleia Geral de Credores.

b. Art. 73 (...)

II – pela não apresentação, pelo devedor, do plano de recuperação no prazo do art. 53 desta Lei;

A *segunda* situação trata do devedor que não apresenta proposta de Plano de Recuperação nos 60 dias após o deferimento do processamento, consoante dispõe os termos do artigo 53 LREF.

O referido prazo conta-se especificamente a partir da publicação do despacho que determina o processamento da recuperação judicial[10] (art. 52 LREF) e por se tratar de prazo próprio, e não processual, é contado em dias corridos.

Trata-se de descumprimento de obrigação de natureza pública, improrrogável[11], podendo ser analisada de ofício pelo magistrado sem provocação dos credores aplicável tanto ao Procedimento Simplificado quanto ao Ordinário.

---

9. CAMPINHO, Sergio. *Curso de Direito Comercial. Falência e Recuperação de Empresa.* 9. ed. rev. e atual. São Paulo: Saraiva Educação, 2018. p. 152.
10. LOPES DO CANTO, Jorge Luiz. A convolação da Recuperação em Falência. In: ABRÃO, Carlos Henrique; ANDRIGHI, Fátima Nancy; BENETI, Sidnei. *10 anos de vigência da Lei de Recuperação e Falência.* São Paulo: Saraiva, 2015. p. 233.
11. TJSP, AI 9039563-33.2009.8.26.0000. Câmara Reservada à Falência e Recuperação. Des. Relator Manoel Pereira Calças. j. 06.04.2010 e TJSP, AI 2250552-92.2016.8.26.0000. 2ª Câmara Reservada de Direito Empresarial. Des. Relator Caio Marcelo Mendes de Oliveira j. 14.08.2017.

Importante destacar que mesmo se devedora peticionar fora do prazo colacionando proposta de plano intempestiva, tal gesto não permitirá o conhecimento de seu teor pelos credores[12].

Vige, contudo, entendimento de que situações *excepcionais devidamente justificadas* permitem a prorrogação do prazo (a exemplo da regra dos termos do art. 6º., § 4º. LREF sobre o qual o Superior Tribunal de Justiça – STJ, no âmbito da anterior redação, proferiu entendimento de sua extensão excepcional mediante estabelecimento de critérios de verificação no caso concreto[13], situação superada na atual redação vigente) como já acenou o Poder Judiciário[14] e a doutrina[15]-[16]-[17].

> c. Art. 73 (...)
>
> III – quando não aplicado o disposto nos §§ 4º, 5º e 6º do art. 56 desta Lei, ou rejeitado o plano de recuperação judicial proposto pelos credores, nos termos do § 7º do art. 56 e do art. 58-A desta Lei.

O inciso *terceiro* trata de situação em que o plano rejeitado pelo *quórum* ordinário dos credores (art. 45 LREF), não teve condições de ser aprovado por *crawn down*, isto é, diante das peculiaridades excepcionais previstas nos §§ 4º a 9º do art. 56 LREF, dentre as quais se inclui a reprovação do novo plano apresentado pelos credores (hipótese novada na lei).

Nesse sentido, salvaguardado o *quórum* alternativo previsto nos termos do art. 58, § 1º, LREF, ao qual se prevê a hipótese de aplicabilidade de *cram down,* o Juízo Recuperacional não possui poder decisório discricionário para conceder a Recuperação Judicial sem a aprovação da assembleia geral de credores[18].

Importante destacar que o inciso III do artigo 73 da LREF contém uma das mais importantes mostras de que a recuperação judicial não justifica sua continuidade quando se clarividência aos credores a impossibilidade de superação da crise pela empresa, seja

---

12. SACRAMONE, Marcelo Barbosa. *Comentários à lei de recuperação de empresas e falência.* São Paulo: Saraiva Educação, 2018, p. 300.

13. STJ, REsp 1610860/PB. Terceira Turma. Rel. Min. Nancy Andrighi. Dje 19.12.2016.

14. TJSP. AI 2238274-88.2018.8.26.0000. 1ª. Câmara Reservada de Direito Empresarial. Des. Relator Azuma Nishi. j. 17.04.2019.

15. "A sinalização que se reporta ao prazo estabelecido encerra decadência pelo fato de não se permitir sua prorrogação, exceto excepcionalmente, quando houver força maior ou caso fortuito, a ser justificado e aceito pelo Juízo". In ABRÃO, Carlos Henrique. TOLEDO, Paulo Fernando Campos Salles. (Coord.). *Comentários à Lei de Recuperação de Empresas e Falência.* 3. ed. rev. e at. São Paulo: Saraiva, 2009. p. 227.

16. "As considerações expendidas no ponto anterior nos parecem também suficientes para recomendar cautela ao magistrado no momento de decretar a falência na hipótese de que aqui se cuida. Seria o caso, inclusive, de cogitarse de eventual prorrogação do prazo, conforme os comentários que fizemos ao art. 71 *supra*, aos quais aqui nos reportamos para evitar tautologia". ZANINI, Carlos Klein. In: SOUZA JUNIOR, Francisco Satiro. PITOMBO, Antônio Sergio A. de Moraes (Coord.). *Comentários a Lei de Recuperação de Empresas e Falência.* 2. ed. rev., atual. e ampl. São Paulo: Ed. RT, 2007. p. 333.

17. "Apenas em situações excepcionalíssimas o juiz poderia dilatar esse prazo. Isso ocorreria na hipótese de recuperação extremamente complexa, ou em virtude de decisão interlocutória, entre o início do processamento da recuperação e a data de apresentação do plano, e que resulte em alteração dos parâmetros a serem utilizados pelo devedor, como exclusão ou inclusão de alguma pessoa jurídica integrante do grupo que requereu a recuperação judicial" SACRAMONE, Marcelo Barbosa. *Comentários à lei de recuperação de empresas e falência.* São Paulo: Saraiva Educação, 2018, p. 300.

18. Vide TJSP, AI 558.460-4/8-00. Câmara Reservada à Falência e Recuperação. Des. Rel. Elliot Akel. j. 24.09.2008; TJSP, AI 649.578-4/4-00. Câmara Reservada à Falência e Recuperação. Des. Rel. Elliot Akel. j. 15.12.2009.

pela incapacidade do plano apresentado convencê-los do soerguimento empresarial do ponto de vista econômico, como também por denotar tratamento inadequado, desigual ou não compensatório sob a ótica da 'insolvabilidade corporativa'[19], atentando contra o interesse coletivo.

Observa o legislador que a rejeição nesse caso deve ocorrer considerando o *quórum* ordinário e/ou alternativo do conclave, aplicável também ao caso da proposta consignada por outros credores.

Importante também asseverar que eventual sustentação de argumentos para a não convolação pautados na viabilidade da atividade econômica ou da preservação da empresa e sua mão de obra não se revelam premissas a serem consideradas pelo Juiz por não se sustentarem em princípios absolutos em matéria de direito concursal e, diferentemente do que se aplicava com base nos termos do Dec.-lei 7661/45, não poderá o magistrado ignorar a vontade dos credores, os quais são os legítimos signatários da faculdade de decidir o destino da devedora[20].

O fato de um plano não ser aprovado não impede, em sede de falência, que se busque a possibilidade de cessão da posição contratual da devedora a fim de se preservar a empresa[21], devendo ser afastado o devedor porque, do contrário, agravará ainda mais a crise e alastrará efeitos nefastos ao mercado, funcionários e credores.

A propósito salienta Jorge Luiz Lopes do Canto

"resta indubitável que a convolação, isto é, a transformação da recuperação judicial em falência não importa por si só em prejuízo econômico para a sociedade, mas pode significar na recuperação do ativo da empresa com a utilização deste na atividade empresarial, mediante a liquidação daquele, por exemplo, com a venda em bloco de todo o parque industrial ou mercantil (art. 141, I, da Lei n. 11.101/2005) para empresa que atue no mesmo ramo de atividade"[22]

Destarte, não podemos omitir que a preservação da empresa ocorre tanto no ambiente recuperacional como também na falência, de tal sorte que "o seu reconhecimento pelos credores exige a imediata retirada do mercado do agente econômico devedor, com a possibilidade de alocação mais eficiente dos diversos recursos por ele utilizados e continuidade de manutenção da atividade empresarial por outro empresário que poderá adquirir os bens na liquidação, sob pena de se aumentar o risco de inadimplemento do mercado, em prejuízo de todos", como assevera Marcelo Sacramone[23].

---

19. Termo usado por Jorge Luiz Lopes do Canto In artigo "A Convolação da Recuperação em Falência" publicado em ABRÃO, Carlos Henrique; ANDRIGHI, Fatima Nancy; BENETI, Sidnei (Coord.). *10 anos de vigência da Lei de Recuperação e Falência (Lei n. 11.101/2005)*. São Paulo: Saraiva, 2015. p. 236.

20. Sobre o princípio da preservação da empresa recomenda-se a leitura da obra de CEREZETTI, Sheila Christina Neder. *A Recuperação Judicial de Sociedade por Ações. O Princípio da Preservação da Empresa na Lei de Recuperação e Falência*. São Paulo: Malheiros, 2012.

21. Acerca do assunto recomenda-se a leitura da obra de PUGLIESI, Adriana Valéria. *Direito Falimentar e Preservação da Empresa*. São Paulo: Quartier Latin, 2013.

22. "A Convolação da Recuperação em Falência" publicado em ABRÃO, Carlos Henrique; ANDRIGHI, Fatima Nancy; BENETI, Sidnei (Coord.). *10 anos de vigência da Lei de Recuperação e Falência (Lei n. 11.101/2005)*. São Paulo: Saraiva, 2015. p. 225.

23. SACRAMONE, Marcelo Barbosa. *Comentários à lei de recuperação de empresas e falência*. São Paulo: Saraiva Educação, 2018, p. 301.

2. A CRIAÇÃO DO PLANO ALTERNATIVO PROPOSTO POR CREDORES

No tocante à inovação dada pela Lei 14.112/2020 qual seja, a possibilidade de os credores apresentarem um plano de recuperação judicial alternativo diante da reprovação da proposta originalmente submetida pela devedora e este ser também rejeitado, cabe alguns comentários.

Inicialmente cabe salientar que tal possibilidade já ocorreu no Brasil, particularmente no âmbito do Tribunal de Justiça do Estado de São Paulo, sendo possível sua realização no contexto da redação vigente anterior a promulgação da nova lei, como sustenta Raquel Sztajn *apud* Sheila Christina Neder Cerezetti[24], citando o exemplo da recuperação judicial proposta por Eucatex S/A Indústria e Comércio[25] na qual os credores participaram ativamente propondo sugestões e, por fim, se criou uma solução intermediária.

No cenário estrangeiro tal hipótese é contemplada no *Charpter* 11 do *Bankruptcy Code* norte-americano, como também, em países como Espanha, Portugal, Argentina e Alemanha.[26]

A atual redação franqueia a possibilidade de apresentação plano de recuperação judicial alternativo pelos credores, nos termos do artigo 56, §4°. LREF, determinando ao Administrador Judicial a incumbência de, no momento em que houver a rejeição assemblear da proposta original da devedora, submeter à nova votação a concessão de prazo de 30 dias para que seja apresentada proposta pelos credores, a qual deve ser assim consentida por mais da metade dos créditos presentes na Assembleia (§5°, art. 56 LREF).

Caso assim se constate tal intento, operar-se-á a suspensão da Assembleia condicionando a retomada dos trabalhos ao preenchimento das hipóteses dos § 6° do art. 56[27] LREF e da não ocorrência da previsão descrita no *caput* do art. 56-A LREF que trata da comprovação prévia de aprovação dos credores por meio de termo de adesão, por meio do qual se requer homologação do Plano pelo Juízo Recuperacional.

---

24. CEREZETTI, Sheila Christina Neder. *A Recuperação Judicial de Sociedade por Ações.* O Princípio da Preservação da Empresa na Lei de Recuperação e Falência. São Paulo: Malheiros, 2012. p. 268.
25. TJSP, Autos 526.01.2005.007220-1, 3ª Vara de Salto/SP.
26. Idem, ibidem. p. 268-272.
27. LREF, Art. 56, § 6°: O plano de recuperação judicial proposto pelos credores somente será posto em votação caso satisfeitas, cumulativamente, as seguintes condições:

    I – não preenchimento dos requisitos previstos no § 1° do art. 58 desta Lei;

    II – preenchimento dos requisitos previstos nos incisos I, II e III do caput do art. 53 desta Lei;

    III – apoio por escrito de credores que representem, alternativamente:

    a) mais de 25% (vinte e cinco por cento) dos créditos totais sujeitos à recuperação judicial; ou

    b) mais de 35% (trinta e cinco por cento) dos créditos dos credores presentes à assembleia geral a que se refere o § 4° deste artigo;

    IV – não imputação de obrigações novas, não previstas em lei ou em contratos anteriormente celebrados, aos sócios do devedor;

    V – previsão de isenção das garantias pessoais prestadas por pessoas naturais em relação aos créditos a serem novados e que sejam de titularidade dos credores mencionados no inciso III deste parágrafo ou daqueles que votarem favoravelmente ao plano de recuperação judicial apresentado pelos credores, não permitidas ressalvas de voto; e

    VI – não imposição ao devedor ou aos seus sócios de sacrifício maior do que aquele que decorreria da liquidação na falência.

Dentre os requisitos para propositura do plano alternativo, desde o trâmite do Projeto de Lei 4.456/20, vem se criticando a legalidade do inciso V do § 6º. do referido dispositivo que impõe liberação das garantias pessoais prestadas por terceiros (pessoas naturais), em relação aos créditos a serem novados e que sejam de titularidade dos credores que apoiaram a submissão do novo PRJ (inciso III, § 6º, art. 56) ou daqueles que votarem favoravelmente ao plano de recuperação judicial apresentado pelos credores, não sendo permitida ressalvas de voto.

Tais críticas se alicerçam na contrariedade de disposição da própria Lei 11.101/05, que prevê que a novação decorrente do plano de recuperação judicial não atingirá coobrigados, fiadores e obrigados de regresso (art. 49, § 1º), desconsiderando ainda entendimento consolidado pela Segunda Seção do Superior Tribunal de Justiça em sede de recurso repetitivo (REsp 1.333.349/SP)[28] e da súmula 581[29] daquela egrégia Corte Superior.[30]

Mas não é só. A novel legislação criou permissivo declarado nos termos do § 7º., art. 56 da LREF no sentido de que o plano de recuperação judicial apresentado pelos credores 'poderá prever a capitalização dos créditos, inclusive com a consequente alteração do controle da sociedade devedora, permitido o exercício do direito de retirada pelo sócio do devedor'.

A retirada abrupta do comando societário e, subsequentemente, a adoção de novos rumos da gestão se revela igualmente preocupante, devendo ensejar, apesar do silêncio da lei e – *sob pena de se instaurar um profundo ambiente de insegurança jurídica* – futuros entendimentos da jurisprudência, no sentido de que, tal hipótese somente seja aplicável quando justificadamente reveladora de má gestão, práticas de ilícitos, desvio de clientela, operação por meio de empresas de terceiros 'laranjas', evasão de patrimônio ou atos contrários à boa-fé (etc.) pela atual sociedade da devedora, acompanhada de plano de gestão bem delineado, com prazo para sua realização e de eventual reinserção ou indenização ao sócio afastado, o qual mesmo recebendo eventual pró-labore não poderá ser alijado compulsoriamente e por prazo indeterminado de forma indiscriminada de sua empresa.

Ademais, preterir tal entendimento na defesa cega da soberana manifestação volitiva dos credores que não só propõem o plano de soerguimento, mas também, a troca do controle acionário da Recuperanda sem muitas explicações ou justificativas, poderá ser o endosso pelo Poder Judiciário de uma fraude a ser desenvolvida sequencialmente por potenciais interessados em assumir comando de empresas devedoras, que poderão articular, previa e dissimuladamente, a aquisição de créditos antes da AGC, para votar

---

28. "A recuperação judicial do devedor principal não impede o prosseguimento das execuções, nem tampouco induz suspensão ou extinção de ações ajuizadas contra terceiros devedores solidários ou coobrigados em geral, por garantia cambial, real ou fidejussória, pois não se lhes aplicam a suspensão prevista nos artigos 6º, *caput*, e 52, inciso III, ou a novação a que se refere o artigo 59, *caput*, por força do que dispõe o artigo 49, § 1º, todos da lei 11.101/2005".

29. "A recuperação judicial do devedor principal não impede o prosseguimento das ações e execuções ajuizadas contra terceiros devedores solidários ou coobrigados em geral, por garantia cambial, real ou fidejussória".

30. Vide artigo de SACRAMONE, Marcelo Barbosa e, PIVA, Fernanda Neves. *O projeto de reforma da lei 11.101/05 e o plano alternativo* disponível em https://migalhas.uol.com.br/coluna/insolvencia-em-foco/335854/o-projeto-de-reforma-da-lei-11101-05-e-o-plano-alternativo.

contra o plano e na sequência apresentar proposta de capitalização e assunção do controle gerencial para atingir seus objetivos não revelados.

Ao contrário, tal medida, em sintonia com a transparência e informação que se requer em processos concursais de soerguimento, deve ser implementada com todos os cuidados com a participação da atividade fiscalizadora do Administrador Judicial e do Ministério Público, aos quais caberá atentar sobre eventuais práticas delitivas não só do sócio retirado como da gestão provisória que se instalou na Recuperanda, sem prejuízo de eventual formação de Comitê de Credores.

Por fim, não se pode olvidar que tal medida se revela uma excepcional e extrema *ratio* a ser adotada, a qual, em caso de planos superficiais em que se afasta o controle para o desempenho de gestão desprovida de planejamento, conhecimento do mercado e cautela, pode configurar o exercício de atos nocivos ao soerguimento que em sede de responsabilidade civil se refletem em condenações pelo exercício desidioso ou deliberadamente inconsequente (dentre outros) de poder decisório junto a empresa em crise catalisador do agravamento de sua situação e colaborador para o encerramento da atividade empresária.

> d. Art. 73 (...)
>
> IV – por descumprimento de qualquer obrigação assumida no plano de recuperação, na forma do § 1º do art. 61 desta Lei.

O descumprimento de qualquer obrigação assumida no Plano de Recuperação Judicial nos termos do § 1º. do art. 61 da LREF preenche a *quarta* situação ensejadora de convolação da RJ em falência[31].

O inadimplemento justifica a interpretação do plano à semelhança dos contratos[32]. Destarte, importante citar que diante do preenchimento desta hipótese no curso do período de fiscalização pode ser instrumentalizado o pedido de falência pelo credor mediante simples petição nos autos recuperacionais, devendo ser conferido à devedora a prerrogativa do contraditório.

Não obstante, se faz necessária uma análise criteriosa do magistrado no tocante à gravidade do que foi efetivamente descumprido e da conjugação dos princípios ele-

---

31. TJSP, AI 2075882-70.2019.8.26.0000 – 2ª Câmara Reservada de Direito Empresarial. Des. Rel. Ricardo Negrão. j. 10.09.2019.

32. Acerca do tema cabe salientar que a Lei 13.874/19 chamada de "Lei da Liberdade Econômica" alterou os termos do artigo 113 do Código Civil que passou a contemplar a seguinte redação:

    "Art. 113 CC. Os negócios jurídicos devem ser interpretados conforme a boa-fé e os usos do lugar de sua celebração.

    § 1º A interpretação do negócio jurídico deve lhe atribuir o sentido que:

    I – for confirmado pelo comportamento das partes posterior à celebração do negócio;

    II – corresponder aos usos, costumes e práticas do mercado relativas ao tipo de negócio;

    III – corresponder à boa-fé;

    IV – for mais benéfico à parte que não redigiu o dispositivo, se identificável; e

    V – corresponder a qual seria a razoável negociação das partes sobre a questão discutida, inferida das demais disposições do negócio e da racionalidade econômica das partes, consideradas as informações disponíveis no momento de sua celebração.

    § 2º As partes poderão livremente pactuar regras de interpretação, de preenchimento de lacunas e de integração dos negócios jurídicos diversas daquelas previstas em lei."

mentares da recuperação judicial, sobretudo da preservação da empresa, o qual mesmo não sendo soberano[33], revela recomendável, por vezes, determinar que a recuperanda apresente novo PRJ ou aditivo ao que inicialmente foi aprovado, e na sequência a convocação de conclave para submeter aos credores possibilidade de ajustes no plano, ou mesmo a concessão de prazo para adimplemento da obrigação em mora, *caso assim seja possível*[34].

Um exemplo clássico de tal situação ocorreu em 2020 em meio a pandemia de COVID19 (CORONAVÍRUS) oportunidade em que tivemos empresas que sofreram um significativo agravamento da crise após a decretação de *lockdown* e a letárgica retomada de suas atividades, enquanto outras viram seus negócios prosperarem de forma vertiginosa. Nessa ocasião os Tribunais procuraram analisar cada caso, em sua particularidade, eis que o momento ensejou a análise acuada e a necessidade de novas renegociações de planos homologados em virtude da radical mudança ocorrida no panorama econômico e social[35][36][37][38].

---

33. No sentido da relatividade do princípio da preservação da empresa vide STJ, 2ª Seção, AgRg no CC100250-DF, Rel. Min. Nancy Andrighi, j. 08.09.2010.

34. "Muitas vezes o incumprimento da obrigação não se hospeda na vontade livre e precisa do devedor, mas nas circunstâncias que passam ao largo do seu querer, tudo isso até a adaptação ou mudança do plano que poderá suceder, ou a colocação de formas alternativas que não prejudiquem a massa dos credores.

    Comporta salientar que tudo dependerá do estágio no qual se encontra o pleito de recuperação e as regras atendidas para efeito de se avaliar a conduta do devedor ao longo das obrigações externadas na didática aprovada. Seria ilógico e completamente inadequado depois de boa parte das metas atendidas e decorrido mais de um ano, por simples descumprimento sem influência no contexto se convolar a recuperação em quebra, daí por que fundamental sopesar o universo para dele se extrair uma decisão que se coadune com a realidade. ABRÃO, Carlos Henrique. TOLEDO, Paulo Fernando Campos Salles. (Coord.). *Comentários à Lei de Recuperação de Empresas e Falência*. 3. ed. rev. e at. São Paulo: Saraiva, 2009. p. 230.

35. OLIVEIRA FILHO. Paulo Furtado. *Recuperação Judicial e Falência em tempos de pandemia da COVID-19*. Disponível em https://migalhas.uol.com.br/coluna/insolvencia-em-foco/326581/recuperacao-judicial-e-falencia-em-tempos-de-pandemia-da-covid-19.

36. "A jurisprudência admite amplamente que o devedor apresente, antes da assembleia ou no seu curso, aditivo ao plano de recuperação proposto, bem como seja convocada assembleia geral de credores para modificar ou revisar o plano já aprovado e homologado, tendo em vista a alteração das premissas econômicas que o fundamentaram. Assim, a possibilidade de remodelar o plano de recuperação está absolutamente em consonância com os desafios impostos pela pandemia do novo coronavírus" SCALZILLI, João Pedro, SPINELLI, Luis Felipe, TELLECHEA, Rodrigo. *Pandemia, Crise Econômica e Lei de Insolvência*. Porto Alegre: Buqui, 2020. p. 59.

37. Agravo Interno. Direito Empresarial. Recuperação Judicial. Agravo de Instrumento manejado contra decisão que autorizou o pagamento de apenas 10% dos créditos devidos aos credores trabalhistas, em razão da conjuntura mundial decorrente da pandemia do COVID-19. Decisão monocrática que concedeu parcialmente a tutela recursal, determinando o pagamento dos credores trabalhistas nos termos do plano originalmente aprovado em Assembleia Geral de Credores, realizada em 27.02.2019, sem prejuízo da realização de novo conclave assemblear para renegociação do pagamento dos demais créditos, ainda não vencidos. Impactos da pandemia de COVID-19 que devem ser analisados casuisticamente. Decisão mantida. Agravo interno desprovido.

    TJSP. Agravo Interno Cível 2089216-40.2020.8.26.0000/50000; Comarca origem: 1ª Vara Cível da Comarca de Itaquaquecetuba. Desembargador Relator: Manuel de Queiroz Pereira Calças. Órgão Julgador: 1ª Câmara Reservada de Direito Empresarial. j. 17.06.2020.

38. Agravo de Instrumento – Recuperação judicial – Interposição contra decisão que deferiu o pedido das recuperandas destinado a suspender os pagamentos previstos no plano recuperacional exequendo (até 31.08.2020) – Pedido fundado nos impactos ocasionados pela pandemia da Covid-19 – Período de suspensão esgotado – Assembleia Geral de Credores redesignada – Perda superveniente do interesse recursal – Preliminar de não conhecimento acolhida – Recurso não conhecido.

    TJSP. Agravo Interno Cível 2178982-07.2020.8.26.0000; Comarca origem: Diadema. Desembargador Relator: Mauricio Pessoa. Órgão Julgador: 2ª Câmara Reservada de Direito Empresarial. j. 16.11.2020.

Importante ressaltar que não obsta ou mitiga a aplicação imediata do presente dispositivo a inserção de regra condicional no Plano de Recuperação, no tocante à obrigatoriedade de os credores primeiramente convocarem uma Assembleia para depois, a depender do que for nela decidido, requerer a convolação.

Por fim, convolada a Recuperação Judicial em Falência os credores terão seus créditos originariamente submetidos ao processo recuperacional restaurados, com valores recalculados até a data da quebra, uma vez que a novação ou renegociação dos créditos contida na LREF é condicionada ao cumprimento do PRJ. Descumprindo o plano ocorre uma espécie de resolução do ajuste firmado entre devedora e credores voltando ao *status* anterior do procedimento, o que ensejará sua habilitação no procedimento falencial[39].

> e. Art. 73 (...)
>
> V – por descumprimento dos parcelamentos referidos no art. 68 desta Lei ou da transação prevista no art. 10-C da Lei 10.522, de 19 de julho de 2002; e

A quinta previsão acrescida à lei por força da redação do modificativo diz respeito a descumprimento de plano de parcelamento fiscal referido no art. 68 da LREF ou da transação prevista no art. 10-C da Lei 10.522/02 que trata de ajuste firmado entre a devedora e a Fazenda Nacional para quitação de débitos.

O crédito de natureza fiscal possui um tratamento especial na legislação consoante os termos do art. 6º. § 7º, 'b', segundo o qual não se aplicam os incisos I, II e III de seu *caput* às execuções fiscais, admitindo a competência do juízo recuperacional para determinar a substituição dos atos de constrição que recaiam sobre bens essenciais à manutenção da atividade empresarial até o encerramento da recuperação jurisdicional, na forma do art. 69 do Código de Processo Civil, observado o teor de seu artigo 805.

Contudo, após muitos debates e significativa pressão dos poderes públicos, o legislador acentuou os contornos normativos no sentido de que a inobservância aos ajustes/acordos da devedora junto aos entes fiscais – apesar de serem elementos hábeis para a convolação em falência – deveriam constar expressamente na redação do artigo 73 para maior destaque e emprego.

Decorre tal atitude ao fato que os termos do artigo 57 LREF[40] são flexibilizados com a determinação de dispensa da apresentação das certidões negativas de débitos fiscais pela recuperanda chegando o STJ a exarar entendimento segundo o qual "a interpretação literal do artigo 57 da LRF e do artigo 191-A do CTN inviabiliza toda e qualquer recuperação judicial, e conduz ao sepultamento por completo do novo instituto"[41].

Em 2020 no julgamento do STJ do REsp 1.864.625 – SP de relatoria da Ministra Nancy Andrighi a questão novamente foi analisada pela referida Corte Superior que

---

39. COELHO. Fábio Ulhôa. *Comentários à Lei de Falências e de Recuperação de Empresas.* São Paulo: Saraiva, 2012. p. 171.
40. LREF, Art. 57. Após a juntada aos autos do plano aprovado pela assembleia geral de credores ou decorrido o prazo previsto no art. 55 desta Lei sem objeção de credores, o devedor apresentará certidões negativas de débitos tributários nos termos dos arts. 151, 205, 206 da Lei 5.172, de 25 de outubro de 1966 – Código Tributário Nacional.
41. STJ, REsp 1.187.404, Min. Relator Luís Felipe Salomão. j. 19.06.2013.

entendeu que a regularidade fiscal da devedora deve ser compatível com os princípios e objetivos que estruturam a operacionalização da Lei 11.101/2005, em especial o postulado constitucional da proporcionalidade, assim se pronunciando:

> "Na tentativa de realizar a finalidade sobrejacente à regra em questão (garantir a arrecadação fiscal), portanto, acaba-se por obstruir indevidamente os fins almejados pelo princípio da preservação da empresa (corolário da função social da propriedade e fundamento da recuperação judicial) e os objetivos maiores do instituto recuperatório – viabilização da superação da crise, manutenção da fonte produtora e dos empregos dos trabalhadores"[42]

A Procuradoria Geral da Fazenda Nacional por sua vez ingressou junto ao Supremo Tribunal Federal com pedido de Medida Cautelar na Reclamação n°. 43.169, cujo relator, Ministro Luiz Fux, fez consignar no verbete sumular o entendimento segundo o qual "viola a cláusula de reserva de plenário (CF, artigo 97) a decisão de órgão fracionário de tribunal que, embora não declare expressamente a inconstitucionalidade de lei ou ato normativo do Poder Público, afasta sua incidência, no todo ou em parte" concedendo assim liminar à União para que a exigência de apresentação de CND ou CPEN pelas empresas Recuperandas[43] fosse reestabelecida.

Desta forma se preocupou o legislador não só de inserir a referida previsão nos termos do artigo 73, como também consignou no bojo da Lei 14.112/2020 alterações da Lei 10.522/02 visando otimizar a negociação entre devedora e Fisco, facilitando assim a transação tributária.

Assim, créditos devidos ao Instituto Nacional do Seguro Social (INSS) e às Fazendas Públicas passaram a ganhar novo destaque no cenário recuperacional, devendo ser mote de atenção das empresas que buscarem o soerguimento de sua atividade pelo instituto recuperacional.

Por fim, cabe nessa hipótese asseverar o mesmo dever de zelo e cautela a ser adotado pelo magistrado, ofertando contraditório à devedora antes de tomar sua decisão.

> f. Art. 73 (...)
>
> VI – quando identificado o esvaziamento patrimonial da devedora que implique liquidação substancial da empresa, em prejuízo de credores não sujeitos à recuperação judicial, inclusive as Fazendas Públicas.
>
> § 1° O disposto neste artigo não impede a decretação da falência por inadimplemento de obrigação não sujeita à recuperação judicial, nos termos dos incisos I ou II do caput do art. 94 desta Lei, ou por prática de ato previsto no inciso III do caput do art. 94 desta Lei.
>
> § 2° A hipótese prevista no inciso VI do caput deste artigo não implicará a invalidade ou a ineficácia dos atos e o juiz determinará o bloqueio do produto de eventuais alienações e a devolução ao devedor dos valores já distribuídos, os quais ficarão à disposição do juízo.

---

42. STJ, Recurso Especial 1.864.625 – SP, Ministra Relatora Nancy Andrighi. J. 26.06.2020.
43. Na ocasião o relator ao verificar o mérito da questão, em juízo de cognição sumária, asseverou "o que os dispositivos afastados na decisão reclamada impõem é que para além da negociação com credores privados, o devedor efetive a sua regularização, por meio do parcelamento, de seus débitos junto ao Fisco" afirmando ainda que "a não efetivação desta medida possibilita a continuidade dos executivos fiscais movidos pela Fazenda (art. 6°, § 7° da Lei 11.101/05), o que, em última instância, pode resultar na constrição de bens que tenham sido objeto do Plano de Recuperação Judicial, situação que não se afigura desejável".

§ 3º Considera-se substancial a liquidação quando não forem reservados bens, direitos ou projeção de fluxo de caixa futuro suficientes à manutenção da atividade econômica para fins de cumprimento de suas obrigações, facultada a realização de perícia específica para essa finalidade.

A última previsão de convolação se refere à identificação de fraude consubstanciada em esvaziamento patrimonial da devedora que implique liquidação *substancial* da empresa, *em prejuízo de credores não sujeitos à recuperação judicial, inclusive as Fazendas Públicas*.

Tal hipótese passa a conferir aos credores denominados "extraconcursais" a prerrogativa de requerer a convolação da Recuperanda diante da prática de fraude ou atos atentatórios a liquidação de suas dívidas.

Não podemos olvidar que a previsão do que é considerado *'liquidação substancial'* vem definida na redação do §3º. do artigo 73, no sentido de que a mesma se caracteriza *"quando não forem reservados bens, direitos ou fluxo de caixa futuro suficientes à manutenção da atividade econômica para fins de cumprimento de suas obrigações"* hipótese em que o legislador previu a possibilidade de se realizar perícia específica para a sua demonstração.

Em casos desta natureza convém inicialmente ser ouvida a devedora para que possa se manifestar se o que lhe fora imputado efetivamente ocorreu, bem como apresentar os devidos esclarecimentos, sem prejuízo do emprego de diligências pela Administração Judicial para melhor posicionar o Juízo sobre o que vem efetivamente ocorrendo e adotar as medidas cabíveis a depender da sua constatação.

A diminuição de ativos da empresa nem sempre reflete o exercício de uma prática ilícita, ao revés, pode se revelar medida saudável e plenamente recomendável para o soerguimento da atividade da devedora, a depender do caso concreto. De toda forma, é importante que a Recuperanda tenha sempre a premissa que após a distribuição do pedido de recuperação não poderá alienar ou onerar bens ou direitos de seu ativo não circulante, salvo mediante autorização do juiz depois de ouvido o Comitê, caso exista, excepcionada previsão consignada e aprovada no PRJ (art. 66 LREF).

O item VI em escopo trata assim de adoção de prática *fraudulenta* pela devedora. Logo, se recomenda atentar também para a redação do *artigo 168 LREF* que prevê a tipificação penal de tal conduta, definindo-a como ato de obter ou assegurar *vantagem indevida para si ou para outrem*. Tal tipificação que mereceu complementos do legislador na atual versão da lei preconiza ainda em seu § 2º que o juiz determinará o bloqueio do produto de eventuais alienações e a devolução ao devedor dos valores já distribuídos, os quais ficarão à disposição do Juízo.

Cabe destacar nesse momento, conforme os termos do art. 6º-A LREF, que é vedada a distribuição de lucros ou dividendos a sócios ou acionistas até a aprovação do plano de recuperação judicial, respeitado o disposto no art. 168 da LREF.

3. OUTROS CASOS

Visando propiciar uma reflexão sobre a amplitude do tema é importante consignar que algumas decisões proferidas sobre casos julgados antes da vigência do atual modificativo revelaram outras situações, além das previstas pelo legislador no rol do art. 73 em pauta, que ensejariam a decretação de quebra por denotarem a violação de direitos indisponíveis dos credores, mesmo que aprovado o PRJ em Assembleia[44], bem como abusividade[45]-[46] ou mesmo não recolhimento de verbas destinadas ao Administrador Judicial[47]-[48].

A título de conclusão, cabe salientar que continua vigendo a premissa original da lei recuperacional que garante a qualquer credor requerer falência do empresário devedor por obrigação inadimplida não submetida à recuperação, nos termos dos incisos I ou II do *caput* do art. 94 da LREF, ou por prática de ato previsto no inciso III do *caput* do mesmo dispositivo em referência.

Tal situação não pode, contudo, ser comunicada ao juiz por mera petição nos autos recuperacionais e nem permite a sua decretação de ofício.

Logo, enseja a propositura de um procedimento autônomo pelo credor, que por prevenção será distribuído ao Juízo da Recuperação Judicial (art. 6º, § 8º. LREF), no qual será assegurado ao devedor ao contraditório e dilação probatória[49], se for o caso.

4. REFERÊNCIAS

ABRÃO, Carlos Henrique. TOLEDO, Paulo Fernando Campos Salles. (Coord.). *Comentários à Lei de Recuperação de Empresas e Falência*. 3. ed. rev. e at. São Paulo: Saraiva, 2009.

ABRÃO, Carlos Henrique; ANDRIGHI, Fatima Nancy; BENETI, Sidnei (Coord.). *10 anos de vigência da Lei de Recuperação e Falência (Lei n. 11.101/2005)*. São Paulo: Saraiva, 2015.

CAMPINHO, Sergio. *Curso de Direito Comercial*. Falência e Recuperação de Empresa. 9. ed. rev. e atual. São Paulo: Saraiva Educação, 2018.

CEREZETTI, Sheila Christina Neder. *A Recuperação Judicial de Sociedade por Ações*. O Princípio da Preservação da Empresa na Lei de Recuperação e Falência. São Paulo: Malheiros, 2012.

COELHO. Fábio Ulhôa. *Comentários à Lei de Falências e de Recuperação de Empresas*. São Paulo: Saraiva, 2012.

DINIZ, Maria Helena. *Dicionário Jurídico*. 3. ed. rev. atual. e aum. São Paulo: Saraiva, 2008.

---

44. Tal situação foi retratada no bojo do Agravo de Instrumento 0103311-56.2013.8.26.0000 cuja Relatoria foi incumbida ao desembargador Manoel Pereira Calças e recebeu a seguinte ementa: "Agravo. Recuperação judicial. Recurso contra decisão que, em face da aprovação de novo plano pela Assembleia Geral de Credores, após decretação de nulidade da deliberação da AGC, com determinação desta Corte para apresentação de outro plano, concede a recuperação. Novo plano apresentado eivado de nulidades e que contraria direitos indisponíveis. Agravo provido para reconhecer a nulidade da deliberação da AGC e consequente decreto de quebra das recuperandas, com determinação".

45. TJSP. 2ª Câmara Reservada de Direito Empresarial. AI 0055083-50.2013.8.26.0000. Rel. Des. Ricardo Negrão, j. 25.07.2014.

46. TJSP. 2ª Câmara Reservada de Direito Empresarial. Agravo de Instrumento 0109227-71.2013.8.26.0000. Rel. Des. Lígia A. Bisogni, j. 16.07.2014.

47. TJSP. 2ª Câmara Reservada de Direito Empresarial. Agravo de Instrumento 2171769-52.2017.8.26.0000 Rel. Des. Ricardo Negrão. j. 25.07.2018.

48. TJSP. 2ª Câmara Reservada de Direito Empresarial. Agravo de Instrumento 2245048-03.2019.8.26.0000 Rel. Des. Grava Brazil. j. 26.02.2020.

49. TJSP. Câmara Reservada à Falência e Recuperação. AI 0414780-31.2010, Rel. Des. Romeu Ricupero. j. 29.03.2011.

FARIA, Ernesto (Org.). *Dicionário escolar latino-português*. Rio de Janeiro: Ministério da Educação e Cultura, 1955.

OLIVEIRA FILHO. Paulo Furtado. *Recuperação Judicial e Falência em tempos de pandemia da COVID-19*. Disponível em: https://migalhas.uol.com.br/coluna/insolvencia-em-foco/326581/recuperacao-judicial-e-falencia-em-tempos-de-pandemia-da-covid-19.

PUGLIESI, Adriana Valéria. *Direito Falimentar e Preservação da Empresa*. São Paulo: Quartier Latin, 2013.

SACRAMONE, Marcelo Barbosa. *Comentários à lei de recuperação de empresas e falência*. São Paulo: Saraiva Educação, 2018.

SACRAMONE, Marcelo Barbosa e, PIVA, Fernanda Neves. *O projeto de reforma da lei 11.101/05 e o plano alternativo* disponível em https://migalhas.uol.com.br/coluna/insolvencia-em-foco/335854/o-projeto-de-reforma-da-lei-11101-05-e-o-plano-alternativo.

SCALZILLI, João Pedro, SPINELLI, Luis Felipe, TELLECHEA, Rodrigo. *Recuperação de Empresas e Falência*: Teoria e Prática da Lei 11.101/2005. São Paulo: Almedina, 2016.

SCALZILLI, João Pedro, SPINELLI, Luis Felipe, TELLECHEA, Rodrigo. *Pandemia, Crise Econômica e Lei de Insolvência*. Porto Alegre: Buqui, 2020.

SOUZA JUNIOR, Francisco Satiro. PITOMBO, Antônio Sergio A. de Moraes (Coord.). *Comentários a Lei de Recuperação de Empresas e Falência*. 2. ed. rev., atual. e ampl. São Paulo: E. RT, 2007.

4
DESCONSIDERAÇÃO DA PERSONALIDADE JURÍDICA E EXTENSÃO DA FALÊNCIA: ANÁLISE DO ART. 82-A DA LEI 11.101/2005, INTRODUZIDO PELA LEI 14.112/2020

Otávio Joaquim Rodrigues Filho

Doutor e Mestre em Direito Processual pela Universidade de São Paulo. Membro do IBR. Promotor de Justiça em São Paulo.

Sumário: 1. Introdução. 2. A desconsideração da personalidade jurídica: a teoria maior. 3. A desconsideração da personalidade jurídica: a teoria menor. 4. A extensão da falência: causas e consequências. 5. A opção do legislador: a perspectiva da visão contrária à extensão da falência. 6. A extensão da falência como solução para casos extremos. 7. Os critérios do artigo 50 do CC após as recentes alterações. 8. A referência ao procedimento disciplinado no CPC para a desconsideração da personalidade. 9. Conclusão.

1. INTRODUÇÃO

Dentre as disposições da Lei 14.112/2020, que resultaram na alteração da Lei 11.101/05, o artigo 82-A[1] exclui a possibilidade de extensão da falência, admitindo, contudo, a desconsideração da personalidade jurídica. O parágrafo único desse mesmo dispositivo remete à observância dos critérios contidos no artigo 50 do CC e do procedimento agora descrito nos artigos 133 a 137 do CPC[2].

Neste contexto, indaga-se: o caminho escolhido pelo legislador quanto a essas matérias foi o melhor possível ou deveria o legislador ter seguido outro rumo? Desde logo, observo que a questão não é tão simples, porque, escolhida uma ou outra resposta, encontraremos importantes argumentos pró e contra a extensão da quebra a outras sociedades de um mesmo grupo econômico.

Ao vedar a extensão da falência e permitir a desconsideração da personalidade, o legislador, além de ter feito a sua opção, está dando conta de que tais medidas contra

---

1. Art. 82-A. É vedada a extensão da falência ou de seus efeitos, no todo ou em parte, aos sócios de responsabilidade limitada, aos controladores e ao administrador da sociedade falida, admitida, contudo, a desconsideração da personalidade jurídica.

2. *Parágrafo único.* A desconsideração da personalidade jurídica da sociedade falida, para fins de responsabilização de sócio ou administrador por obrigação desta, somente pode ser decretada pelo juízo falimentar com a observância do art. 50 da Lei n. 10.406, de 10 de janeiro de 2002 – Código Civil e dos artigos 133 a 137 da Lei 13.105, de 16 de março de 2015 – Código de Processo Civil, admitida a instauração do incidente de ofício e não se aplicando a suspensão de que trata o § 3º, do art. 134 do Código de Processo Civil."

o devedor são diferentes, inclusive com causas e consequências diversas, e com razão, porque o grau de interdependência entre uma e outra medida é mesmo relativa no sistema brasileiro.

Para abordar a desconsideração da personalidade para fins de responsabilização patrimonial, que é que aqui nos interessa[3], é preciso referência às Teorias "Maior" e "Menor" da desconsideração da personalidade jurídica, reconhecidas pela doutrina e jurisprudência[4] dos nossos tribunais, embora não sem alguma controvérsia.

2. A DESCONSIDERAÇÃO DA PERSONALIDADE JURÍDICA: A TEORIA MAIOR

A chamada "Teoria Maior" trata de responsabilidade subjetiva e pode ter as seguintes causas de pedir, que podem ser alegadas combinada ou isoladamente:

a) a confusão patrimonial, que é a causa de pedir mais comum, incide sobre os elementos internos da sociedade e ocorre quando há mistura de patrimônios que, após a confusão, não mais podem ter sua propriedade identificada sem grande dispêndio de tempo e de recursos, podendo assumir inúmeras formas, como a livre distribuição de lucros e prejuízos inexistentes; o simples desvio de patrimônio da sociedade em favor dos sócios sem as devidas contrapartidas, sejam eles pessoas físicas ou sociedades do mesmo grupo, e muitos outros fatos que refletem a unidade econômica, apesar da pluralidade jurídica[5]. Essa causa é suficiente e não precisa ser combinada com nenhuma outra, bastando para a desconsideração da personalidade jurídica;

b) A confusão proposital dos elementos externos da sociedade, incide sobre a imagem que ela projeta perante terceiros, como a utilização de nomes semelhantes entre duas ou mais pessoas jurídicas, do mesmo endereço, veiculação de propaganda conjunta e outros elementos externos que confundem o público que estabelece relações negociais com a devedora. Essas situações geralmente são combinadas umas com as outras e muitas vezes também com a confusão patrimonial; mas, sendo ou não, o importante é compreender todo o contexto em que atuam as sociedades envolvidas, a

---

3. A Desconsideração para fins diversos da responsabilização, pode ser utilizada quando uma sociedade representa apenas uma ficção criada, por exemplo, para violar a aplicação da lei, como para esconder a formação de um monopólio ou cartel no mercado, ou ainda para violar o comando de uma decisão judicial ou administrativa, como a de proibição de participação de certas sociedades em licitações, ou para burlar uma cláusula contratual de não concorrência na venda do estabelecimento, situações que não se relacionam diretamente com a responsabilização patrimonial.

4. A Teoria Maior da desconsideração exige, consoante ressalta a Min. Nancy Andrighi, a prova da insolvência, a demonstração do desvio de finalidade ou da confusão patrimonial; enquanto a Teoria Menor foi acolhida excepcionalmente no Direito do Consumidor e no Direito Ambiental, sendo aplicável ante a mera demonstração da insolvência da pessoa jurídica, independentemente da existência de desvio de finalidade ou confusão patrimonial, porque o risco empresarial não deve ser suportado por terceiros (STJ, 3ª Turma, REsp 279.273-SP, rela. Min. Nancy Andrighi, j. 04.12.2003, não conheceram dos recursos, m.v., *DJU* 29.3.2004, p. 230).

5. Referindo-se à unidade econômica, apesar da pluralidade jurídica do grupo econômico, aponta João Pedro Scalzilli que "quase sempre se manifesta da mesma forma: pela transferência de lucros ou prejuízos pelos mais variados meios entre as empresas do grupo, pela determinação que a sociedade filiada se especialize em determinada linha de produção, sem possibilidade de ampliar sua produção, com o objetivo de se evitar a concorrência entre empresas componentes do grupo, pela centralização, na sociedade *holding*, das atividades de pesquisa, serviços financeiros, contabilidade, suporte jurídico, treinamento e relações públicas do grupo" (Cf. SCALZILLI, João Pedro. *Confusão patrimonial no Direito Societário*. São Paulo: Quartier Latin. 2015, p.145).

interdependência dessa atuação e a insuficiência patrimonial da sociedade devedora, que é pressuposto de aplicação da teoria em todas as hipóteses, quando se trata da finalidade de responsabilização;

c) A subcapitalização absoluta (ou qualificada), sobre a qual há pouquíssimos julgados em nossa jurisprudência e sobre a qual também pouco se ocupou a nossa doutrina, é mais desenvolvida no Direito europeu, especialmente no Direito alemão, e no Direito norte-americano, que têm compreendido a importância da suficiência do capital social e a aptidão da empresa para produzir rendimentos e garantir sua sustentabilidade no mercado[6].

A subcapitalização a que nos referimos, fundamental para coibir o abuso do direito da personalidade, não é aquela relativa, resultante de pequena diferença entre o ativo e o passivo da sociedade; mas, aquela que se constata da gritante disparidade não somente entre o capital social e o volume das obrigações geradas pela sua atuação, como ainda da análise da capacidade de produzir rendimentos, a aptidão para produzir lucros[7], o que demonstra que a atuação da empresa no mercado é inviável, justamente porque não dotada de suficiente capital e/ou estrutura e organização eficientes.

Não se pode confundir esse fundamento com a aplicação da desconsideração da personalidade pela simples inadimplência, sobre a qual antes encontrávamos inúmeros julgados, hoje felizmente mais raros[8], porque o não cumprimento das obrigações da empresa pode evidentemente decorrer de outros fatores que não a atuação de seus gestores contrária ao Direito.

Tomando por base a importância da atuação dos Tribunais na formação do Direito, é preciso que se forme jurisprudência nesse sentido, de forma a coibir a prática da atuação de sociedades quando não há um respaldo mínimo em seu patrimônio e organização estrutural para o cumprimento das obrigações decorrentes de sua normal atividade, o que certamente diminuirá o número de falências e reduzirá os prejuízos do mercado.

3. A DESCONSIDERAÇÃO DA PERSONALIDADE JURÍDICA: A TEORIA MENOR

Já a chamada "Teoria Menor" da desconsideração se refere à inadimplência a certas espécies de obrigações, como a responsabilidade solidária das sociedades do mesmo grupo por débitos trabalhistas e a responsabilidade subsidiária de sócios[9] por débitos em relação aos

---

6. No dizer de Sinclair: "Making a Corporation a supplemental part of a economic unit and operating it without sufficient funds to meet obligations to those who must deal with it would be circumstantial evidence tending to show either an improper purpose or reckless disregard of the rights of others... If shareholders have not suppleid adequate risk capital, the quid pro quo for their limited liability is absent... If the capital is illusory or trifling compared with the business to be done and the risks of loss, this is a ground for denying the separete entity privilege" (Cf. SICLAIR, Paul D. Systematizing Piercing the corporate Veil, *Journal of Missouri Bar*, 1988, p. 425).

7. Nesse sentido, esclarece Gustavo Saad Diniz, que "a questão da garantia dos credores está muito mais no rédito (ou produtividade) do que no capital social nominal. A capacidade de produção de rendimentos da sociedade dá aos credores a medida do risco" (Cf. DINIZ, Gustavo Saad. *Subcapitalização Societária. Financiamento e responsabilidade*. 1ª edição. Belo Horizonte: Forum. 2012, p.204).

8. Consoante já decidiu o STJ: "A mudança de endereço da empresa executada associada à inexistência de bens capazes de satisfazer o crédito pleiteado pelo exequente não constituem motivos suficientes para a desconsideração da sua personalidade jurídica" (Cf. STJ, REsp 1.658.648–SP, 3ª Turma, Rel. Min. Nancy Andrigui, j. 10.11.2009, DJe 01.12.2009).

9. Consoante já se decidiu, "...o artigo 28, §5°, do CPC (teoria menor), que não exige a prática de atos fraudulentos, mas não possui a hipótese de responsabilização do administrador..." (Cf. STJ, REsp 1.658.648–SP, 2ª Turma, Rel. Min. Moura Ribeiro, j. 07.11.2017, DJe 20.11.2017).

consumidores ou por lesão ao meio ambiente, ao patrimônio público e outras hipóteses previstas em leis específicas que tutelam interesses difusos, coletivos e individuais homogêneos.

Essa é a chamada "Teoria Menor", porque prescinde de maior justificativa no campo teórico e até mesmo de análise da conduta daquele que deverá ser atingido pela responsabilidade secundária. Alguns dizem que não se trata de desconsideração da personalidade, mas apenas de corresponsabilidade objetiva; contudo, sem razão, ao nosso ver, justamente porque, para a aplicação da corresponsabilidade, que realmente é objetiva[10], necessariamente não se leva em conta a separação de patrimônios e de responsabilidade decorrentes da pluralidade jurídica ou, por outras palavras, para a sua aplicação, é preciso desconsiderar a existência de entes distintos, o que ocorre porque o ordenamento elege alguns direitos como mais importantes do que os direitos tutelados pela personalidade jurídica ou porque protege algumas pessoas, por presumi-las em regra hipossuficientes, especialmente diante de algumas situações.

Essas são as causas de pedir da desconsideração da personalidade jurídica, que não se confundem em nosso Direito com a extensão da falência, que pode ter outras causas e efeitos.

4. A EXTENSÃO DA FALÊNCIA: CAUSAS E CONSEQUÊNCIAS

Com relação às causas da extensão da falência, no atual Direito brasileiro[11], estão restritas a certos tipos de sociedade, para as quais não há limitação de responsabilidade aos sócios, casos raríssimos na prática, conforme as disposições do artigo 81 da Lei 11.101/05. Veja-se que não há referência na lei à extensão da quebra por casos de desconsideração da personalidade jurídica, diferentemente de outros ordenamentos, como o Direito argentino[12] e o Direito francês[13].

---

10. Até mesmo porque, para a sua configuração, basta a ocorrência dos critérios contidos na norma, não havendo necessidade da análise de aspectos subjetivos relacionados à conduta de quem se pretende estender a responsabilidade secundária. Consoante a jurisprudência: "No contexto das relações de consumo, em atenção ao art. 28, § 5º, do CDC, os credores não negociais da pessoa jurídica podem ter acesso ao patrimônio dos sócios, mediante a aplicação da *disregard doctrine*, bastando a caracterização da dificuldade de reparação dos prejuízos sofridos em face da insolvência da sociedade empresária" (Cf. STJ, REsp 737.000 – SP, 3ª Turma, Rel. Min. Paulo de Tarso Sanseverino, j. 1º.09.2011, DJe 12.09.2011).

11. Em referência à evolução histórica da nossa legislação, as leis falimentares anteriores, a Lei 2.024/1908, o Decreto 5.746/1929 e o Decreto-lei 7.661/45, previam a extensão da falência ou de seus efeitos apenas aos sócios de responsabilidade ilimitada, sem qualquer previsão de extensão em casos de desconsideração da personalidade jurídica, diferentemente dos Direitos francês e argentino (Cf. TOLEDO, Paulo Fernando Campos Salles de. "Extensão da falência a sócios ou controladores de sociedades falidas". *Revista do Advogado* 105. Ano XXIX. Setembro/2009, p. 153-158).

12. Cf. Ley de Concursos y Quiebras, Ley 24.522, de 20/07/1995, artigo: "Actuación en interés personal. Controlantes. Confusión patrimonial. La quiebra se extiende:1) A toda persona que, bajo la apariencia de la actuación de la fallida, ha efectuado los actos en su interés personal y dispuesto de los bienes como si fueran propios, en fraude a sus acreedores; 2) A toda persona controlante de la sociedad fallida, cuando ha desviado indebidamente el interés social de la controlada, sometiéndola a una dirección unificada en interés de la controlante o del grupo económico del que forma parte. A los fines de esta sección, se entiende por persona controlante: a) aquella que en forma directa o por intermedio de una sociedad a su vez controlada, posee participación por cualquier título, que otorgue los votos necesarios para formar la voluntad social; b) cada una de las personas que, actuando conjuntamente, poseen participación en la proporción indicada en el párrafo a) precedente y sean responsables de la conducta descrita en el primer párrafo de este inciso 3) A toda persona respecto de la cual existe confusión patrimonial inescindible, que impida la clara delimitación de sus activos y pasivos o de la mayor parte de ellos".

13. Cf. art. L 621-2 do Code de Commerce: "A la demande de l'administrateur, du mandataire judiciaire, du débiteur ou du ministère public, la procédure ouverte peut être étendue à une ou plusieurs autres personnes en cas de confusion

Quanto aos efeitos da extensão da falência, estes são mais abrangentes[14], não implicam apenas a extensão de responsabilidade patrimonial, como na desconsideração da personalidade, mas também a cessação das atividades da sociedade responsabilizada, com todas as outras consequências trazidas pela decretação da quebra de uma empresa, relativas às obrigações, contratos, restrições de direitos dos sócios e até mesmo no âmbito criminal.

Por todas essas diferenças, de causas e consequências, como já sustentamos[15], pode-se concluir não haver amparo para o emprego da extensão da falência com arrimo em hipóteses de desconsideração da personalidade jurídica pela legislação atual, apesar da farta jurisprudência do STJ[16] e dos tribunais estaduais[17].

5. A OPÇÃO DO LEGISLADOR: A PERSPECTIVA DA VISÃO CONTRÁRIA À EXTENSÃO DA FALÊNCIA

Consoante as disposições do artigo 82-A, "É vedada a extensão da falência ou de seus efeitos, no todo ou em parte, aos sócios de responsabilidade limitada, aos controladores e ao administrador da sociedade falida, admitida, contudo, a desconsideração da personalidade jurídica."

Da versão do texto aprovado pela Câmara dos Deputados, constava apenas que era vedada "a extensão da falência ou de seus efeitos, no todo ou parte, admitida a desconsideração da personalidade jurídica". Poder-se-ia indagar o motivo pelo qual o Senado fez alterações à redação aprovada na Câmara, especificando que a extensão da falência

---

de leur patrimoine avec celui du débiteur ou de fictivité de la personne morale". Conforme ressalta a doutrina, "La Cour de cassation, dans sa jurisprudence récente considère, en effet, que la confusion des patrimones exige surtout que soient prouvés des flux financiers anormaux entre les sociétés du groupe. Ceux-ci résultent, le plus souvent, de versements de fonds sans contrepartie, ou se déduisent dún désordre généralisé de la comptabilité de sorte qu'il est devenu impossible de distinguer leurs actifs et leurs passifs" (Cf. SAINT-ALARY-HOUIN, Corinne. *Droit des entreprises en difficulté*. 9. ed. Paris: LGDJ. 2014. p. 254-255).

14. Nesse sentido: "...a desconsideração tem efeitos meramente patrimoniais contra o devedor, ao passo que a extensão da falência, além dos efeitos patrimoniais, sujeita o devedor a diversas obrigações de outra natureza, além de diversas restrições de direito..." (STJ, Resp 1.293.636 – GO, Rel. Ministro Paulo de Tarso Sanseverino, v.u., 3ª Turma, j. 19.08.2014, DJe 08.09.2014).

15. Cf. RODRIGUES FILHO, Otávio Joaquim. *Desconsideração da personalidade jurídica e processo*. São Paulo: Malheiros. 2016, p. 125-130.

16. Conforme jurisprudência firmada no STJ, desde a Lei Falimentar anterior, "o síndico da massa falida, respaldado pela Lei de Falências e pela Lei 6.024/74, pode pedir ao juiz, com base na teoria da desconsideração da personalidade jurídica, que estenda os efeitos da falência às sociedades do mesmo grupo, sempre que houver evidências de sua utilização com abuso de direito, para fraudar a lei ou prejudicar terceiros" (STJ, REsp 228.357/SP, Rel. Min. CASTRO FILHO, Terceira Turma, DJ de 02.02.2004). Nesse sentido, também: STJ, REsp 1266666/SP, Rel. Ministra NANCY ANDRIGHI, Terceira Turma, j. 09.08.2011, DJe 25.08.2011; STJ, REsp 331921 / SP, Rel. Ministro Luis Felipe Salomão, j. 17.11.2009, DJe 30.11.2009).

17. Nesse sentido: "Incidente de desconsideração de personalidade jurídica promovido por massa falida – Decisão de procedência – Pretensão recursal à nulidade e reforma – Impropriedade – Argumentos recursais que apenas reiteram matéria fático-jurídica objeto de julgamentos em primeiro e segundo grau – Confirmação de abuso da personalidade jurídica, desvio de finalidade e de confusão patrimonial – Sociedades constituídas para o fim de blindar patrimônios, causando prejuízos a inúmeros credores – Iter percorrido pela massa falida e por seus sócios bem demonstrado nos autos – Ausência de apresentação de um mínimo de elementos probatórios a desconstituir a conclusão judicial – Recurso não provido. Dispositivo: negaram provimento ao recurso. (TJSP; Agravo de Instrumento 2140456-39.2018.8.26.0000; Rel. Ricardo Negrão; 2ª Câmara Reservada de Direito Empresarial; Foro de Ribeirão Preto – 2ª Vara Cível; j. 18/02/2019, p. 19.02.2019).

não é aplicável "... aos sócios de responsabilidade limitada, aos controladores e ao administrador da sociedade falida...".

Certamente, o objetivo do legislador foi o de prevenir discussões, protegendo desde logo sócios de responsabilidade limitada, controladores e administradores, contra a extensão da falência e, note-se, a posição de sócios de responsabilidade limitada e controladores tanto pode ser exercido por pessoas físicas como jurídicas e não há no texto aprovado ressalva alguma que exclua qualquer um desses tipos de pessoas (físicas ou jurídicas) da proteção contra a extensão da falência.

Entretanto, uma oportunidade legislativa é como uma página em branco e, agora, podemos voltar à questão: vedar a aplicação da extensão da falência fora realmente o melhor caminho?

Poderiam ser cogitados alguns argumentos para a resposta positiva, de que o caminho escolhido pelo legislador teria sido o melhor: 1) porque vedar a extensão da falência favoreceria o intuito de preservação da empresa e daria oportunidade de sobrevivência à empresa responsabilizada secundariamente; certamente, esse é o mais importante argumento; 2) mas, também, porque a extensão da falência tende a unificar ativos e passivos das sociedades envolvidas e certamente essa pode não ser necessariamente a saída mais justa para todos os credores, principalmente, aqueles das sociedades menos endividadas de um grupo.

6. A EXTENSÃO DA FALÊNCIA COMO SOLUÇÃO PARA CASOS EXTREMOS

Diante da oportunidade de mudança da lei que rege a matéria, contudo, forçoso constatar diante da realidade, que teria sido o momento de prever, além da desconsideração da personalidade, também a extensão da falência para casos extremos.

Veja-se que as situações de incongruência em um sistema, mais do que as lacunas, fatalmente acabam por levar a efeitos indesejados pelo legislador.

E, pelo sistema resultante das alterações constantes do artigo 82-A, notam-se algumas dessas situações de incongruência, que se expressam, por exemplo, no fato de que, para a inadimplência do débito de responsabilidade primária, resultante de uma obrigação comum da empresa, pode haver a decretação da falência; já, para inadimplência dos valores devidos em virtude de responsabilização patrimonial pela desconsideração da personalidade, conforme as disposições do artigo 82-A, não haverá decretação de falência por extensão, incoerência que evidentemente pode acarretar o efeito indesejado de estímulo para que as empresas utilizem mais e mais o escudo da personalidade jurídica, criando outras sociedades para resguardar parte de seus patrimônios e manter suas atividades, mesmo sendo, muitas vezes, empresas inviáveis do ponto vista econômico.

Outra situação de incongruência, com o emprego de dois pesos e duas medidas, para situações equivalentes em que se constata, por exemplo, a confusão patrimonial, pode ser identificado na quebra do grupo de empresas antecedida por recuperação judicial, em que se admitiu a consolidação substancial, e outra, naquelas derivadas do simples pedido de falência, nestas, para as quais, pelo texto aprovado, não poderá haver extensão da falência.

Note-se que, se um grupo está sob o regime da recuperação judicial e fora admitida a consolidação substancial em vista da confusão patrimonial, em caso de inadimplência pelo descumprimento do plano de recuperação, ainda que de parte das empresas, haverá a automática extensão da quebra a todas do grupo e, veja-se, algumas das causas da consolidação constituem causas que autorizam a desconsideração da personalidade. Com a redação do dispositivo que vedou a extensão da falência, certamente há estímulo para os grupos econômicos não pleitearem a recuperação valendo-se da consolidação substancial, confessando a confusão patrimonial ou outras hipóteses que justificam a desconsideração da personalidade, porque enfrentar os pedidos de falência diretamente poderia eventualmente poupar algumas empresas do grupo da quebra, o que é até um desestímulo à utilização da recuperação judicial, ao menos para se valer da consolidação substancial.

Contrariando, ainda, outro argumento, de que a extensão da falência prejudicaria os credores das sociedades menos endividadas do grupo, por conta da simples unificação de ativos e passivos, poderia haver, em caso de quebra, assim como na Lei Argentina (artigo 168[18]), a previsão da criação de massas separadas na medida do possível, com uma massa para cada empresa e outra massa comum, com base no patrimônio que se destinasse a atender à responsabilização secundária e a outros casos de corresponsabilidade.

Por último, se houvesse critérios para a extensão da falência, certamente não haveria contrariedade ao propósito de preservação previsto no artigo 47 da Lei 11.101/05. Nesse sentido, o critério fundamental que deveria diferenciar a aplicabilidade simplesmente da desconsideração da personalidade e as hipóteses em que cabível também a extensão da falência, deveria ser a constatação da impossibilidade de manutenção das atividades da sociedade responsabilizada secundariamente, a perda de sua viabilidade, considerada a projeção da situação patrimonial que resultará após a responsabilização.

Nessa hipótese, a extensão da falência não somente coibiria a fraude e o abuso de direito, corrigindo as apontadas situações de incoerência do sistema, mas, principalmente, não contrariaria o princípio de preservação da empresa contido no artigo 47 da Lei 11.101/05.

7. OS CRITÉRIOS DO ARTIGO 50 DO CC APÓS AS RECENTES ALTERAÇÕES

Quanto à referência do parágrafo único do artigo 82-A às disposições do artigo 50 do CC, pode-se dizer certamente que representou um passo adiante, pois traduz os fundamentos jurídicos em termos legais que passarão a constar especificamente referi-

---

18. Cf. Ley de Concursos y Quiebras, Ley 24.522, de 20.07.1995, artigo 168: "Masas separadas. Remanentes. En los casos no previstos en el artículo anterior, se consideran separadamente los bienes y crédito pertenecientes a cada fallido. Los remanentes de cada masa separada, constituyen un fondo común, para ser distribuido entre los acreedores no satisfechos por la liquidación de la masa en la que participaron, sin atender a privilegios. Sin embargo, los créditos de quien ha actuado en su interés personal, en el caso del Artículo 161, inciso 1 o de la persona controlante en el caso del Artículo 161, inciso 2 no participan en la distribución del mencionado fondo común". O artigo 161 da mencionada lei enumera típicos casos de desconsideração da personalidade jurídica que justificam a extensão da quebra a outras pessoas ou ao controlador, conforme transcrito em nota anterior.

dos pela norma concursal, agora com base em texto que há pouco fora modificado pela medida provisória que tratou da liberdade econômica, convertida na Lei 13.874/2019.

E essas modificações introduzidas na redação do artigo 50 do CC não desfavorecem a aplicação da desconsideração da personalidade jurídica ao processo falência, ao contrário do que se poderia pensar, principalmente, diante da disposição contida no *caput* do artigo, que determina que a desconsideração se faz "para que os efeitos de certas e determinadas relações de obrigações sejam estendidos aos bens particulares de administradores ou de sócios da pessoa jurídica beneficiados direta ou indiretamente pelo abuso"[19].

De modo algum o objetivo de estender apenas os efeitos de certas e determinas relações de obrigações contraria o propósito concursal do processo falência. Tenha-se em mente que os créditos na falência são rigorosamente apurados pelo administrador judicial e, em muitas situações, ainda em via judicial, na qual podem ser objeto de impugnação, pelo que as relações de credores que se formam são compostas por créditos certos e determinados, apesar de comporem o conjunto de todas as dívidas da sociedade.

Note-se, contudo, que nem sempre deverão ser estendidos os efeitos de todas as obrigações de uma sociedade a outra do mesmo grupo quando ocorrer a desconsideração da personalidade; deve-se ter em conta a causa de pedir que ensejou o desconhecimento da autonomia patrimonial e, assim, se houver confusão total, sobre todo o patrimônio da sociedade, ou a subcapitalização da devedora for absoluta e esses fatos forem relacionados diretamente à atuação da sociedade a ser responsabilizada, certamente levará ao reconhecimento de responsabilidade subsidiária por todas as obrigações, amplitude que deve ser restringida se a confusão patrimonial for parcial ou se a desconsideração se der com base em obrigações específicas, como mencionado, resultantes da aplicação da chamada Teoria Menor.

A exigência da aferição de dolo na conduta do protagonista do desvio de finalidade, conforme as modificações contidas no artigo 50 do CC, deve levar em conta o "propósito de lesar credores" ou "da prática de atos ilícitos de qualquer natureza", o que, no campo falimentar, havendo prejuízo aos credores, perfaz-se com o conhecimento da própria situação de crise da empresa, que limita em grande medida os atos de disposição patrimonial que poderiam ser praticados em condições de normalidade[20].

Outras disposições da nova redação do referido artigo 50 do CC também não contrariam os propósitos concursais, das quais se destaca o rol não taxativo de atos que caracterizam a confusão patrimonial. O legislador, após iniciar a definidora descrição da conduta como a "ausência de separação de fato entre os patrimônios" e de incluir o "cumprimento repetitivo pela sociedade de obrigações do sócio ou do administrador ou vice-versa" (inciso I) e "a transferência de ativos ou de passivos sem efetivas contraprestações", encerra o tema com uma cláusula genérica, relativa a "outros atos de descumprimento da autonomia patrimonial, que podem assumir incontáveis formas, especialmente, em relação a empresas que se encontram em estado de insolvabilidade.

---

19. Cf. art.50, *caput*, do CC.
20. Cf. art.50, § 1º, do CC.

8. A REFERÊNCIA AO PROCEDIMENTO DISCIPLINADO NO CPC PARA A DESCONSIDERAÇÃO DA PERSONALIDADE

Ainda quanto às disposições do parágrafo único do artigo 82-A, pode-se dizer que é louvável a fixação de procedimento para alcançar a desconsideração da personalidade jurídica, como prevê a lei, e que, acrescentamos, poderia ser utilizado também para a extensão da falência, caso tivesse sido prevista também pela lei essa solução para casos extremos, hipótese em que se acrescentaria esse pedido no mesmo incidente, bem como a respectiva causa de pedir, consistente na projetada insolvabilidade da empresa a ser responsabilizada secundariamente após a extensão dos efeitos das obrigações, o que, juntamente com as causas de pedir que justificam a desconsideração da personalidade, passariam a constituir objeto de cognição do juiz.

Especialmente, a referência às disposições dos artigos 133 a 137 do CPC é importante, porque estas disposições disciplinam procedimento que contém oportunidade ao contraditório e à ampla defesa, com instrução probatória, caso necessário, e demais requerimentos, mesmo em se tratando de procedimento simplificado, que não contém específica fase de saneamento, o que, aliás, o torna mais célere, com o mínimo necessário de atividade processual e prazos reduzidos, podendo ser instaurado a qualquer momento do processo principal, o que, na seara concursal, permite concluir que até mesmo durante o pedido de falência, o que é vantajoso em termos de celeridade, sem que se perca a fundamental oportunidade de defesa a ser conferida também a quem se pretende responsabilizar secundariamente.

9. CONCLUSÃO

Em suma, foi dado um passo adiante com a previsão expressa da desconsideração da personalidade jurídica na falência e a referência aos fundamentos contidos no artigo 50 do CC, como ainda com a necessária observância do procedimento descrito nos artigos 133 a 137 do CPC, este para que se cumpram as garantias constitucionais voltadas ao processo.

Por outro lado, não se pode fechar os olhos à realidade, especialmente diante do fato de que muitas empresas, após serem responsabilizadas por certas e determinadas obrigações de outras sociedades, tornam-se inviáveis, se já não eram a esse tempo, e a continuidade de suas atuações no mercado somente aumentarão os prejuízos de terceiros. Para essas hipóteses, a extensão da falência certamente corrigiria os problemas apontados e parece que teria sido a melhor solução.

5
A NOVA DISCIPLINA DO ENCERRAMENTO DO PROCESSO DE RECUPERAÇÃO JUDICIAL

Paulo Furtado de Oliveira Filho

Juiz de Direito Titular da 2ª Vara de Falências e Recuperações Judiciais da Comarca de São Paulo.

Sumário: 1. Os aspectos essenciais do processo de recuperação judicial. 2. A fase de cumprimento do plano: a necessidade de evolução legislativa no sentido de sua dispensabilidade. 3. Os efeitos do art. 61: a excepcionalidade da manutenção do devedor em recuperação após a decisão de concessão. 4. Encerramento dos processos em curso. 5. Referências.

1. OS ASPECTOS ESSENCIAIS DO PROCESSO DE RECUPERAÇÃO JUDICIAL

Para que se possa tratar do tema do encerramento do processo de recuperação judicial, cuja disciplina foi alterada[1] com o objetivo de eliminar o prazo de fiscalização obrigatório de dois anos[2], é preciso compreender qual a finalidade deste processo e os elementos essenciais do procedimento.

Segundo autorizadas fontes doutrinárias estrangeiras e nacionais[3], o processo de recuperação judicial nada mais é do que uma ferramenta para a melhor solução coletiva para os credores como grupo, diante de uma situação de crise econômica do devedor comum.

De acordo com o professor Francisco Satiro, especialmente diante da complexidade estrutural das atividades empresariais atuais e da multiplicidade de credores com interesses e objetivos no mais das vezes incompatíveis, a tarefa de negociação e

---

1. A nova redação conferida ao artigo 61 é a seguinte: "proferida a decisão prevista no art. 58 desta Lei, o juiz poderá determinar a manutenção do devedor em recuperação judicial até que sejam cumpridas todas as obrigações previstas no plano que vencerem até, no máximo, 2 (dois) anos depois da concessão da recuperação judicial, independentemente do eventual período de carência".

2. Em reiteradas decisões anteriores à nova disciplina legal, já havia sido admitido o negócio jurídico processual para redução ou extinção do prazo de fiscalização (cf. processo n. 0016095-59.2013.8.26.0161), porém o E. TJSP tinha entendimento de que se tratava de norma de ordem Pública (cf. AI n. 2260248-55.2016.8.26.0000). A modificação legislativa coloca fim à controvérsia, afastando o alegado caráter cogente do dispositivo legal.

3. JACKSON, Thomas. The logic and limits of bankruptcy. Washington D.C.: Beard Books, 2001; BAIRD, Douglas G, e JACKSON, Thomas H. *Corporate Reorganizations and the Treatment of Diverse Ownership Interests: A Comment on Adequate Protection of Secured Creditors in Bankruptcy*. U. Chi. L. Rev., v. 51, 1984; SOUZA JUNIOR, Francisco Satiro. Autonomia dos Credores na Aprovação do Plano de Recuperação judicial. In: CASTRO, Rodrigo Rocha Monteiro de; WARDE JÚNIOR, Walfrido Jorge e GUERREIRO, Carolina Dias Tavares (Coord.). *Direito Empresarial e Outros Estudos em Homenagem ao Professor José Alexandre Tavares Guerreiro*. São Paulo: Quartier Latin, 2013; MUNHOZ, Eduardo Secchi. Cessão fiduciária de direitos de crédito e recuperação judicial de empresa. *Revista do Advogado*, v. 29, n. 105, 2009.

composição de débitos, ou mesmo de restruturação de negócios, tende a ser inefetiva, quando não impossível. Identificou-se assim a necessidade de, ao lado do imprescindível procedimento de liquidação dos agentes financeira ou economicamente inviáveis (representado pela falência), oferecer-se ao empresário em dificuldades ferramentas que reduzissem os custos de transação, desestimulassem comportamentos oportunistas e organizassem de uma forma minimamente racional as ações dos seus credores, do modo a possibilitar um coordenado processo de negociação e decisão. Esse procedimento negociado de reorganização, no Brasil toma a forma de recuperação judicial e recuperação extrajudicial[4].

Segundo o professor Eduardo Munhoz, em momentos de dificuldade financeira é natural que os credores busquem a satisfação de seus créditos, com o objetivo de obter algum benefício, mas a atuação de um deles precipita a corrida de todos, o que pode levar a resultado pior para o grupo. Por isso, o procedimento de recuperação judicial tem como instrumento importante a suspensão das ações e execuções contra o devedor ("stay period"), cuja finalidade é interromper a corrida individual dos credores, evitando a liquidação precipitada de bens integrantes do patrimônio do devedor, até que sejam reunidos e classificados os diversos credores e até que seja apresentado um plano de recuperação.[5]

A reunião de credores em classes visa a assegurar que a vontade dos credores na recuperação seja manifestada de forma coerente com as características e prerrogativas contratuais de cada crédito, evitando-se, com isso, desvios de ordem hierárquica dos créditos e, portanto, soluções que acarretem o pagamento de credores de hierarquia inferior em detrimento de credores de hierarquia superior. O princípio majoritário dentro de cada classe é imprescindível para evitar situações de *hold up*, nas quais algum credor, por conta de uma situação particular, poderia, isoladamente e contra a vontade da maioria, impedir uma solução avaliada melhor para todos. A regra da unanimidade, nesse aspecto, seria deletéria, pois conferiria a credores determinados o poder de isoladamente impedir eventual recuperação. Esse poder de veto individual, ou isolado, poderia ser utilizado, inclusive, para obter vantagens injustificadas comparativamente a outros credores de mesma classe, titulares de crédito de natureza idêntica ou semelhante.[6]

Uma vez aprovado o plano pelos credores, segundo as maiorias legais, o juiz profere decisão em que concede a recuperação. Conforme a lição do professor Francisco Satiro, o caráter contratual do plano se reafirma quando, após o encerramento do processo de recuperação judicial (art. 63), eliminado o conteúdo processual, a própria Lei 11.101/2005 em seu art. 62 estabelece que as obrigações dele decorrentes serão tratadas como obrigações contratuais comuns, e possibilitarão aos seus titulares execução específica ou até mesmo pedido de falência do devedor com base no art. 94. Como contrato, portanto, o plano demanda para sua formação, a manifestação válida de vontade dos contratantes[7].

---

4. Op. cit., p. 103.
5. Op. cit., p. 34.
6. Op. cit., p. 38-39.
7. Op. cit., p. 104.

5 • A NOVA DISCIPLINA DO ENCERRAMENTO DO PROCESSO DE RECUPERAÇÃO JUDICIAL 59

Em resumo, o processo de recuperação judicial é um procedimento de natureza coletiva, que tem elementos essenciais para viabilizar a superação da situação de crise do devedor: a) "stay period" (suspensão das ações e execuções contra o devedor); b) reunião dos credores em classes; c) deliberação por maioria dos credores em cada classe (a decisão da maioria vincula a minoria dissidente após a homologação judicial); e d) novação das dívidas anteriores, que passam a ter nova configuração (nos termos do plano aprovado pelos credores e homologado em juízo).

Percebe-se, portanto, que uma fase de cumprimento do plano após a sua homologação judicial, para que o devedor continue sob fiscalização judicial, não é da essência de um procedimento judicial de recuperação. Trata-se de uma medida que pode ou não ser inserida em determinado sistema legislativo, mas não se mostra indispensável à efetividade de um processo de recuperação de empresas.

2. A FASE DE CUMPRIMENTO DO PLANO: A NECESSIDADE DE EVOLUÇÃO LEGISLATIVA NO SENTIDO DE SUA DISPENSABILIDADE

Em 2005, ao disciplinar a recuperação judicial, o legislador optou pela fixação de um período de fiscalização do cumprimento das obrigações previstas no plano homologado em juízo, de 2 anos, sem qualquer coerência com o modelo de solução negocial, que permite o ajuste entre as partes a respeito das novas condições de pagamento das obrigações, em prazos muitos superiores aos 2 anos de fiscalização[8].

Por isso, inteira razão assistia ao professor Eduardo Secchi Munhoz, quando afirmava: "a Lei divide o processo de recuperação em duas fases distintas: (i) a de negociação e aprovação do plano; e (ii) a de execução e cumprimento do plano, no prazo de até 2 anos. Em outros sistemas, há apenas a primeira fase, extinguindo-se o processo de recuperação com a aprovação do plano. A lei brasileira, porém, talvez influenciada pelo regime anterior inclusive no que respeita ao prazo de 2 anos, que era o prazo máximo para o cumprimento da concordata (art. 156, § 1º e 157 do Dec.--lei 7.661/1945) preferiu postergar o encerramento do processo de recuperação para o cumprimento das obrigações vincendas até o segundo ano após a sua concessão, período em que a atividade do devedor fica sob a fiscalização direta e estrita do Poder Judiciário e dos credores, por meio da assembleia geral, do comitê de credores e do administrador judicial, que mantêm suas atribuições."[9]

Embora haja quem defenda a permanência do devedor sob fiscalização, esta situação tem mais efeitos negativos do que positivos. São os gastos com assessores financeiros, advogados e a remuneração do administrador judicial. O acesso ao crédito é mais difícil e mais custoso, pois as instituições financeiras são obrigadas a adotar provisões mais conservadoras nas operações com os devedores em recuperação.

---

8. A legislação cuidava de delimitar a autonomia privada em relação ao prazo de cumprimento de obrigações trabalhistas, fixando-o em um ano (cf. art. 54), em atenção à natureza alimentar do crédito. Quanto ao prazo de dívidas de outra natureza, não há na lei limitação temporal para a repactuação das obrigações.
9. MUNHOZ, Eduardo Secchi. In: SOUZA JUNIOR, Francisco Satiro de (Coord.). *Comentários à Lei de Recuperação de Empresas e Falência*: Lei 11.101/2005. São Paulo: Ed. RT, 2007. p. 306.

Ao empresário que aprovou o plano de recuperação é mais vantajoso estar livre de tais entraves, podendo dedicar-se à retomada de sua atividade e ao cumprimento do plano, com acesso a crédito mais barato, e menor custo de produção, com vantagem para o consumidor de seus produtos e serviços.

Por outro lado, não haverá prejuízo aos credores, que, mesmo depois da sentença de encerramento da recuperação, a qualquer tempo poderão requerer a falência ou a execução do título judicial, em caso de descumprimento das obrigações contidas no plano.

O Poder Judiciário também fica exonerado de cuidar de processos cuja finalidade já foi alcançada mediante a aprovação do plano pelos credores, de forma que poderá se dedicar à supervisão dos processos que ainda se encontram na fase de negociação, que é, sem dúvida, a mais importante.

Bem por isso, o artigo 61 agora admite o encerramento da recuperação sem prazo de fiscalização do cumprimento do plano homologado, nos seguintes termos: "Proferida a decisão prevista no art. 58 desta Lei, o juiz poderá determinar a manutenção do devedor em recuperação judicial até que sejam cumpridas todas as obrigações previstas no plano que vencerem até, no máximo, 2 (dois) anos depois da concessão da recuperação judicial, independentemente do eventual período de carência".[10]

3. OS EFEITOS DO ART. 61: A EXCEPCIONALIDADE DA MANUTENÇÃO DO DEVEDOR EM RECUPERAÇÃO APÓS A DECISÃO DE CONCESSÃO

Com a nova redação do art. 61, parece insustentável o Enunciado II das Câmaras Reservadas de Direito Empresarial do E. Tribunal de Justiça de São Paulo, que, diante de inúmeros planos de recuperação judicial com carência próxima ao período máximo de 2 anos de supervisão judicial, e com bons propósitos, haviam fixado o seguinte entendimento: "O prazo de 2 (dois) anos de supervisão judicial, previsto no art. 61, "caput", da Lei 11.101/05, tem início após o transcurso do prazo de carência fixado".

Portanto, na hipótese do encerramento da recuperação judicial não ocorrer no momento da homologação do plano aprovado pelos credores, o processo deverá ser encerrado no prazo máximo de 2 anos, bastando a verificação do cumprimento obrigações previstas no plano vencidas no biênio.

Mas quais as hipóteses que justificariam a permanência do devedor em recuperação judicial, sob fiscalização, após a homologação judicial do plano aprovado pelos credores?

Em primeiro lugar, a consolidação do quadro-geral de credores não é condição para o encerramento do processo (cf. nova redação conferida art. 10, par. 9º)[11]. A existência

---

10. Antes da modificação legislativa, já havíamos defendido a natureza dispositiva da norma, bem como a possibilidade de devedor e credores ajustarem, por meio de negócio jurídico processual, a redução ou a eliminação do prazo de fiscalização de 2 anos (cf. Negócio Jurídico Processual na Recuperação Judicial. In: YARSHELL, Flávio Luiz e PEREIRA, Guilherme Setoguti J. *Processo Societários*. v. III. São Paulo: Quartier Latin, 2018. p. 639-645).

11. Cf. antiga decisão do Tribunal de Justiça do Espírito Santo, no AI 030119001714, relatado pelo Des. Fábio Clem de Oliveira, concluindo que não "há obstáculo legal ou processual para o encerramento da recuperação ainda que as impugnações, eventuais habilitações retardatárias e ações rescisórias não estejam definitivamente julgadas, eis que o encerramento do processo não está vinculado à consolidação do rol de credores. [...] O encerramento da recuperação decorre de previsão legal e, pendentes decisões sobre impugnações, habilitações retardatárias e

de habilitações de crédito pendentes de julgamento no momento da concessão da recuperação não é motivo para a manutenção do devedor sob fiscalização[12].

Também não é motivo para a permanência do devedor em recuperação a previsão de alienação de UPIs no plano de recuperação homologado[13]. A inexistência de sucessão do arrematante da UPI não tem como fundamento o leilão judicial[14], mas sim o leilão eletrônico ou outra modalidade de processo competitivo constante do plano de recuperação aprovado (cf. arts. 60, parágrafo único, e 142)[15].

---

ações rescisórias, homologa-se o quadro de credores no estado em que se encontra no momento em que verificado o cumprimento das obrigações previstas no plano com vencimento dois anos após a recuperação, e encerra-se a recuperação, como forma de eliminarem-se as limitações à atividade empresarial. [...]

12. Segundo a norma acima mencionada, é necessária a redistribuição dos incidentes de habilitação em andamento, medida burocrática e desnecessária que sobrecarrega o serviço cartorário. Após o encerramento do processo, novas habilitações são vedadas no juízo da recuperação. Cada credor, em determinada ação contra a recuperanda, deverá ter o seu crédito calculado nos termos do art. 9º, inciso II, da Lei 11.101/2005, pelo juízo que proferiu a sentença. O pagamento do crédito, por sua vez, deverá ser feito nos termos do plano, mediante depósito vinculado ao juízo competente para o cumprimento da sentença, a menos que outra forma tenha sido estabelecida no plano. Porém, não pode o plano estabelecer pagamento mediante depósito vinculado ao juízo da recuperação porque encerrada a sua jurisdição a partir do encerramento do processo.

13. Simone Rodrigues Alves Rocha de Barros já havia antevisto a possibilidade de alienação de UPI após o prazo de fiscalização de 2 anos: "(...) se, embora prevista no plano, ou seja, autorizada a venda pelos credores e estabelecidas as condições para o uso do produto desta venda para o processo de recuperação de empresa, mas decorrido o prazo de dois anos do art. 61 da LRE, haverá a necessária segurança, de acordo com o art. 133 do CTN, de que o adquirente está livre de sucessão fiscal? Afinal, ou bem se interpreta a redação do art. 133 do CTN para se compreender que a alienação judicial da UPI já foi autorizada em processo de recuperação judicial, embora não efetivada no prazo de dois anos, ou se imporá que a venda ocorra nesse período para que o Fisco não possa alegar que, ultrapassado o prazo, a empresa não está mais em recuperação judicial, mesmo que o processo ainda não tenha sido formalmente encerrado. Uma solução adequada para se evitar esse questionamento seria, como ocorreu em determinado precedente, se aprovar, em assembleia de credores, a prorrogação do prazo da concessão da recuperação, ratificando a possibilidade da venda da UPI. De todo modo, parece mais adequado se considerar que o art. 60 cuida da venda aprovada em processo de recuperação, ainda que concluída depois, e que isso não colide necessariamente com o art. 133 do CTN, pois a alienação judicial já teria sido previamente autorizada em processo de recuperação judicial." (Da Concessão ao Encerramento da Recuperação Judicial. In: TOLEDO, Paulo Fernando Campos Salles de; SATIRO, Francisco (Coord.). *Direito das Empresas em Crise*: Problemas e soluções – São Paulo: Quartier Latin, 2012, p. 404).

14. Nesse sentido já havia se manifestado Eduardo Foz Mange: "(...) entendemos ser perfeitamente possível a realização de leilão público fora do processo judicial, que já se encerrou, não havendo razão para que o arrematante seja considerado sucessor da devedora, sob o argumento de que o leilão não foi realizado no processo judicial. Portanto, entendemos ser necessário atribuir segurança aos arrematantes, garantindo a ausência de sucessão fiscal e trabalhista, desde que a venda esteja prevista no PRJ, aprovado pelos credores." (Encerramento da Recuperação Judicial. In: RIBERIRO, José Horácio Halfeld Rezende, e WAISBERG, Ivo (Org.). *Temas de Direito da Insolvência* – Estudos em homenagem ao Professor Manoel Justino Bezerra Filho. São Paulo: Editora IASP, 2017. p. 199).

15. Antes da alteração legislativa, a boa doutrina já se mostrava favorável à alienação de UPI, sem sucessão, por modalidade distinta da hasta pública (leilão, proposta e pregão), pelas seguintes razões: a) o plano de recuperação elaborado pelo devedor e aprovado pelos credores, a quem deve ser assegurada autonomia na fase de execução; b) a depender da especialidade do ativo, a alienação por hasta pública pode não ser mais eficiente do que a venda direta; c) a legislação processual passou a admitir a alienação por iniciativa particular, como modalidade de alienação judicial (BECUE, Sabrina. A Alienação de Estabelecimento Empresarial: Recuperação Judicial e a Inexistência de Sucessão. São Paulo: Quartier Latin, 2018, p.122-131). Também na jurisprudência já se notava uma evolução quanto à possibilidade de inexistência de sucessão na alienação realizada por forma distinta da hasta pública. Enquanto no julgamento da Apelação n. 0151283-56.2012, o E. TJSP decidiu que a alienação realizada sem a observância de licitação e pregão resultava na ineficácia perante os credores prejudicadas, o STJ decidiu que, em caráter excepcional, mediante justificativa no plano de recuperação aprovado, e definidas as condições do negócio de forma minuciosa, a venda direta de uma UPI, sem hasta pública, também gozava da inexistência de sucessão do adquirente (REsp. 1.689.187-RJ, Rel. Ricardo Villas Bôas Cueva).

As únicas justificativas que, segundo a nossa perspectiva, podem levar à manutenção do devedor sob fiscalização, após a concessão da recuperação, são, de um lado, a necessidade reconhecida pelo juízo, em razão de alguma conduta prevista no art. 64[16] ainda sob investigação do administrador judicial, e, de outro lado, a previsão contida no plano, por deliberação dos credores e do devedor, e tida condição essencial para a superação da crise. Fora de tais hipóteses, de caráter excepcional, o processo deve ser encerrado no ato em que o juiz conceder a recuperação, por sentença, e não decisão.

5. ENCERRAMENTO DOS PROCESSOS EM CURSO

A nova disciplina do encerramento da recuperação judicial, pelas vantagens que apresenta a todos os envolvidos no processo, e à própria sociedade, tem manifesto interesse público.

Bem por isso, o art. 5º, § 2º, da Lei 14.112/2020, permite o encerramento dos processos de recuperação judicial em curso, sem a consolidação do quadro-geral de credores e sem o decurso do biênio de fiscalização.

Por cautela, deve ser exigida do administrador judicial a apresentação de relatório acerca do cumprimento do plano, e, mediante a comprovação de que as obrigações vencidas foram cumpridas, o juiz poderá encerrar a recuperação imediatamente[17].

6. REFERÊNCIAS

BAIRD, Douglas G, e JACKSON, Thomas H. *Corporate Reorganizations and the Treatment of Diverse Ownership Interests: A Comment on Adequate Protection of Secured Creditors in Bankruptcy*. U. Chi. L. Rev., v. 51, 1984.

BECUE, Sabrina. A Alienação de Estabelecimento Empresarial: Recuperação Judicial e a Inexistência de Sucessão. São Paulo: Quartier Latim, 2018.

CASTRO, Rodrigo Rocha Monteiro de; WARDE JÚNIOR, Walfrido Jorge e GUERREIRO, Carolina Dias Tavares (Coord.). *Direito Empresarial e Outros Estudos em Homenagem ao Professor José Alexandre Tavares Guerreiro*. São Paulo: Quartier Latin, 2013.

JACKSON, Thomas. *The logic and limits of bankruptcy*. Washington D.C.: Beard Books, 2001.

MUNHOZ, Eduardo Secchi. Cessão fiduciária de direitos de crédito e recuperação judicial de empresa. *Revista do Advogado*, v. 29, n. 105, 2009.

---

16. Como sabido, o art. 64 contém um rol de condutas que podem levar ao afastamento do controlador do devedor da condução dos negócios. A medida, porém, demanda apuração aprofundada pelo administrador judicial. Se estiver em curso tal apuração, é conveniente a manutenção do devedor sob fiscalização após a concessão da recuperação.

17. Na correta visão de Julio Mandel, escrevendo antes da alteração legislativa, "é evidente e notório que um rápido encerramento de uma recuperação judicial é profícuo ao devedor, na medida em que barateia seus custos com o próprio processo de recuperação, e recupera seu crédito, e sua credibilidade, além do aumento da segurança jurídica para os negócios, o que proporciona uma mais célere e efetiva recuperação da empresa. Portanto é uma medida também salutar aos credores, aos seus empregados e à sociedade, e que deve ser aplicada aos processos em curso." (Do Encerramento da Recuperação Judicial antes dos dois anos de fiscalização judicial. In: RIBEIRO, José Horácio Halfeld Rezende, e WAISBERG, Ivo (Org.). Temas de Direito da Insolvência – Estudos em homenagem ao Professor Manoel Justino Bezerra Filho. São Paulo: Editora IASP, 2017. p.553).

RIBEIRO, José Horácio Halfeld Rezende, e WAISBERG, Ivo. (Org.). *Temas de Direito da Insolvência –* Estudos em homenagem ao Professor Manoel Justino Bezerra Filho. São Paulo: Editora IASP, 2017.

SOUZA JUNIOR, Francisco Satiro de. (Coord.). *Comentários à Lei de Recuperação de Empresas e Falência: Lei 11.101/2005.* São Paulo: Ed. RT, 2007.

TOLEDO, Paulo Fernando Campos Salles de; SATIRO, Francisco (Coord.). *Direito das Empresas em Crise:* Problemas e soluções. São Paulo: Quartier Latin, 2012.

6
DA INSOLVÊNCIA TRANSNACIONAL

Arthur Cassemiro Moura de Almeida

Legal Analyst na Debtwire desde maio de 2016. Membro associado da TMA – Turna-round Management Association do Brasil desde janeiro de 2019.

Sumário: 1. Introdução. 2. Importância da reforma. Lacuna legislativa. 3. Evolução da legislação de insolvência transnacional. 4. Lei Modelo Uncitral. 5. Preservação da empresa. 6. Conclusão e expectativas.

1. INTRODUÇÃO

Quando uma empresa se encontra em situação de crise financeira e não consegue renegociar seu passivo com os credores de maneira conciliatória, o processo de insolvência é o instrumento utilizado para reunir seus ativos, créditos e dívidas, e então definir se a melhor alternativa para a superação da crise consiste na sua reorganização ou liquidação. Nos casos em que esses elementos se submetem, inequivocamente, à mesma jurisdição, um processo de insolvência local é, em regra, suficiente para reuni-los e implementar a solução escolhida. Todavia, a questão se torna mais complexa nos casos em que dois ou mais países estão envolvidos.[1]

Isso ocorre porque, embora a atividade empresarial e as relações de comércio não se restrinjam a limitações geográficas, o mesmo não se pode dizer em relação às normas de direito falimentar aplicáveis em casos de crises financeiras, principalmente em razão da soberania dos Estados. Na ausência de normas supranacionais calcadas na ideia do transconstitucionalismo[2], e em detrimento da teoria do *universalismo*, que recomenda a

---

1. CAMPANA FILHO, Paulo Fernando. *The legal framework for cross-border insolvency in Brazil (July 20, 2009). Houston Journal of International Law*, v. 32, No. 1, 2010, p. 97-151. Disponível em: https://ssrn.com/abstract=1436535. Acesso em: 19.08.2020.

2. *"E enquanto mantido no seu conceito mais restrito de cooperação entre sistemas, a categoria transconstitucionalismo é capaz de evidenciar uma série de ocorrências relevantes na atual configuração jurídico-política das nações engajadas na construção de um espaço internacional mais cooperativo, especialmente no caso dos esforços políticos de constituir instituições transnacionais. A aludida cooperação se mostra na necessidade de compatibilizar os critérios próprios com os critérios externos, gerando um acoplamento estrutural entre sistemas que tende a resultar em uma troca recíproca de conteúdos. (...) Por isso se afirmar que necessidades econômicas e também sociais devem guiar a coordenação de sistemas jurídicos de insolvência, com vistas a promover uma colaboração eficiente e organizada entre os diversos países envolvidos, buscando-se equilíbrio, para além das fronteiras nacionais, quando assim preciso for, em verdadeiro exemplo de atuação do Direito que não somente suplanta fronteiras, como também, muitas vezes se afasta da regulação estatal formal para buscar na colaboração e no entendimento, soluções para o caso concreto."* (BUCCI, Alexandre. Recuperação judicial de empresas transnacionais. Disponível desde 29.12.2014 em: https://www.epm.sp.gov.br/Artigo/DireitoEmpresarial/25281?pagina=1. Acesso em 19.08.2020).

concentração da competência universal[3] para gerir todas as relações jurídicas do devedor na autoridade judiciária do *Centro de Interesses Principais (CIP / CoMI)*[4], os Estados tendem a aplicar o princípio do *territorialismo*, segundo o qual o Poder Judiciário de cada Estado tem jurisdição exclusiva sobre os bens do devedor localizados em seu território[5].

A adoção do territorialismo é justificável sob o ponto de vista pragmático[6], já que blinda a autoridade do Poder Judiciário de cada Estado, protege os credores locais e dificulta o *forum shopping*[7]. Contudo, ele se revela insuficiente para lidar com processos de insolvência transnacional de maneira satisfatória, tende a encarecê-los e a gerar o favorecimento de credores locais em detrimento dos credores estrangeiros[8], além de acentuar o risco de decisões conflitantes proferidas por juízes de diferentes países.

2. IMPORTÂNCIA DA REFORMA. LACUNA LEGISLATIVA

No Brasil, que no passado já foi considerado um país de vanguarda em termos de normas sobre insolvências transnacionais, o único dispositivo existente na Lei n. 11.101/2005 (Lei de Recuperação de Empresas – LRE) sobre o assunto antes da reforma era o Artigo 3º, que atribui ao juízo do CIP a competência para julgar processos de insolvência abertos pela *"filial de empresa que tenha sede fora do Brasil"*. Seguindo o princípio do territorialismo[9], a lei limitava-se a definir a regra aplicável aos ativos e passivos situados em território nacional. Não havia diretrizes para lidar com crises financeiras

---

3. "Supporters of universalism seek to solve the problems of territorialism by allowing one court, using one set of rules, to adjudicate entire bankruptcies. They assert that the decisions of a single court should bind all claimants in the bankruptcy and govern all the assets." (KIRSHNER, Jody Adams. *International Bankruptcy: The challenge of insolvency in a global economy*. Chicago and London: The University of Chicago Press, 2018, p. 1119).

4. Center of Main Interests.

5. *"No direito falimentar internacional a doutrina ainda se refere a dois outros princípios, a saber, os princípios da unidade e da pluralidade, que não podem ser confundidos com com aqueles da territorialidade e da universalidade. O princípio da unidade do juízo da insolvência significa, no seu contexto internacional, que um único procedimento de insolvência tem lugar, independentemente da situação dos bens do devedor fora do território nacional e da existência de credores domiciliados no exterior. (...) Por outro lado, há pluralidade de juízos de insolvência quando mais de uma autoridade judiciária ou equivalente se declararam internacionalmente competentes em diferentes países para a abertura de um procedimento de insolvência em relação ao mesmo devedor."* RECHSTEINER, Beat Walter. A insolvência internacional sob a perspectiva do direito brasileiro. In PAIVA, Luiz Fernando Valente de (Coord.). *Direito falimentar e a nova Lei de Falências e Recuperação de Empresas*. São Paulo: Quartier Latin, 2005, p. 674.

6. SOUZA JR., Francisco Satiro de; CAMPANA FILHO, Paulo Fernando. A insolvência transnacional: para além da regulação estatal e na direção dos acordos de cooperação. In TOLEDO, Paulo Fernando Campos Salles de; SOUZA JR., Francisco Satiro (Coord.). *Direito das Empresas em Crise*: Problemas e Soluções. São Paulo. Quartier Latin: 2012, p. 124.

7. "*Forum shopping* foi a nomenclatura utilizada pelos juristas do *common law* para definir a escolha, dentre várias jurisdições passíveis de serem exercidas, como sendo aquela de preferência do demandante, levando-se em conta as mais diversas premissas. A escolha da melhor jurisdição, conforme aponta a doutrina estrangeira, não parece ser uma espécie de zona desmilitarizada (ou neutra), mas, ao contrário, parece compor um palco de grandes paixões, quer em defesa, quer em condenação ao *forum shopping*." CAMARGO, Solano de. *Forum Shopping*: modo lícito de escolha de jurisdição? Universidade de São Paulo, São Paulo, 2015, p. 20.

8. Para evitar esse o tratamento diferenciado entre credores baseado no critério da nacionalidade, o Artigo 167-G, recém-introduzido na LRE, preconiza que credores estrangeiros e nacionais possuem, em regra, os mesmos direitos nos processos de insolvência. O tratamento destinado às exceções, quais sejam, créditos de natureza tributária, previdenciária e os que não guardam correspondência com a classificação prevista na LRE, está previsto nos incisos I a III do § 1º do referido Artigo.

9. CAMPINHO, Sérgio. *Curso de Direito Comercial: Falência e Recuperação de Empresa*. 10 ed. São Paulo: Saraiva Educação, 2019, p. 58-59.

de grupos empresariais controlados por sociedades brasileiras, com filiais no exterior, ou controlados por sociedades estrangeiras, com filiais no Brasil.

A ausência de normas na LRE sobre insolvências transnacionais poderia, à primeira vista, ser preenchida pela Lei 13.105/2015 (Código de Processo Civil – CPC), cuja aplicação subsidiária aos processos de insolvência está prevista no artigo 189 da LRE. Especificamente, o Capítulo II do Título II do CPC, denominado "Da Cooperação Internacional", estabelece alguns procedimentos que, em tese, seriam aplicáveis aos processos de insolvência, como a carta rogatória, a homologação de sentença estrangeira e o pedido de auxílio direto.

Todavia, acredita-se que determinadas regras ali estabelecidas não são compatíveis com as insolvências transnacionais, como (i) a exigência de tratado ou reciprocidade;[10] (ii) a existência de uma autoridade central, cujas funções são exercidas por órgão do Poder Executivo (Ministério da Justiça)[11]; e finalmente (iii) a competência da Justiça Federal para lidar com os pedidos de auxílio direto[12]. Ademais, a demora na tramitação das cartas rogatórias e pedidos de homologação de sentença estrangeira não se coaduna com a celeridade inerente aos procedimentos de insolvência transnacional.

A inexistência de normas adequadas vem exigindo grande esforço e sensibilidade dos Tribunais para lidar com processos de insolvência transnacionais abertos no Brasil. Todavia, embora algumas grandes reestruturações[1313] tenham sido viabilizadas graças a esse louvável esforço, a evolução jurisprudencial dos processos de insolvência envolvendo sociedades estrangeiras com base em soluções casuístas, embasadas em diferentes fundamentos e muitas vezes contraditórias entre si, revela um cenário de incertezas e de fragilidade jurídica, bem como certo anacronismo em comparação à pulsante atividade econômica dos conglomerados empresariais brasileiros no comércio internacional[14].

---

10. Artigo 26, § 1º: *"Na ausência de tratado, a cooperação jurídica internacional poderá realizar-se com base em reciprocidade, manifestada por via diplomática."*;

   "Além dos tratados e acordos bilaterais entre o Brasil e os demais países, a garantia de aplicação do princípio da reciprocidade é também fundamento da cooperação jurídica internacional" (Superior Tribunal de Justiça. Corte Especial. Agravo Regimental na Carta Rogatória 7861. Agravantes: Maria de Fátima de Jesus Recacho e Napoleão Mariano Filho. Agravado: Tribunal Judicial de Cantanhede. Partes: Sueli Oliveira Recacho e Outros. Relator: Ministro Felix Fischer. Brasília, 07.08.2013).

11. Artigo 26, IV: "A cooperação jurídica internacional será regida por tratado de que o Brasil faz parte e observará a existência de autoridade central para recepção e transmissão dos pedidos de cooperação";

   Artigo 26, § 4º: "O Ministério da Justiça exercerá as funções de autoridade central na ausência de designação específica".

12. Artigo 34: "Compete ao juízo federal do lugar em que deva ser executada a medida apreciar pedido de auxílio direto passivo que demande prestação de atividade jurisdicional".

13. *"The OGX, OSX, Sete Brasil and Schahin groups all had cross-border operations, but Brazilian bankruptcy law has no provision addressing cross-border insolvency. The Brazilian courts demonstrated commercial sensibility and adaptability in finding ways to enable foreign- incorporated entities to participate in Brazilian insolvency proceedings (even while maintaining proceedings in their jurisdictions of incorporation) and thereby formulate a coordinated solution to each group's financial circumstances and operations worldwide. Had the courts taken a more rigid approach, the value of these integrated enterprises likely would have been diminished. Instead, relevant business of these companies were restructured and sold to investors as going concerns."* (ROSAS, Fábio; ROSA, Jose Luis; CAMARGO, Luis Guilherme Halasz de; HALL, Laura. *The recent wave of restructurings in Brazil. The Quarterly Journal of INSOL International*. Insol World, Focus Latin America, 4th Quarter 2017).

14. BECUE, Sabrina Maria Fadel. Insolvência transnacional: as contribuições que a lei modelo da UNCITRAL pode proporcionar para o Brasil. Universidade de São Paulo, São Paulo, 2018, p. 119.

Nesse contexto, uma das mais relevantes alterações implementadas pela recente reforma da LRE foi a introdução do *"Capítulo VI-A – Da Insolvência Transfronteiriça"*, que estabelece nos artigos 167-A a 167-Y as regras aplicáveis aos processos de insolvência transnacional. Com base nas sugestões de redação apresentadas pelo Grupo de Trabalho instituído pelo Ministério da Fazenda por meio da Portaria n. 467/2016[15], o Artigo 4º do Projeto de Lei 6.229/2005, cujo relator foi o Deputado Hugo Leal, incorporou ao ordenamento jurídico brasileiro a Lei Modelo da *United Nations Commission on International Trade Law* (UNCITRAL)[16] sobre insolvências transfronteiriças, com as adaptações necessárias para torná-la compatível com o regime jurídico concursal pátrio.

3. EVOLUÇÃO DA LEGISLAÇÃO DE INSOLVÊNCIA TRANSNACIONAL

Historicamente, grande parte das empresas multinacionais possui sede ou bens nos Estados Unidos da America (EUA), o que ajudou a criar um ambiente favorável para que as regras sobre insolvência transnacional pudessem ser testadas em casos concretos[17]. A regulamentação clara e flexível da *Section 304 do US Bankruptcy Code* serviu de alicerce para que o direito das insolvências internacionais amadurecesse por meio dos precedentes jurisprudenciais estabelecidos nas Cortes daquele país. Nesse sentido, as bases da Lei Modelo começaram a ser traçadas no final do Século passado, quando o tratamento dado às insolvências transnacionais pelo direito norte-americano ensejou o desenvolvimento de diversas pesquisas sobre a eficiência dos sistemas de insolvência. Nesse sentido, merecem destaque os estudos que resultaram nos *Principles for Effective Insolvency and Creditor/Debtor Regimes*, aprovados pelo Banco Mundial em 2001 e atualizados em 2005, 2011 e 2016[18].

4. LEI MODELO UNCITRAL

Conforme mencionado anteriormente, a partir do início da década de 1990, membros da UNCITRAL e da *International Association of Restructuring, Insolvency & Bankruptcy Professionals* (INSOL) realizaram diversos estudos conjuntos com o objetivo de viabilizar a elaboração de regras relativas à insolvência transnacional, culminando em 1997 na adoção da Lei Modelo pela UNCITRAL, que busca compatibilizar as teorias do universalismo e do territorialismo por meio do *universalismo modificado*.

---

15. Nos termos do Artigo 1º da Portaria n. 467, de 16 de Dezembro de 2016, o Ministro de Estado da Fazenda instituiu o GT *"com a finalidade de estudar, consolidar e propor medidas voltadas ao aprimoramento da Lei n. 11.101, de 9 de fevereiro de 2005, e de outros instrumentos legais associados aos temas recuperação e falência de empresas"*. O Artigo 2º da referida Portaria estabeleceu ainda que *"O Grupo de Trabalho contará com a participação de representantes do Ministério da Fazenda, do Banco Central do Brasil e de especialistas com notória especialização nos temas"*.

16. "Comissão das Nações Unidas para o Direito Comercial Internacional" em tradução livre.

17. SOUZA JR.; CAMPANA FILHO, 2012, p. 119-140.

18. Disponível em: http://documents.worldbank.org/curated/pt/518861467086038847/pdf/106399-WP-REVISED-PUBLIC-ICR-Principle-Final-Hyperlinks-revised-Latest.pdf. Acesso em: 19.08.2020.

A Lei Modelo da UNCITRAL é um instrumento de *soft* law[19] formado por dispositivos de natureza processual a serem adaptados e inseridos na lei de insolvência dos países que desejarem adotá-la, com sugestões de regras pragmáticas e claras para fomentar a cooperação entre juízes e autoridades judiciárias locais e estrangeiros, a segurança jurídica, a proteção e maximização do valor dos ativos do devedor, e também a preservação da empresa.

Com a internalização da Lei Modelo da UNCITRAL em seu ordenamento jurídico em 2005 por meio do *Chapter 15*, que revogou a *Section 304* do *US Bankruptcy Code*, os EUA seguem na vanguarda do direito das insolvências internacionais, com julgados cada vez mais aderentes à doutrina universalista[20]. Além disso, a previsibilidade e eficiência que o procedimento de reorganização de dívidas previsto no *Chapter 11* do *US Bankruptcy Code* proporciona às empresas para superar a crise e prosseguir com sua atividade econômica atraiu o interesse de companhias aéreas latino-americanas cuja operação foi fortemente afetada em razão da pandemia no primeiro semestre de 2020, como LATAM Airlines, Avianca Holdings e Aeromexico, que optaram por reestruturar suas dívidas nos EUA em detrimento da utilização dos processos de insolvência existentes no ordenamento jurídico de seus países.

5. PRESERVAÇÃO DA EMPRESA

A experiência internacional evidencia a existência de uma correlação entre o desenvolvimento do direito das insolvências transnacionais e o princípio da preservação da empresa[21], haja vista que, nas jurisdições cujas leis falimentares incentivam a recuperação e a reorganização da atividade em crise como alternativa à liquidação, verifica-se uma tendência de fortalecimento dos procedimentos de insolvência coletivos, com normas

---

19. "A *soft law* pode ser definida como um conjunto de normas (*standards* normativos) de categoria residual cujo escopo é criar vinculações exortatórias, em oposição clara às vinculações obrigatórias próprias da *hard law* criando, deste modo, uma expectativa de cumprimento baseada na autonomia da vontade e na boa-fé típica dos acordos convencionados cuja raiz é o mútuo consentimento." (GREGÓRIO, Fernando da Silva. Consequências sistêmicas da *soft law* para a evolução do direito internacional e o reforço da regulação global. Revista de Direito Constitucional e Internacional, v. 95, abril-junho 2016, p. 3).

20. "Thus, it is possible to say that recognition is a universalist feature of Chapter 15 since it creates a choice main forum mechanism and allows determining ex-ante which jurisdiction is responsible for administering the main proceeding. (...) The findings above also suggest that U.S. bankruptcy courts are not more likely to grant relief in cases where the foreign debtor's COMI is located in jurisdictions that have adopted the Model Law. As mentioned above, this factor was only expressly considered in one of the cases examined. Furthermore, the rate of relief is significantly high irrespective of the jurisdiction (and, therefore, the applicable bankruptcy regime) in which the debtor's COMI is located. As a consequence, reciprocity—with respect to the adoption of the Model Law—is likely to have little, if any, impact on the likelihood of denial of relief. The findings presented above provide additional support to the claim that the United States has adopted a truly modified universalist insolvency regime with respect to cross-border insolvencies." (CROCCO, Fabio Weinberg. When deference makes a difference: the role of U.S. Courts in cross-border bankruptcies. International Insolvency Institute: New York, 2019, p. 27; 59-60).

21. Sobre o princípio da preservação da empresa, importa ressaltar a posição do Professor Paulo Fernando Campos Salles de Toledo, defendida no artigo "A Reforma da Lei de Falências e a experiência do Direito Estrangeiro" (Revista do Advogado n. 36. São Paulo: AASP, 1992). Publicado no período em que se iniciavam as discussões sobre a necessidade de reforma do Decreto Lei 7661/45 que viriam a culminar na LRE, o artigo destaca que a preservação da atividade empresarial deveria ser a preocupação principal a nortear o legislador, pois as empresas devem ser preservadas sempre que possível e sempre que viáveis. (BEZERRA FILHO, Manoel Justino. Lei de Recuperação de Empresas e falências comentada, 11. ed., São Paulo: RT, 2016, p. 64).

de conexão internacional relativas à definição da competência, ao direito aplicável e à cooperação entre juízes e autoridades judiciárias das jurisdições envolvidas[22].

A aplicação prática do postulado da preservação da empresa e demais princípios ora mencionados é facilmente identificável nas normas que compõem o novel Capítulo VI-A da LRE. Ao estabelecer regras claras, e até então inexistentes, de cooperação internacional para a superação de crises financeiras de empresas multinacionais, o legislador preencheu uma importante lacuna do direito concursal vigente. Afinal, conforme os ensinamentos do Professor Paulo Toledo, *"os negócios cada vez mais ultrapassam os limites geográficos dos países e suas repercussões, no caso das crises empresariais, não se restringem a uma única jurisdição. Casos atuais de porte demonstram com eloquência a necessidade de suprir essa falta."*[23]

6. CONCLUSÃO E EXPECTATIVAS

Acredita-se que as mudanças implementadas pela reforma da LRE, com especial destaque para a introdução do Capítulo VI-A, aumentarão a segurança jurídica e a previsibilidade das relações comerciais, o que tende a fomentar o mercado de crédito e incentivar novos conglomerados empresariais multinacionais a operarem no mercado brasileiro.

DISPOSIÇÕES GERAIS – COMENTÁRIOS AOS ARTIGOS 167-A A 167-E, COM REFERÊNCIAS AOS DEMAIS ARTIGOS DO CAPÍTULO VI-A

Art. 167-A

Princípios. O Artigo 167-A traz nos incisos I a VI uma lista de princípios a serem observados nos processos de insolvência, dentre os quais merecem destaque a cooperação internacional entre juízes e autoridades brasileiros e estrangeiros, a segurança jurídica, a administração justa e eficiente dos processos, a maximização do valor e otimização da produtividade dos ativos do devedor, e a preservação da empresa. Esses princípios visam fomentar o desenvolvimento da atividade econômica e o investimento, bem como assegurar a proteção dos interesses dos credores, devedores e demais interessados[24], e refletem os termos do Preâmbulo da Lei Modelo da UNCITRAL – também positivados na *Section 1501 "a"* do *Chapter 15* do *US Bankruptcy Code*.

Rol exemplificativo de medidas de assistência. Os §§ 1º e 2º dispõem, respectivamente, sobre (i) a boa boa-fé na interpretação dos dispositivos do Capítulo VI-A e (ii) a não taxatividade das medidas de assistência transnacional, conferindo ao juízo brasileiro a flexibilidade necessária para apreciar e deferir eventuais solicitações feitas pelo

---

22. RECHSTEINER, 2005, p. 671-672.
23. TOLEDO, Paulo Fernando Campos Salles de. A necessária reforma da Lei de Recuperação de Empresas. Revista do Advogado, v. 131, p. 174-175. São Paulo: AASP, outubro de 2016.
24. Nesse sentido, o Artigo 167-W da LRE proíbe a entrega de qualquer ativo ou recurso financeiro ao falido enquanto houver passivo não satisfeito em algum processo falimentar transnacional (principal ou não-principal); na mesma linha, o processo falimentar transnacional principal só pode ser encerrado após o encerramento dos processos não-principais, ou a constatação de que inexistem ativos remanescentes nesses processos, conforme Artigo 167 -X.

6 • DA INSOLVÊNCIA TRANSNACIONAL

representante estrangeiro, ou pela autoridade estrangeira, que porventura existam no ordenamento jurídico de outros países, sem previsão equivalente no Brasil.

Hierarquia normativa e soberania Estatal. O Artigo 167-A, § 3º estabelece que as obrigações assumidas em tratados ou convenções internacionais em vigor no Brasil prevalecem sobre as disposições do Capítulo VI-A da Lei e, no mesmo sentido, o § 4º determina que o juiz brasileiro não deverá aplicar as normas do Capítulo VI-A, quando estas ofenderem as normas fundamentais que regem o Estado brasileiro ou configurarem manifesta ofensa à ordem pública.

Intervenção do Ministério Público. O Artigo 167-A, § 5º preconiza que o Ministério Público intervirá nos processos de insolvência transnacional, sendo este um dos comandos inseridos na LRE para o qual não existem correspondentes na Lei Modelo da UNCITRAL. Sobre o tema, Eronides dos Santos[25] destaca que a LRE admite a participação do Ministério Público nos processos de insolvência, conferindo-lhe atribuições cíveis e criminais e respeitando uma tradição do direito falimentar brasileiro, a qual remonta à época do Império.

Nas palavras do referido Promotor, *"Sendo, pois, da tradição do direito brasileiro a intervenção do Ministério Público sempre que houver interesse público, e uma vez que o legislador brasileiro reconheceu que a crise financeira da empresa traz em seu cerne vício econômico que o novo Direito Falimentar procura debelar, (...) nos casos de insolvência transfronteiriça a intervenção do Ministério Público se mostra obrigatória e em consonância com o sistema jurídico brasileiro (...)"[26].*

Competência do Superior Tribunal de Justiça (STJ) para homologação de sentenças estrangeiras. O § 6º do Artigo 167-A determina que as disposições do Capítulo VI-A da LRE deverão observar *"a competência do Superior Tribunal de Justiça prevista no art. 105, caput, inciso I, alínea "i", da Constituição Federal, quando cabível."* Respeitados os entendimentos em sentido contrário, acredita-se que a inclusão desse dispositivo na LRE tenha sido desnecessária. Nesse sentido, destaca-se que as normas de insolvência transnacional previstas no Capítulo VI-A já determinam que os juízes brasileiros competentes para apreciação dos pedidos de assistência internacional em processos de insolvência transnacional examinem o conteúdo de solicitações e decisões proferidas por juízes e autoridades de processos estrangeiros, bem como avaliem sua compatibilidade com o ordenamento jurídico brasileiro, antes de internalizá-las e aplicá-las em território nacional, nos termos dos §§3º e 4º do Artigo 167-A.

A nosso sentir, revela-se despicienda a homologação, pelo STJ, de pedidos de cooperação e assistência internacional, por exemplo no caso de uma autoridade estrangeira ou um representante estrangeiro solicitar assistência no Brasil para um processo estrangeiro, nos termos do Artigo 167-C, I. Ademais, em princípio todos os Artigos da Constituição Federal devem ser observados, *"quando cabível"*, o que reforça nosso posicionamento contrário à inclusão do § 6º do Artigo 167-A na LRE.

---

25. SANTOS, Eronides Aparecido Rodrigues dos. Insolvência Transfronteiriça. In BEZERRA FILHO, Manoel Justino; RIBEIRO, José Horácio Halfeld Rezende; WAISBERG, Ivo (orgs.). Temas de direito da insolvência – estudos em homenagem ao professor Manoel Justino Bezerra Filho. São Paulo: Editora IASP, 2017, p. 223-243.
26. SANTOS, 2017, p. 236.

Dessa forma, acredita-se que as regras e procedimentos previstos no Capítulo VI-A da LRE não se referem às hipóteses de homologação de sentenças estrangeiras ou concessão de *exequatur* a cartas rogatórias, e que a inclusão desse dispositivo na LRE pode dar ensejo a indesejados conflitos de jurisdição. Como exemplo, cabe destacar a recuperação judicial do *Grupo Oi*, na qual o juiz negou eficácia às decisões do Poder Judiciário holandês que decretaram a falência de duas subsidiárias do grupo constituídas naquele país, sob o argumento de que as sentenças estrangeiras deveriam ser homologadas pelo STJ para produzir efeitos no Brasil, sob pena de não gerarem nenhuma repercussão jurídica, fática ou prática antes disso[27]. Espera-se que situações como essa não mais ocorram após a reforma da LRE, mas a previsão do Artigo 167 -A, § 6º pode resultar em insegurança jurídica e disputas semelhantes à que ocorreu naquele processo.

Art. 167-B

Definições. Este artigo traz nos incisos I a III as definições dos procedimentos de insolvência transnacional, descrevendo os conceitos de processo estrangeiro, processo estrangeiro principal e processo estrangeiro não principal. Também inspiradas na Lei Modelo, os referidos incisos classificam como *processo estrangeiro principal* o procedimento de reorganização ou liquidação aberto na jurisdição em que estiver localizado o CIP do devedor e, por conseguinte, como *processo estrangeiro não principal* o procedimento de insolvência aberto em um país em que o devedor possuir bens ou estabelecimento, mas que não seja o seu centro de interesses principais. Os procedimentos para reconhecimento dos processos estrangeiros estão previstos na Seção III do Capítulo VI-A da LRE, composta pelos artigos 167-H a167-O.

Representante estrangeiro, autoridade estrangeira e estabelecimento. Os conceitos de representante estrangeiro, autoridade estrangeira e estabelecimento, positivados nos incisos IV a VI do Artigo 167-B, buscam conferir harmonia entre procedimentos de insolvência abertos nas diferentes jurisdições e no Brasil. Nesse sentido, é considerado "representante estrangeiro" apto a atuar no procedimento aberto no Brasil a pessoa ou órgão autorizado, no procedimento de insolvência estrangeiro, a administrar os bens e atividades do devedor, ou a atuar como seu representante.

O artigo 167-F confere ao representante estrangeiro legitimidade e acesso direto para atuar nos processos brasileiros, e estabelece as diretrizes e limites que nortearão a sua atuação. Essas regras estão alinhadas com as indicações da Lei Modelo da UNCITRAL[28] e do Banco Mundial[29], assim como em relação às regras positivadas na *Section* 1509[30] do *US*

---

27. Poder Judiciário do Estado do Rio de Janeiro. Sétima Vara Empresarial. Recuperação Judicial nº 0203711-65.2016.8.19.0001. Autor: Oi S.A. e outros. Interessados: China Development Bank Corporation e outros. Administrador Judicial: Escritório de Advocacia Arnoldo Wald. Relator: Juiz Doutor Fernando Cesar Ferreira Viana. Rio de Janeiro, 12.05.2017.

28. UNCITRAL Model-Law, Article 9: "A foreign representative is entitled to apply directly to a court in this State."

29. World Bank revised principles for effective insolvency (2011). Part C: Legal Framework for Insolvency, C15, (iii): "Key factors to effective handling of cross-border matters typically include foreign insolvency representatives to have access to courts and other relevant authorities."

30. US Bankruptcy Code, Section 1509: "A foreign representative may commence a case under section 1504 by filing directly with the court a petition for recognition of a foreign proceeding under section 1515. If the court grants recognition under section 1517, (...) the foreign representative has the capacity to sue and be sued in a court in

Bankruptcy Code, as quais possuem o objetivo precípuo de conferir maior autonomia aos representantes para participar diretamente dos processos de insolvência transnacional.

Da mesma forma, "autoridade estrangeira" corresponde ao juiz ou autoridade administrativa competente para dirigir o processo de insolvência aberto no exterior. As medidas de cooperação entre autoridades e representantes estrangeiros em processos concorrentes estão disciplinadas nos artigos 167-P a 167-Y, e o artigo 167-V traz um rol exemplificativo de informações relevantes que o juízo falimentar responsável por processo auxiliar deve prestar ao juízo do principal. Por fim, o conceito de "estabelecimento" corresponde ao local no qual o devedor desenvolve atividade econômica de natureza permanente, conforme inciso VI do Artigo 167-B.

Universalismo modificado. As definições dos termos *"representante estrangeiro"*, *"autoridade estrangeira"* e *"estabelecimento"* seguem os postulados do universalismo modificado, também chamado *universalismo* mitigado[31] ou ainda *pós*-universalismo[32], que consiste na abertura de um processo principal na jurisdição do CIP e de diversos outros processos de insolvência não principais nos locais em que o devedor possua bens ou credores[33]. No sistema universalista modificado, cabe ao juízo do CIP conduzir o processo de insolvência transnacional, ao passo que os juízos dos processos não principais devem prestar-lhe assistência mediante prévia análise de mérito sobre o conteúdo das decisões proferidas no processo, com vistas a garantir tratamento justo aos credores e respeito às políticas públicas e às regras de direito locais[34].

A evolução legislativa e jurisprudencial internacional das insolvências transnacionais demonstra que o universalismo modificado é o melhor sistema encontrado até o momento para garantir a proteção e maximização dos ativos do devedor e o tratamento justo aos credores, independentemente da sua nacionalidade ou domicílio, e simultaneamente para preservar a soberania Estatal e o respeito às políticas públicas e ao ordenamento jurídico interno dos países nos quais as empresas possuírem bens, estabelecimento ou credores.

Portanto, com base no universalismo modificado, o Capítulo VI-A na LRE insere no ordenamento jurídico brasileiro regras de convergência sobre insolvências transnacionais em nível global, que ultrapassam as fronteiras nacionais e estão baseadas em princípios compartilhados por todos os Estados[35], como ocorreu na criação da Lei

---

the United States; (…) may apply directly to a court in the United States for appropriate relief in that court; and a court in the United States shall grant comity or cooperation to the foreign representative."

31. SACRAMONE, Marcelo Barbosa. *Comentários à lei de recuperação de empresas e falência.* São Paulo: Saraiva Educação, 2018; BUCCI, 2014.

32. GUIMARÃES, Marcio Souza; SESTER, Peter. Insolvência Transnacional (*cross-border insolvency*) – o desafio brasileiro. Disponível desde 10.09.2017 em: http://www.editorajc.com.br/insolvencia-transnacional-cross-border-insolvency-o-desafio- brasileiro/. Acesso em 19.08.2020.

33. A legislação falimentar transfronteiriça deve projetar uma interface entre as leis de insolvência de diferentes países e prever a transferência do controle dos ativos locais ao juízo do processo principal estrangeiro, e a coordenação e reconhecimento desse processo estrangeiro por intermédio de processos locais. (SEIFE, Howard; VAZQUEZ, Francisco. Experiência transnacional de empresas brasileiras nos Estados Unidos e os benefícios da Lei Modelo. In ELIAS, Luis Vasco (Coord.). *10 anos da lei de recuperação de empresas e falências: reflexões sobre a reestruturação empresarial no Brasil.* São Paulo: Quartier Latin, 2015, p. 176-177).

34. BECUE, 2018, p. 24-25; 28.

35. BECUE, 2018, p. 118.

Modelo da UNCITRAL, do Regulamento (EC) 1346/2000 (reformulado pelo Regulamento (UE) 2015/848) no âmbito da União Europeia, e na inclusão do *Chapter 15* no *US Bankruptcy Code*.

Art. 167-C

Cabimento e Legitimidade. O Artigo 167-C elenca as situações que ensejam a aplicação dos comandos normativos descritos ao longo do Capítulo VI-A. De acordo com os incisos I e IV, deverão ser abertos processos de insolvência transnacional no Brasil quando uma autoridade estrangeira (ou um representante estrangeiro) solicitarem assistência no Brasil para um procedimento de reorganização ou liquidação aberto em outra jurisdição, ou quando credores ou outras partes interessadas estrangeiras requererem a abertura ou participação nos procedimentos de insolvência disciplinados na LRE.

Da mesma forma, as regras de insolvência transnacional são aplicáveis quando autoridades ou representantes brasileiros buscarem assistência, em outras jurisdições, para processos de insolvência abertos no Brasil, ou quando estiverem em curso, concomitantemente, procedimentos de insolvência abertos aqui e em uma ou mais jurisdições, relativos ao mesmo devedor, conforme disposto nos incisos II e III.

Art. 167-D

Competência e prevenção. No *caput* do Artigo 167-D, o legislador incluiu a necessidade de observância ao disposto no Artigo 3º da LRE para a definição do Juízo brasileiro competente para cooperação transnacional, com base na definição do CIP. Nesse sentido, a lei atribui ao juízo do local do principal estabelecimento do devedor no Brasil a competência para reconhecimento de processos estrangeiros e cooperação com autoridades estrangeiras. Os §§ 1º e 2º, por seu turno, estabelecem a abertura de pedidos de reconhecimento do processo estrangeiro, ou de processos de insolvência locais, como hipóteses de prevenção do juízo para futuros pedidos de abertura de procedimentos de insolvência do mesmo devedor.

Centro de Interesses Principais (CIP / CoMI). O Artigo 3º da LRE determina que o CIP é o local do principal estabelecimento da empresa, mas não especifica critérios objetivos para as situações em que mais de um estabelecimento possa ser considerado como principal em relação aos demais. Em outras palavras, no que tange à competência para julgar processos de insolvência locais, a lei brasileira não esclarece se o principal estabelecimento é o centro de tomada de decisões da empresa, ou o local em que se encontra a sua sede estatuária, ou se é o local qual a atividade econômica é desenvolvida, ou nos quais se situam a maioria dos credores ou dos bens da empresa[36].

---

36. *"Não há uma relação direta entre principal estabelecimento e qualquer tipo de atividade entre as diversas da empresa: administração, produção, venda, prestação de serviço etc.; numa empresa, o principal estabelecimento pode dedicar-se à administração, noutra, pode-se dedicar à venda, noutra, à produção. Não há uma fórmula para determiná-lo. Em cada caso, cabe ao Judiciário identificar qual é o estabelecimento que tem predominância sobre a estrutura empresarial. (...) É preciso debruçar-se sobre a estrutura da empresa (perspectiva estática) e, simultaneamente, sobre a atividade empresarial efetivamente verificada (perspectiva dinâmica) para identificar qual estabelecimento tem a predominância no âmbito das atividades da empresa, definindo o juízo daquela localidade como o competente para a recuperação judicial ou a falência da empresa."* (MAMEDE, Gladston. Falência e recuperação de empresas, 10 ed. São Paulo: Atlas, 2019, p. 25-26).

Para os processos de insolvência transnacional, o artigo 167-I, III faculta ao juiz considerar como CIP o país onde estiver situado o domicílio, no caso de devedores empresários individuais, ou a sede estatutária, no caso das sociedades. Trata-se, todavia, de presunção *juris tantum*, eis que admite prova em contrário no sentido de que principal estabelecimento do devedor está situado em local diverso daquele no qual sua sede está registrada.

Esse artigo assemelha-se às regras da Lei Modelo da UNCITRAL, que presumem o local da sede estatutária como CIP se ausente prova em contrário[37], e também às regras do Regulamento (UE) 2015/858[38], o qual admite essa mesma presunção relativa ao definir o CIP como o local em que o devedor regularmente administra seus interesses, presumível por terceiros e desde que a sede estatutária não tenha sido transferida para outro Estado-Membro da União Europeia, nos três meses anteriores ao pedido de abertura do processo de insolvência.

Na mesma linha, e com o objetivo de evitar o forum shopping, o artigo 167-J, § 2º determina que o processo estrangeiro seja reconhecido como não-principal se o CIP do devedor tiver sido transferido, ou de qualquer outra forma manipulado, com vistas a alterar a competência para abertura do processo de insolvência transnacional para outra jurisdição.

Jurisprudência. No Brasil, a ausência de disciplina normativa sobre insolvência transnacional antes da reforma levou a jurisprudência a admitir a reestruturação judicial de empresas estrangeiras que não possuem bens no território nacional, mas que foram criadas para funcionar como veículos financeiros e são controladas por grandes grupos empresariais sediados no país[39]. Por exemplo, em 2017 o Tribunal de Justiça do Estado do Rio de Janeiro (TJRJ) decidiu que a inclusão de três subsidiárias austríacas na recuperação judicial do grupo *Sete* Brasil[40] não constituiria violação à soberania da justiça austríaca, já que elas possuíam o principal estabelecimento no mesmo local da *holding* brasileira, e ainda considerando a premissa de que a jurisdição brasileira deve prevalecer sobre os bens sediados em território nacional e também sobre os créditos sujeitos à recuperação judicial em território nacional.

Por fim, há que se destacar uma possível alteração no posicionamento jurisprudencial até então vigente, a partir da reestruturação do grupo *Constellation*. Em março de

---

37. UNCITRAL Model Law, Article 16, item 3: "In the absence of proof to the contrary, the debtor's registered office, or habitual residence in the case of an individual, is presumed to be the centre of the debtor's main interests."

38. Regulamento (UE) 2015/858, Artigo 3º, 1: "Os órgãos jurisdicionais do Estado-Membro em cujo território está situado o centro dos interesses principais do devedor são competentes para abrir o processo de insolvência ("processo principal de insolvência"). O centro dos interesses principais é o local em que o devedor exerce habitualmente a administração dos seus interesses de forma habitual e cognoscível por terceiros. No caso de sociedades e pessoas coletivas, presume-se, até prova em contrário, que o centro dos interesses principais é o local da respetiva sede estatutária. Esta presunção só é aplicável se a sede estatutária não tiver sido transferida para outro Estado-Membro nos três meses anteriores ao pedido de abertura do processo de insolvência."

39. SACRAMONE, 2018, p.66-67.

40. Poder Judiciário do Estado do Rio de Janeiro. Vigésima Segunda Câmara Cível. Agravo de Instrumento nº 0034120-11.2016.8.19.0000. Agravante: Sete Brasil Participações S/A e Outras. Interessada: Seaworthy Investment GmbH. Relator: Desembargador Doutor Carlos Eduardo Moreira da Silva. Rio de Janeiro, 07.02.2017.

2019, o TJRJ decidiu excluir três subsidiárias estrangeiras[41] do polo ativo da recuperação judicial requerida por *Serviços de Petróleo Constellation S.A.* (atual denominação da *QGOG Constellation*) e outras dezessete empresas do grupo, das quais apenas quatro eram sediadas no Brasil. Ao julgar o recurso[42] interposto pelo Ministério Público do Estado do Rio de Janeiro e analisar os possíveis CIPs de cada uma das empresas integrantes do grupo, seguindo a jurisprudência dos EUA[43], o TJRJ decidiu que aquelas subsidiárias deveriam abrir processos de insolvência nas jurisdições dos países em que elas possuem patrimônio, tendo em vista que a jurisdição para a reestruturação do seu passivo não poderia ser determinada com base no CIP do grupo econômico da qual elas fazem parte.

Art. 167-E

Representante do processo brasileiro em insolvências estrangeiras. O Artigo 167-E dispõe sobre as autorizações legais concedidas ao devedor para atuarem como representantes do processo brasileiro em processos de insolvência estrangeiros, sem a necessidade de prévia autorização judicial e bastando apenas que essa atuação não seja vedada pelo ordenamento jurídico do país em que tramitam tais processos. Nos casos de recuperação judicial e extrajudicial cabe ao administrador judicial exercer a referida representatividade, ao passo que o administrador judicial goza dessa prerrogativa apenas nos processos de falência, o que se justifica em razão do fato de que, na falência, o devedor é afastado de suas atividades e o administrador judicial assume a representação judicial da massa falida, devendo praticar todos os atos necessários à realização do ativo e pagamento dos credores, conforme artigos 75 e 22 da LRE.

---

41. Olinda Star Ltd. e Lancaster Projects Corp foram constituídas nas Ilhas Virgens Britânicas, e Arazi S.A.R.L. em Luxemburgo.
42. Poder Judiciário do Estado do Rio de Janeiro. Décima Sexta Câmara Cível. Agravo de Instrumento nº 0070417-46.2018.8.19.0000. Agravante: Ministério Público do Estado do Rio de Janeiro. Agravados: Serviços de Petróleo Constellation S.A. - em Recuperação Judicial e outros. Relator: Desembargador Doutor Eduardo Gusmão Alves de Brito Neto. Rio de Janeiro, 26.03.2019.
43. "U.S. bankruptcy courts make COMI inquiries for each debtor entity rather than for collective corporate groups. See In re Oi Brasil 578 B.R. at 206. Cross-border insolvencies involving enterprise groups or groups of companies can involve complex issues, including concerning the determination of the COMI of each entity involved." (CROCCO, 2019, p. 26).

7
REALIZAÇÃO DO ATIVO
E FALÊNCIA FRUSTRADA

Maicon de Abreu Heise

Especialista em Direito Empresarial pela Escola Paulista da Magistratura, Advogado, Administrador Judicial, sócio da AJ1 Administração Judicial Ltda.

Sumário: 1. Disposições esparsas. 2. Da realização do ativo. 3. Falência frustrada. 4. Referências.

1. DISPOSIÇÕES ESPARSAS

A Lei Falimentar passou a estabelecer o prazo máximo para a alienação dos bens, determinando que o administrador judicial proceda à venda de todos os bens da massa falida no prazo máximo de 180 (cento e oitenta) dias a contar da juntada do auto de arrecadação[1], sob pena de destituição, salvo impossibilidade fundamentada e reconhecida judicialmente.

Para Fabio Ulhôa Coelho, a missão do administrador judicial na falência "consiste em procurar maximizar o resultado da realização do ativo. Quanto mais dinheiro ingressar na conta da massa falida em função da cobrança dos devedores e venda dos bens do falido, maiores serão os recursos disponíveis para o pagamento dos credores."[2]

A intenção do legislador merece elogios. Contudo, é sabido que a alienação efetiva de qualquer ativo é precedida de alguns procedimentos, como avaliação, confecção e publicação de edital. Quando a avaliação do ativo depender da contratação de perito, a depender de sua complexidade, dependerá de autorização do Juízo. O laudo de avaliação será juntado aos autos e poderá ser impugnado, ocasião em que a controvérsia será decidida pelo magistrado. A escolha do leiloeiro, a quem também incumbirá a confecção e publicação do edital em meios de comunicação, também depende de autorização. A publicação do edital na imprensa oficial também requer a utilização da estrutura do Poder Judiciário. Todo esse procedimento perante o Judiciário traz transparência e maior segurança para os envolvidos, na medida em que o controle judicial mantém a lisura dos atos, mas também despende tempo.

Após esse trâmite, e ainda que a primeira chamada do leilão ocorra em pouco tempo, é pouco provável que tenham interessados em arrematar os bens pelo preço da

---

1. O inciso IV do § 2º-A do artigo 142 estabelece que a alienação dos ativos deverá ocorrer em 180 (cento e oitenta) dias a contar da lavratura do auto de arrecadação, e não da sua juntada aos autos.
2. *Comentários à lei de falências e de recuperação de empresas.* 9. ed. São Paulo: Saraiva, 2013. p. 76.

avaliação. Somente após 15 (quinze) dias da primeira chamada é que ocorrerá a segunda chamada, cujos lances iniciais serão de 50% (cinquenta por cento) do valor da avaliação. Em terceira chamada, após 15 (quinze) dias da segunda chamada, os bens poderão ser alienados por qualquer preço.

O que a lei determina é que todo o procedimento entre a juntada do auto de arrecadação, passando pela contratação de perito avaliador, juntada do laudo de avaliação, impugnações sobre a avaliação, contratação de leiloeiro, confecção e publicação de edital, inclusive na imprensa oficial, e efetiva alienação em 3 (três) chamadas, ocorra em 6 meses.

> Art. 99. A sentença que decretar a falência do devedor, dentre outras determinações:
>
> (...) § 3º Após decretada a quebra ou convolada a recuperação judicial em falência, o administrador deverá, no prazo de até 60 (sessenta) dias, contado do termo de nomeação, apresentar, para apreciação do juiz, plano detalhado de realização dos ativos, inclusive com a estimativa de tempo não superior a 180 (cento e oitenta) dias a partir da juntada de cada auto de arrecadação, na forma do inciso III do caput do art. 22 desta Lei.

Após a decretação da quebra ou convolação da recuperação em falência, o projeto determina que o administrador judicial apresente em até 60 (sessenta) dias da sua nomeação, um plano detalhado para realização dos ativos, a qual deverá ocorrer dentro dos 180 (cento e oitenta) dias previstos no artigo 22, III, "j".

O plano de realização de ativos foi introduzido na reforma da legislação falimentar e certamente trará maior transparência e controle sobre os atos de alienação, além de fomentar a criação de iniciativas para uma rápida venda dos bens da massa e o consequente rateio entre os credores. O administrador judicial poderá contar com consultores e outros profissionais, visando estabelecer os parâmetros de alienação.

O plano deverá prever se há necessidade de contratação de avaliador, indicação de leiloeiro, publicidade do edital de leilão, não só na imprensa oficial e em jornais, mas também em mídia eletrônica e poderá contar com o auxílio de corretores e consultores, a depender do ativo a ser alienado. Também deverá descrever a forma (todos estabelecimentos em conjunto; filiais ou unidades de produção isoladamente; bens individualmente considerados) e a modalidade (presencial, virtual, híbrido; processo competitivo; ou outra modalidade alternativa).

É imprescindível que a realização de ativos tenha um cronograma detalhado sobre cada etapa do procedimento, com prazo máximo de 180 (cento e oitenta) dias, a fim de que as partes interessadas (Magistrado, Ministério Público, credores e falido) possam exercer maior controle sobre os atos do administrador judicial.

Em anexo ao plano deverá constar o procedimento detalhado do processo competitivo organizado e promovido por agente especializado (artigo 142, caput, IV) caso seja essa opção da alienação.

2. DA REALIZAÇÃO DO ATIVO

> Art. 139. Logo após a arrecadação dos bens, com a juntada do respectivo auto ao processo de falência, será iniciada a realização do ativo.

A realização do ativo consiste na alienação dos bens arrecadados da massa falida para o posterior rateio entre os credores de acordo com a ordem de classificação de crédito. Ou seja, é a "conversão em dinheiro dos bens arrecadados para pagamento do passivo."[3]

O grande objetivo da realização do ativo, e talvez aí se encontre a maior dificuldade, é alienar os bens arrecadados no menor tempo possível, obtendo o maior valor ofertado, com o máximo proveito aos credores.

> Art. 140. A alienação dos bens será realizada de uma das seguintes formas, observada a seguinte ordem de preferência:
>
> I – alienação da empresa, com a venda de seus estabelecimentos em bloco;
>
> II – alienação da empresa, com a venda de suas filiais ou unidades produtivas isoladamente;
>
> III – alienação em bloco dos bens que integram cada um dos estabelecimentos do devedor;
>
> IV – alienação dos bens individualmente considerados.
>
> § 1º Se convier à realização do ativo, ou em razão de oportunidade, podem ser adotadas mais de uma forma de alienação.
>
> § 2º A realização do ativo terá início independentemente da formação do quadro-geral de credores.
>
> § 3º A alienação da empresa terá por objeto o conjunto de determinados bens necessários à operação rentável da unidade de produção, que poderá compreender a transferência de contratos específicos.
>
> § 4º Nas transmissões de bens alienados na forma deste artigo que dependam de registro público, a este servirá como título aquisitivo suficiente o mandado judicial respectivo.

O legislador adotou como formas de alienação do ativo, de acordo com a ordem de preferência, a (i) alienação da empresa, com a venda de seus estabelecimentos em bloco; (ii) alienação da empresa, com a venda de suas filiais ou unidades produtivas isoladamente; (iii) alienação em bloco dos bens que integram cada um dos estabelecimentos do devedor; e (iv) alienação dos bens individualmente considerados.

A razão pela ordem de preferência se justifica com a possibilidade de obter uma venda rápida pelo melhor valor de todos os bens coletivamente considerados, ao invés de se alienar item por item do estabelecimento empresarial. Busca-se um melhor custo-benefício com a alienação em bloco de todos os estabelecimentos, ou, no dizer de Alfredo de Assis Gonçalves Neto: "Tem-se a clara intenção do legislador, em diversas passagens, de aproveitar o aviamento empresarial, isto é, a aptidão do conjunto de bens destinados ao exercício da empresa para a produção de resultados lucrativos com a indicação da venda englobada deles em caráter prioritário."[4]

Caso não seja possível a alienação de todos os estabelecimentos em conjunto, busca-se a venda das filiais ou das unidades produtivas isoladamente. Após, a opção é a venda em bloco dos bens que integram cada um dos estabelecimentos empresariais

---

3. VALVERDE, Trajano de Miranda. *Comentários à lei de falências*: decreto-lei 7.661, 21 de junho de 1945 – v 3. Rio de Janeiro: Forense, 1955, p. 166.
4. GONÇALVES NETO, Alfredo de Assis. Administração da falência, realização do ativo e pagamento dos credores. In: SANTOS, Paulo Penava (Coord.) A nova lei de falências e de recuperação de empresas – Lei n. 11.101/05. Rio de Janeiro: Forense, 2006, p. 263.

e, por fim, a alienação de cada bem individualmente considerados, o que certamente demandará mais tempo e reduzirá o seu valor intrínseco.[5]

Determinadas situações podem justificar a adoção de mais de uma forma de alienação, de acordo com a conveniência ou oportunidade, cabendo ao administrador judicial justificar tal adoção no seu plano de realização de ativos.

A realização do ativo terá início independentemente da formação do quadro-geral de credores. Tal disposição foi uma novidade introduzida pela Lei 11.101/05, já que o revogado DL 7.661/45 dispunha que a liquidação dos bens ocorreria somente após a consolidação do quadro-geral de credores[6]. Era autorizada apenas a venda antecipada de bens perecíveis.[7] A justificativa para que os bens fossem alienados somente após a consolidação do quadro-geral de credores é que, nesse interregno, o devedor poderia impetrar a concordata suspensiva.

O legislador buscou de forma sábia alienar em conjunto todos os bens necessários à operação da empresa, possibilitando inclusive a transferência de contratos específicos.

Conforme ensina Daniel K. Goldberg em comentários à Lei 11.101/05, cujo raciocínio se mantém vigente: "a ideia é preservar ativos que valem mais em conjunto e em operação (*going concern*) do que isoladamente. E a nova disposição legal tenta, justamente, criar para credores e devedor os incentivos apropriados para identificar situações em que isso ocorre."[8]

A respeito do *going concern*, Paulo Fernando Campos Salles de Toledo explica que: "A empresa não é apenas um conjunto de bens e pessoas, é mais do que isso, ela tem em si, em funcionamento, em atividade, um agregado imponderável que lhe dá um valor a mais específico, próprio e efetivo."[9]

Caso a transferência de domínio do bem alienado dependa de registro público, o mandado judicial relativo à alienação do bem servirá como documento apto a realizar a transmissão da propriedade perante o órgão competente.

> Art. 141. Na alienação conjunta ou separada de ativos, inclusive da empresa ou de suas filiais, promovida sob qualquer das modalidades de que trata o artigo 142:

---

5. Fabio Ulhôa Coelho destaca que: "a demora na realização do ativo representa um desastre para a comunidade dos credores. É extremamente difícil e cara a adequada fiscalização e conservação dos bens do falido. Quando não são roubados, os bens se deterioram pela falta de manutenção." Comentários à lei de falência..., p. 295.

6. "No regime do Decreto-Lei 7.661/45 detectavam-se duas fases bem distintas do processo falimentar: o período de informação e o período de liquidação. Na primeira, implementavam-se as formações das massas objetiva (ativa) e subjetiva (passiva), procedendo-se aos atos de arrecadação do patrimônio do devedor insolvente e de apuração de seus débitos; na segunda, o ativo definido seria liquidado para satisfação do passivo falimentar, realizando-se os atos de conversão desse patrimônio arrecadado em valores, tendentes ao pagamento dos credores concorrentes." (CAMPINHO, Sérgio, Falência e recuperação de empresa – O novo regime da insolvência empresarial, 6ª ed. rev. e atua., Rio de Janeiro: Renovar, 2012, p.435).

7. Decreto Lei 7.661/1945 – art. 73: Havendo entre os bens arrecadados alguns de fácil deterioração ou que se não possam guardar sem risco ou grande despesa, o síndico, mediante petição fundamentada, representará ao juiz sobre a necessidade da sua venda, individuando os bens a serem vendidos.

8. GOLDBERG, Daniel K. Notas sobre a nova lei de recuperação de empresas e sua racionalidade econômica. In: WALD, Arnoldo (Org.). *Doutrinas essenciais de direito empresarial*: Recuperação empresarial e falência. v. VI. São Paulo: Ed. RT, 2011. p. 348.

9. TOLEDO, Paulo F. Campos Salles de. A Reforma da Lei de Falências e a experiência do Direito Estrangeiro. *Revista do Advogado* n. 36. São Paulo: AASP, 1992. p.84.

7 • REALIZAÇÃO DO ATIVO E FALÊNCIA FRUSTRADA

I – todos os credores, observada a ordem de preferência definida no art. 83 desta Lei, sub-rogam-se no produto da realização do ativo;

II – o objeto da alienação estará livre de qualquer ônus e não haverá sucessão do arrematante nas obrigações do devedor, inclusive as de natureza tributária, as derivadas da legislação do trabalho e as decorrentes de acidentes de trabalho.

§ 1º O disposto no inciso II do *caput* deste artigo não se aplica quando o arrematante for:

I – sócio da sociedade falida, ou sociedade controlada pelo falido;

II – parente, em linha reta ou colateral até o 4º (quarto) grau, consanguíneo ou afim, do falido ou de sócio da sociedade falida; ou

III – identificado como agente do falido com o objetivo de fraudar a sucessão.

§ 2º Empregados do devedor contratados pelo arrematante serão admitidos mediante novos contratos de trabalho e o arrematante não responde por obrigações decorrentes do contrato anterior.

§ 3º A alienação nas modalidades de que trata o art. 142 desta Lei poderá ser realizada com compartilhamento de custos operacionais por 2 (duas) ou mais empresas em situação falimentar.

Na alienação dos ativos, todos os credores ficam sub-rogados no produto da alienação, obedecida a ordem de preferência não só do artigo 83, mas também dos créditos prioritários (artigo 151), por restituição (artigo 85) e extraconcursais (artigo 84). Ela é realizada sem qualquer ônus e não haverá sucessão do arrematante nas obrigações do devedor, inclusive de natureza tributária e trabalhista.[10]

Rubens Requião já afirmava que a alienação dos ativos, "seja por leilão público ou propostas, seja por constituição de nova sociedade pelos credores, ou cessão, não importa a transferência de seus ônus para o adquirente. Surgirá sempre novo empresário que encetará, pela sua atividade, nova empresa".[11]

As exceções a esta regra de não sucessão ocorrem nas hipóteses do arrematante for: (i) sócio da sociedade falida, ou sociedade controlada pelo falido; (ii) parente, em linha reta ou colateral até o 4º (quarto) grau, consanguíneo ou afim, do falido ou de sócio da sociedade falida; ou (iii) identificado como agente do falido com o objetivo de fraudar a sucessão.

Fabio Ulhôa Coelho adverte que "a lei não pode ignorar as fraudes que a negativa expressa de sucessão pode abrigar. O controlador da sociedade falida pode, por interpostas pessoas, adquirir a mesma empresa que anteriormente explorava, liberando-se da obrigação de pagar o passivo."[12]

---

10. O Supremo Tribunal Federal já decidiu pela constitucionalidade do artigo 141, II na ADI 3934, conforme ementa: "Ação direta de inconstitucionalidade. Artigos 60, parágrafo único, 83, I e IV, *c*, e 141, II, da Lei 11.101/2005. Falência e recuperação judicial. Inexistência de ofensa aos artigos 1º, III e IV, 6º, 7º, I, e 170, da Constituição Federal de 1988. ADI julgada improcedente. I – Inexiste reserva constitucional de lei complementar para a execução dos créditos trabalhistas decorrente de falência ou recuperação judicial. II – Não há, também, inconstitucionalidade quanto à ausência de sucessão de créditos trabalhistas. III – Igualmente não existe ofensa à Constituição no tocante ao limite de conversão de créditos trabalhistas em quirografários. IV – Diploma legal que objetiva prestigiar a função social da empresa e assegurar, tanto quanto possível, a preservação dos postos de trabalho. V – Ação direta julgada improcedente. (ADI 3934, Relator: Min. RICARDO LEWANDOWSKI, Tribunal Pleno, julgado em 27.05.2009, DJ 06.11.2009).

11. *Curso de Direito Falimentar.* 16. ed. São Paulo: Saraiva, 1998, v. II. p. 373.

12. Op. cit. p. 298.

À redação original do artigo 141 foi acrescentado o parágrafo 3º, estabelecendo que os custos operacionais das alienações poderão ser compartilhados por duas ou mais empresas em situação falimentar, possibilitando a redução dos custos. Tal medida traz maior eficiência na alienação dos bens da massa falida na medida que os custos poderão ser arcados por duas ou mais empresas em situação falimentar.

Art. 142. A alienação de bens se dará por:

I – leilão eletrônico, presencial ou híbrido;

II – (revogado);

III – (revogado);

IV - processo competitivo organizado promovido por agente especializado e de reputação ilibada, cujo procedimento deverá ser detalhado em relatório anexo ao plano de realização do ativo ou ao plano de recuperação judicial, conforme o caso;

V - qualquer outra modalidade, desde que aprovada nos termos desta Lei.

§ 1º (revogado).

§ 2º (revogado).

§ 2º-A. A alienação de que trata o *caput* deste artigo:

I – dar-se-á independentemente de a conjuntura do mercado no momento da venda ser favorável ou desfavorável, dado o caráter forçado da venda;

II - independerá da consolidação do quadro-geral de credores;

III – poderá contar com serviços de terceiros como consultores, corretores e leiloeiros;

IV –deverá ocorrer no prazo máximo de 180 (cento e oitenta) dias, contado da data da lavratura do auto de arrecadação, no caso de falência;

V – não estará sujeita à aplicação do conceito de preço vil.

§ 3º Ao leilão eletrônico, presencial ou híbrido aplicam-se, no que couber, as regras da Lei nº 13.105, de 16 de março de 2015 (Código de Processo Civil).

§ 3º-A. A alienação por leilão eletrônico, presencial ou híbrido dar-se-á:

I – em primeira chamada, no mínimo pelo valor de avaliação do bem;

II – em segunda chamada, dentro de 15 (quinze) dias, contados da primeira chamada, por no mínimo 50% (cinquenta por cento) do valor de avaliação; e

III – em terceira chamada, dentro de 15 (quinze) dias, contados da segunda chamada, por qualquer preço.

§ 3º-B. A alienação prevista nos incisos IV e V do *caput* deste artigo, conforme disposições específicas desta Lei, observará o seguinte:

I – será aprovada pela assembleia de credores;

II – decorrerá de disposição de plano de recuperação judicial aprovado; ou

III – deverá ser aprovada pelo Juiz, considerada a manifestação do administrador judicial e do Comitê de Credores, se existente.

§ 4º (revogado).

§ 5º (revogado).

§ 6º (revogado).

§ 7º Em qualquer modalidade de alienação, o Ministério Público e as Fazendas Públicas serão intimados por meio eletrônico, nos termos da legislação vigente e respeitadas as respectivas prerrogativas funcionais, sob pena de nulidade.

§ 8º Todas as formas de alienação de bens realizadas de acordo com esta Lei serão consideradas, para todos os fins e efeitos, alienações judiciais.

O artigo 142 traz grande inovação quanto às modalidades de alienação, estabelecendo as seguintes: (a) leilão eletrônico[13], presencial ou híbrido; (b) processo competitivo organizado e promovido por agente especializado e de reputação ilibada, cujo procedimento será detalhado em relatório anexo ao plano de realização de ativo; ou (c) outra modalidade, desde que aprovada nos termos estabelecidos na Lei Falimentar.

A modalidade de leilão eletrônico, presencial ou híbrido é, a partir de agora, a regra. Já o processo competitivo ou outra modalidade de alienação deverão ser aprovados pela assembleia geral de credores, decorrerá de disposição do plano de realização do ativo apresentado pelo administrador judicial e deverá ser aprovada pelo Juiz levando em conta a manifestação do comitê de credores, caso existente.

No sistema de insolvência de Portugal é conferido ao administrador da insolvência o poder de escolher a melhor modalidade de alienação. Contudo, como observa Alexandre de Soveral Martins, "O valor a obter em troca e os custos envolvidos em cada uma das modalidades devem ser tidos em conta".[14]

Outra novidade importante foi estabelecer que a alienação dos bens ocorrerá de forma a considerar o caráter forçado da venda, independente da conjuntura do mercado no momento da alienação ser favorável ou não. A alienação poderá contar com serviços de terceiros como consultores, corretores e leiloeiros, ocorrerá no prazo de cento e oitenta dias e não se sujeita à aplicação do conceito de preço vil.

A realização do ativo terá início logo após a arrecadação dos bens, descartando de vez o procedimento que era regulado pelo Decreto-Lei 7.661/45, segundo o qual a realização do ativo somente poderia ter início após a publicação do quadro geral de credores.[15]

Na hipótese de alienação por leilão eletrônico ou presencial, os bens irão à venda em primeira chamada, pelo valor de avaliação do bem. Em segunda chamada, no prazo de quinze dias, contado a partir da primeira chamada, por cinquenta por cento do valor de avaliação do bem e em terceira chamada, no prazo de quinze dias, contado a partir da segunda chamada, por qualquer preço.

Desta forma, estabeleceu-se um prazo para a alienação dos bens e o valor ofertado não poderá ser considerado preço vil tendo em vista o caráter extraordinário e obrigatório da venda.

A celeridade da alienação dos ativos se faz necessária para evitar a deterioração ou desvalorização dos bens. Não se ignora que a precificação de determinados bens pode ser alterada de acordo com as circunstâncias do mercado, fazendo com que seja interessante

---

13. Curioso foi o Parecer 534/2004 ao então projeto da Lei 11.101/05, o qual dispôs de forma contrária ao leilão pela rede mundial de computadores: "A Emenda 141 deve ser rejeitada, pois, apesar da boa intenção, não disciplina de que forma o "leilão pela rede mundial de computadores" se processaria. Para a análise da questão, seria necessário fixar as regras de operação de tais leilões, inclusive sob o aspecto da segurança, para evitar que haja espaço para fraudes ou confusões".

14. A liquidação do ativo na Falência, in LUCCA, Newton de; VASCONCELOS, Miguel Pestana de (Coord.), Insolvência e Recuperação de Empresas – estudos Luso-Brasileiros, São Paulo: Quartier Latin, 2015. p. 427.

15. Cf. artigo 114 do revogado Decreto-Lei 7.661/45: "Art. 114. Apresentado o relatório do síndico (art. 63, n. XIX), se o falido não pedir concordata, dentro do prazo a que se refere o art. 178, ou se a que tiver pedido lhe for negado, o síndico, nas quarenta e oito horas seguintes, comunicará aos interessados, por aviso publicado no órgão oficial, que iniciará a realização do ativo e o pagamento do passivo".

aguardar a melhora da conjuntura econômica para alienar alguns bens. Contudo, a ausência ou impossibilidade de previsão das circunstâncias mercadológicas torna incerto o aumento do preço pelos bens, levando a crer que a melhor solução para os credores é receber o valor atingido pela oferta do ativo o quanto antes.

Há vários estudos internacionais sobre os custos da falência e a maneira como eles consomem os ativos da empresa devedora, prejudicando o ressarcimento, ainda que precário, aos credores[16].

Nesse sentido, o então projeto da atual Lei de Recuperação de Empresas e Falências (Lei 11.101/2005), quando teve seu trâmite concluído no Senado Federal, trouxe como princípio na sua exposição de motivos de relatoria do Senador Ramez Tebet a maximização do valor dos ativos do falido, esclarecendo que: "a lei deve estabelecer normas e mecanismos que assegurem a obtenção do máximo valor possível pelos ativos do falido, evitando a deterioração provocada pela demora excessiva do processo e priorizando a venda da empresa em bloco, para evitar a perda dos intangíveis. Desse modo, não só se protegem os interesses dos credores de sociedades e empresários insolventes, que têm por isso sua garantia aumentada mas também diminui-se o risco das transações econômicas, o que gera eficiência e aumento da riqueza geral."[17]

O Banco Mundial quando elaborou o guia de princípios para as legislações de insolvência dos países em desenvolvimento no ano de 2001 já estabeleceu a maximização dos ativos como elemento essencial do procedimento de liquidação de empresas em crise, prescrevendo que: "Maximizing asset values. Maximizing asset values is a crucial objective of the insolvency process".[18]

As formas de alienação mantêm coerência com o princípio da otimização e maximização dos ativos e está diretamente relacionada à racionalidade econômica da eficiência na alocação dos ativos.

Em quaisquer modalidades de alienação, deverão ser intimados por meio eletrônico o Ministério Público e as Fazendas Públicas, sob pena de nulidade.

Tendo em vista o princípio da maximização do valor dos ativos visando sempre a liquidação eficiente, sobretudo para que os credores possam ser contemplados, na medida das disponibilidades da massa, com uma fatia maior no rateio, talvez seja tempo de se rediscutir o valor da remuneração do leiloeiro.

A atividade de leiloeiro é regulada pelo Decreto nº. 21.981 de 19 de outubro de 1932, e estabelece que os compradores pagarão obrigatoriamente cinco por cento sobre quaisquer bens arrematados[19].

---

16. BRIS, A.; WELCH, I.; ZHU, N. The cost of bankruptcy: chapter 7 liquidation vs. chapter 11 reorganization. The Journal of Finance, LXI, n. 3, 2006, p. 1253-1303. Disponível em: https://onlinelibrary.wiley.com/doi/pdf/10.1111/j.1540-6261.2006.00872.x.

17. SENADO FEDERAL. Parecer 534/2004 – Sen. Ramez Tebet.

18. THE WORLD BANK. Principles and Guidelines for Effective Insolvency And Creditor Rights Systems. April 2001.

19. Art. 24. A taxa da comissão dos leiloeiros será regulada por convenção escrita que, sobre todos ou alguns dos efeitos a vender, eles estabelecerem com os comitentes. Em falta de estipulação prévia, regulará a taxa de 5% (cinco por cento), sobre moveis, mercadorias, joias e outros efeitos e a de 3 % (três por cento), sobre bens imóveis de qualquer natureza. (Redação dada pelo Decreto 22.427, de 1933).

Parágrafo único. Os compradores pagarão obrigatoriamente cinco por cento sobre quaisquer bens arrematados

Não se ignora a importância do serviço do leiloeiro. Contudo, a sua remuneração chega a ser superior de toda a remuneração paga ao administrador judicial – limitada a 5% sobre o valor dos ativos arrecadados – que acompanha com absoluta responsabilidade todo o processo falimentar desde a sentença de quebra até o formal encerramento.

A regulamentação da profissão de leiloeiro, por ter sido redigida no século passado, não se coaduna mais com os princípios que norteiam o procedimento de liquidação.

Ademais, como a alienação poderá contar com serviços de terceiros, como consultores e corretores, e não só do leiloeiro, talvez esteja aí a oportunidade para se debater sobre a remuneração desses profissionais ou, até mesmo, de se atribuir outras funções como a do depósito, remoção e guarda dos bens arrecadados.

> Art. 143. Em qualquer das modalidades de alienação referidas no art. 142 desta Lei, poderão ser apresentadas impugnações por quaisquer credores, pelo devedor ou pelo Ministério Público, no prazo de 48 (quarenta e oito) horas da arrematação, hipótese em que os autos serão conclusos ao juiz, que, no prazo de 5 (cinco) dias, decidirá sobre as impugnações e, julgando-as improcedentes, ordenará a entrega dos bens ao arrematante, respeitadas as condições estabelecidas no edital.
>
> § 1º Impugnações baseadas no valor de venda do bem somente serão recebidas se acompanhadas de oferta firme do impugnante ou de terceiro para aquisição do bem, respeitados os termos do edital, por valor presente superior ao valor de venda, e de depósito caucionário equivalente a 10% (dez por cento) do valor oferecido.
>
> § 2º A oferta de que trata o § 1º deste artigo vincula o impugnante e o terceiro ofertante como se arrematantes fossem.
>
> § 3º Se houver mais de uma impugnação baseada no valor de venda do bem, somente terá seguimento aquela que tiver o maior valor presente entre elas.
>
> § 4º A suscitação infundada de vício na alienação pelo impugnante será considerada ato atentatório à dignidade da justiça e sujeitará o suscitante à reparação dos prejuízos causados e às penas previstas na Lei 13.105, de 16 de março de 2015 (Código de Processo Civil), para comportamentos análogos.

Foram acrescentados os §§ 1º ao 4º à redação original da Lei 11.101/05, os quais tratam das impugnações à alienação dos ativos.

Nesse sentido, as impugnações à alienação deverão ser apresentadas no prazo de 48 horas contadas da arrematação e poderão ser apresentadas pelos credores, pelo devedor ou pelo Ministério Público.

Caso as impugnações versem sobre o valor de venda do bem, somente serão recebidas se acompanhadas de oferta firme, do impugnante ou de terceiro, para aquisição do bem, respeitados os termos do edital, por valor presente superior ao valor de venda e de depósito caucionário equivalente a dez por cento do valor oferecido. Na hipótese de duas ou mais impugnações relativas ao preço do bem, somente terá seguimento a que tiver maior valor.

Por outro lado, a suscitação manifestamente infundada de vício à alienação será considerada ato atentatório à justiça e sujeitará o impugnante à reparação dos danos.

Já era tempo de se criar um mecanismo que evite a apresentação de impugnações descabidas, que só atrasam o andamento do feito uma vez que, até o seu julgamento, o produto da alienação não pode ser usado para o rateio aos credores. Ademais, como já exposto anteriormente, toda demora no procedimento de liquidação acarreta na perda de valor do ativo.

> Art. 144. Havendo motivos justificados, o juiz poderá autorizar, mediante requerimento fundamentado do administrador judicial ou do Comitê, modalidades de alienação judicial diversas das previstas no art. 142 desta Lei.

Além do leilão (eletrônico, presencial ou híbrido) e do processo competitivo organizado, é possível que se tenha outras modalidades de alienação do ativo, desde que sejam justificadas por questões mercadológicas ou econômicas.[20] Para tanto, é preciso autorização judicial mediante requerimento justificado e devidamente fundamentado do administrador judicial ou do comitê de credores.

Marcelo Barbosa Sacramone adverte, porém, que a modalidade alternativa de alienação deverá obedecer à ordem de preferência legal de pagamento aos credores.[21]

> Art. 144-A. Na hipótese de insucesso na venda, se não houver proposta concreta dos credores em assumi-la, os bens da massa poderão ser considerados sem valor de mercado e destinados à doação.
>
> Parágrafo único. Não havendo interessados na doação, os bens serão devolvidos ao falido.

Outra norma que traz maior celeridade ao procedimento é a do artigo 144-A, segundo a qual, no caso de insucesso da venda, sem proposta concreta dos credores em assumi-la, os bens da massa serão considerados sem valor de mercado e poderão ser doados. Não havendo interessados na doação, os bens serão devolvidos ao falido.

A autorização para a doação dos bens foi positivada com a reforma da Lei de Recuperação de Empresas e Falências. Contudo, a jurisprudência já adotava tal prática, sobretudo quando os bens apresentavam condições precárias.[22]

Tal medida visa acelerar a fase de liquidação dos ativos, evitando-se que as falências se prolonguem demasiadamente com sucessivos leilões infrutíferos, o que acaba por gerar mais ônus para a massa.

---

20. Ricardo Bernardi cita um exemplo didático: "Exemplificativamente, imagine-se que, antes da designação do leilão pelo juiz, o administrador judicial receba de um terceiro uma proposta para aquisição da empresa do falido, por um valor razoável, dificilmente alcançável em um certame." In: SOUZA JUNIOR, Francisco Satiro, PITOMBO, Antônio Sérgio A. de Moraes (Coord.). *Comentários à lei de recuperação de empresas e falência:* Lei 11.101/05. São Paulo: Ed. RT, 2007. p. 499.

21. "Além das modalidades extraordinárias poderem ser requeridas pelo administrador judicial e pelo Comitê de Credores e serem determinadas pelo Juiz Universal (art. 144), a Assembleia Geral de Credores poderá deliberar por qualquer outra modalidade extraordinária de realização do ativo.

   A permissão já era constante do Decreto-lei n. 7.661/45, que autorizava aos credores que representassem mais de 2/3 dos créditos determinarem qual seria a forma pela qual o síndico deveria realizar o ativo da Massa Falida. Pelo art. 46 da LREF, o quórum foi alterado.

   O percentual de 2/3 exigidos não é da totalidade dos créditos, mas apenas dos créditos presentes na AGC, ainda que referido montante seja inferior à maioria dos créditos habilitados perante a Massa Falida.

   Aprovada a deliberação pelo quórum qualificado de credores, a modalidade extraordinária será submetida à homologação judicial. Embora a conveniência e oportunidade da liquidação tenham sido conferidas aos credores da LREF, ao juiz será permitido o controle de legalidade da forma proposta, a qual não poderá subverter a ordem de preferência legal de pagamento dos credores ou a *par conditio creditorum*" (*Comentários à lei de recuperação de empresas e falência.* São Paulo: Saraiva Educação, 2018. p. 476).

22. A respeito, vide: TJSP, 2ª Câmara Reservada de Direito Empresarial, A.I. 2049350-25.2020.8.26.0000, Rel. Des. Araldo Telles, j. 28.10.2020.

> Art. 145. Por deliberação tomada nos termos do art. 42 desta Lei, os credores poderão adjudicar os bens alienados na falência ou adquiri-los por meio de constituição de sociedade, de fundo ou outro veículo de investimento, com a participação, se necessária, dos atuais sócios do devedor ou de terceiros, ou mediante conversão de dívida em capital.
>
> § 1º Aplica-se irrestritamente o disposto no art. 141 desta Lei à transferência dos bens à sociedade, ao fundo ou ao veículo de investimento mencionados no *caput* deste artigo.
>
> § 2º (revogado).
>
> § 3º (revogado.
>
> § 4º Será considerada não escrita qualquer restrição convencional à venda ou à circulação das participações na sociedade, no fundo de investimento ou no veículo de investimento a que se refere o *caput* deste artigo.

Há também a hipótese de aquisição dos bens da massa pelos credores, por deliberação tomada em assembleia geral de credores, podendo inclusive ter a participação dos atuais sócios do devedor, caso seja necessário por entenderem do negócio que está sendo alienado. Importante frisar que a participação do sócio na alienação dos bens da massa não afasta a ocorrência de sucessão de dívidas, nos termos do artigo 141, § 1º, I. Contudo, em razão do disposto neste artigo 145, *caput,* a hipótese de sucessão seria afastada desde que a adjudicação seja aprovada pelo conclave dos credores.

Cabe mencionar que na redação anterior do § 3º. do artigo 145 do Projeto de Lei da Câmara dos Deputados 10.220/2018 havia a determinação expressa para que tal adjudicação fosse condicionada à ordem de pagamento dos credores descrita nos artigos 83 e 84 da Lei Falimentar. Não obstante a supressão de tal parágrafo pelo substitutivo ao projeto, entendemos que a adjudicação deverá obedecer à ordem de pagamento dos artigos 83 e 84, evitando-se que determinados credores recebam antecipadamente os créditos.

Vale lembrar também que a adjudicação dos bens pelos credores já era prevista no artigo 111 da redação original da Lei 11.101/05, mediante autorização judicial e após oitiva do comitê de credores.

> Art. 146. Em qualquer modalidade de realização do ativo adotada, fica a massa falida dispensada da apresentação de certidões negativas.

A exigência de certidões negativas inviabiliza a alienação do bem, afastando potenciais interessados na arrematação. Por princípio, a decretação da falência é o marco que segrega os direitos e obrigações do devedor. No dizer de Trajano de Miranda Valverde, a falência gera o desapossamento dos bens do devedor[23]. Todas as obrigações anteriores são consolidadas e todos os direitos são liquidados e transformados em moeda corrente para o consequente rateio entre os credores. Assim, eventuais dívidas que recaiam sobre o ativo a ser alienado são segregadas e consolidadas.

> Art. 147. As quantias recebidas a qualquer título serão imediatamente depositadas em conta remunerada de instituição financeira, atendidos os requisitos da lei ou das normas de organização judiciária.

O produto da venda dos bens deverá ser depositado em conta remunerada de instituição financeira, garantindo, portanto, o acréscimo de juros sobre o capital até o efetivo rateio.

Art. 148. O administrador judicial fará constar do relatório de que trata a alínea p do inciso III do art. 22 os valores eventualmente recebidos no mês vencido, explicitando a forma de distribuição dos recursos entre os credores, observado o disposto no art. 149 desta Lei.

Uma das obrigações do administrador judicial é prestar contas sobre todo e qualquer valor recebido em nome da massa falida, apresentando a competente conta demonstrativa da administração até o 10º. dia do mês subsequente, dando transparência aos envolvidos sobre as movimentações financeiras.

3. FALÊNCIA FRUSTRADA

Art. 114-A. Se não forem encontrados bens para serem arrecadados, ou se os arrecadados forem insuficientes para as despesas do processo, o administrador judicial informará imediatamente esse fato ao juiz, que, ouvido o representante do Ministério Público, fixará, por meio de edital, o prazo de (10) dez dias para os interessados se manifestarem.

§ 1º Um ou mais credores poderão requerer o prosseguimento da falência, desde que paguem a quantia necessária às despesas e aos honorários do administrador judicial, que serão consideradas despesas essenciais nos termos estabelecidos no inciso I-A do caput do art. 84 desta Lei.

§ 2º Decorrido o prazo previsto no caput sem manifestação dos interessados, o administrador judicial promoverá a venda dos bens arrecadados no prazo máximo de (30) trinta dias, para bens móveis, e de 60 (sessenta) dias, para bens imóveis, e apresentará o seu relatório, nos termos e para os efeitos dispostos neste artigo.

§ 3º Proferida a decisão, a falência será encerrada pelo juiz nos autos.

A falência frustrada consiste na inexistência de bens a serem arrecadados. Não é incomum vários processos de falência se estenderem demasiadamente mesmo sem ter qualquer ativo arrecadado, trazendo inúmeros custos à administração da massa e ao próprio Poder Judiciário.

Waldo Fazzio Júnior leciona que "Na verdade, se a falência é um concurso de credores sobre os bens do devedor, a ausência ou insuficiência do ativo significa impossibilidade de concurso. Há quem concorra, mas não há sobre o que concorrer".[24]

O Decreto-Lei 7.661/45 já disciplinava a falência frustrada no seu artigo 75. A Lei 11.101/05 não trouxe qualquer disposição a respeito da falência frustrada. Já a sua reforma repristinou a matéria tratando-a no artigo 114-A.

O texto é o mesmo, dispondo que se não forem encontrados bens para serem arrecadados, ou se os arrecadados forem insuficientes para as despesas do processo, o administrador judicial levará imediatamente o fato ao conhecimento do juiz, que, ouvido o representante do Ministério Público, marcará por meio de edital o prazo de dez dias para os interessados requererem o que for a bem dos seus direitos.

Um ou mais credores podem requerer o prosseguimento da falência, os quais ficam obrigados a pagar a quantia necessária às despesas e aos honorários do administrador judicial, que serão consideradas despesas essenciais.

Na hipótese de não haver requerimento pelos credores, o administrador judicial, no prazo de 30 (trinta) dias para bens móveis e 60 (sessenta) dias para imóveis, promoverá a venda dos bens arrecadados e apresentará o seu relatório para o encerramento da falência mediante decisão judicial.

Tal disposição está prevista no Código de Insolvência e da Recuperação de Empresas de Portugal quando trata da Insolvência da Massa Insolvente, no artigo 39º.[25]

4. REFERÊNCIAS

BRIS, A.; WELCH, I.; ZHU, N. The cost of bankruptcy: chapter 7 liquidation vs. chapter 11 reorganization. The Journal of Finance, LXI, n. 3, 2006, p. 1253-1303. Disponível em: https://onlinelibrary.wiley.com/doi/pdf/10.1111/j.1540-6261.2006.00872.x. Acesso em: 05.04.2019.

CAMPINHO, Sérgio. *Falência e recuperação de empresa* – O novo regime da insolvência empresarial. 6. ed. rev. e atual. Rio de Janeiro: Renovar, 2012.

COELHO, Fabio Ulhoa. *Comentários à lei de falências e de recuperação de empresas*. 9. ed. São Paulo: Saraiva, 2013.

FAZZIO JÚNIOR, Waldo. *Nova lei de falência e recuperação de empresas*. 2. ed. São Paulo: Atlas, 2005.

LUCCA, Newton de; VASCONCELOS, Miguel Pestana de (Coord.). *Insolvência e Recuperação de Empresas* – estudos Luso-Brasileiros. São Paulo: Quartier Latin, 2015.

REQUIÃO, Rubens. *Curso de Direito Falimentar*. 16. ed. São Paulo: Saraiva, 1998, v. II.

SACRAMONE, Marcelo Barbosa. *Comentários à lei de recuperação de empresas e falência*. São Paulo: Saraiva Educação, 2018.

SANTOS, Paulo Penava (Coord.) *A nova lei de falências e de recuperação de empresas* – Lei n. 11.101/05. Rio de Janeiro: Forense, 2006.

SENADO FEDERAL. Parecer 534/2004 – Sen. Ramez Tebet.

SOUZA JUNIOR, Francisco Satiro, PITOMBO, Antônio Sérgio A. de Moraes (Coord.), *Comentários à lei de recuperação de empresas e falência*: Lei 11.101/05. São Paulo: Ed. RT, 2007.

THE WORLD BANK. *Principles and Guidelines for Effective Insolvency And Creditor Rights Systems*. April 2001.

TOLEDO, Paulo F. Campos Salles de. A Reforma da Lei de Falências e a experiência do Direito Estrangeiro. In: Revista do Advogado nº 36. São Paulo: AASP, 1992.

VALVERDE, Trajano de Miranda. *Comentários à lei de falências*: decreto-lei 7.661, 21 de junho de 1945 – v 1, Rio de Janeiro: Revista Forense, 1948.

VALVERDE, Trajano de Miranda. *Comentários à lei de falências*: Decreto-lei 7.661, 21 de junho de 1945 – v. 3. Rio de Janeiro: Forense, 1955.

WALD, Arnoldo (Org.). *Doutrinas essenciais de direito empresarial*: Recuperação empresarial e falência. v. VI. São Paulo: Ed. RT, 2011.

---

25. DL 53/2004, de 18 de março.

8
O PASSO EM FALSO DO LEGISLADOR COM RELAÇÃO À CONSOLIDAÇÃO PROCESSUAL E SUBSTANCIAL

Maria Isabel Fontana

Mestre em Direito Comercial pela Pontifícia Universidade Católica de São Paulo, LL.M em Commercial and Corporate Law pela Queen Mary University of London, Doutoranda em Direito Comercial pela Universidade de São Paulo. Diretora Jurídica da Excelia Consultoria e Negócios. Advogada em Turnaround e Administradora Judicial.

Sumário: 1. Do objeto deste artigo. 2. Personalidade jurídica das sociedades pertencentes a grupos: o descompasso entre teoria e prática. 3. O que sofremos até agora: a evolução de entendimentos sobre consolidação processual e substancial. 3.1 Sobre a já consagrada consolidação processual. 3.2 O eterno problema da consolidação substancial. 4. O que vamos sofrer com as alterações da Lei 11.101/2005 quanto à consolidação processual e substancial. 5. Conclusão. 6. Referências.

1. DO OBJETO DESTE ARTIGO

Até a entrada em vigor da Lei 14.112/2020 para alteração da Lei 11.101/2005 (LFR), o ordenamento jurídico era completamente omisso com relação à recuperação judicial ou extrajudicial de grupos de sociedades[1]. Tal lacuna fez com que a comunidade jurídica atravessasse um longo caminho no escuro até que a doutrina e a jurisprudência começassem a iluminá-lo.

Os conceitos estrangeiros de consolidação processual e substancial passaram a ser adotados pouco a pouco e, ao menos nas varas e câmaras especializadas do país, foi sendo firmado o entendimento de que o deferimento em conjunto do pedido de recuperação judicial de sociedades pertencentes a grupos (consolidação processual) não acarreta, em regra, o tratamento unificado de ativos e passivos (consolidação substancial).

Muito embora não se ignore que a consolidação silenciosa[2] ainda esteja presente em grande parte dos processos envolvendo grupos de sociedades, a doutrina e a jurispru-

---

1. Para Nelson Eizirik: "O grupo de sociedades constitui uma técnica de concentração empresarial. mediante a qual duas ou mais sociedades, sendo uma dominante e as demais dominadas, unem-se sob uma mesma direção para alcançar objetivos comuns" (In: *A Lei das S/A comentada*. v. II. São Paulo: Quartier Latin, 2011, p. 217-218).
2. Termo extraído do artigo de Sheila Cerezetti e Francisco Satiro, contendo resultado de pesquisa de jurimetria, em que se constatou que em grande parte das recuperações judiciais de grupos de sociedades, a consolidação substancial decorre automaticamente da consolidação processual, sem qualquer questionamento, ou seja, de forma silenciosa. "A silenciosa 'consolidação' da consolidação substancial. Resultados de pesquisa empírica sobre recuperação judicial de grupos empresariais". *Revista do Advogado*. n. 131. Out. 2016, p. 216-223.

dência mais atualizadas vêm lutando para que a consolidação substancial seja adotada em caráter excepcional, seja de ofício (consolidação obrigatória) ou por deliberação assemblear (consolidação voluntária).

Quando finalmente o Brasil tem a oportunidade de definir na LFR o tratamento adequado a ser conferido aos processos de insolvência de grupos societários, infelizmente demos um passo em falso: uma evolução com relação às previsões sobre consolidação processual e um retrocesso com relação à consolidação substancial.

Como será abordado neste artigo, apesar de louvável o esforço do legislador em finalmente prever um sistema de processamento e tratamento de recuperações judiciais de grupos, a nova redação da LFR, em especial em razão do art. 69-J, escancara a porta para utilização da consolidação substancial como regra, em total desrespeito à personalidade jurídica de cada sociedade pertencente ao grupo.[3]

Antes que se faça uma análise crítica à nova previsão legal, esse artigo visa a contextualizar a questão. Na realidade, há tempos a personalidade jurídica das sociedades pertencentes a grupos passa por uma crise, mesmo porque, exigir autonomia total de tais sociedades parece ser incompatível com a realidade[4].

Primeiramente o artigo abordará a dissonância entre a realidade empresarial dos grupos e a exigência legal de autonomia das sociedades a eles pertencentes. Após, recordar-se-á a evolução de entendimentos doutrinários e jurisprudenciais sobre tratamento de recuperação judicial de grupos até a entrada em vigor da Lei 14.112/20 e, finalmente, será feita uma análise artigo por artigo na nova redação da LFR.

2. PERSONALIDADE JURÍDICA DAS SOCIEDADES PERTENCENTES A GRUPOS: O DESCOMPASSO ENTRE TEORIA E PRÁTICA

Não é de hoje que quem atua em direito empresarial se depara com problemas oriundos da dissonância entre teoria e prática com relação à personalidade jurídica das empresas pertencentes a grupos societários.

Seja em razão do frequente desrespeito à previsão legal contida no artigo 266 da Lei das Sociedades Anônimas (LSA), seja por causa do tratamento inadequado conferido pelo legislador aos grupos ao exigir uma utópica autonomia das sociedades que os compõem, a comunidade jurídica enfrenta graves obstáculos de natureza societária, processual e material que eclodem quando os grupos se encontram em recuperação judicial ou extrajudicial.[5]

---

3. O que, como é cediço, é exigido pelo artigo 266 da Lei das Sociedades Anônimas (LSA): Art. 266 LSA "As relações entre as sociedades, a estrutura administrativa do grupo e a coordenação ou subordinação dos administradores das sociedades filiadas serão estabelecidas na convenção do grupo, mas cada sociedade conservará personalidade e patrimônios distintos."

4. Nesse sentido: TEPEDINO, Gustavo e POPPA, Bruno. *A Crise da Pessoa Jurídica*. Direito Empresarial: Estudos jurídicos em homenagem à Maria Salgado. Rio de Janeiro: Lumen Juris, 2019, p. 29-50.

5. Nesse sentido o artigo divisor de águas sobre o tema é de Sheila Cerezetti Neder, Grupos de sociedades e recuperação judicial: o indispensável encontro entre Direitos Societário, Processual e Concursal. In: YARSHELL, Flávio Luiz e PEREIRA, Guilherme Setoguti J. (Coord.). *Processo Societário II*. São Paulo: Quartier Latin, 2015.

A rigor, a LSA estabeleceu que a autonomia jurídica e patrimonial das sociedades pertencentes a grupos será preservada como forma de proteger os sócios minoritários e evitar abuso do poder de controle. Trata-se da aplicação pura do instituto da personalidade jurídica, importante evolução da ciência do Direito, que impede a presunção de confusão entre sociedade e seus sócios ou entre duas ou mais sociedades.[6]

Há de se reconhecer, todavia, que é inerente à realidade dos grupos a sobreposição dos interesses coletivos aos interesses das sociedades isoladamente consideradas. Isto é, a supremacia dos interesses grupais, que não podem ser confundidos com os interesses da controladora, aos individuais, justifica a própria constituição de grupos plurissocietários.[7]

Nessa linha, grande problema societário se apresenta: como coordenar a necessária flexibilização dos interesses individuais das sociedades em prol do grupo, sem afetar a teoricamente inabalável autonomia jurídica de tais empresas?

Nos grupos formalmente constituídos ou grupos de direito, a flexibilização dos interesses de uma sociedade é viável desde que respeitados os limites previstos na convenção de grupo, que justamente estabelece os contornos de atuação da controladora e controladas[8].

Em razão da relativização de interesses das sociedades nos grupos de direito, ao acionista dissidente da deliberação sobre a constituição do grupo é garantido o direito de recesso, com respectiva aquisição de sua participação societária pelos demais acionistas.[9]

Mas praticamente a totalidade dos grupos societários no Brasil e no mundo não é constituída mediante convenção[10]. Ou seja, são grupos de fato, organizações plurissocietárias que decorrem do fenômeno da concentração empresarial, nos quais é vedado aos sócios e administradores beneficiar terceiros em detrimento dos interesses da própria sociedade[11]. Contraditoriamente, os interesses das sociedades pertencentes a grupos de fato não podem se subordinar aos interesses grupais.

---

6. O próprio art. 1.024 do Código Civil estabelece que os bens particulares dos sócios não podem ser confundidos com os da sociedade e não podem ser executados por dívidas da sociedade, senão após executados os bens sociais.
7. A existência de um poder de controle que guie e lidere as companhias e essencial e visa à defesa dos interesses do grupo como um todo, mas respeitando a distinção de personalidade jurídica e a autonomia patrimônio entre as sociedades. Nesse sentido, COMPARATO, Fabio K.; FILHO, Calixto Salomão. *O poder de controle na Sociedade Anônima*. Rio de Janeiro: Forense, 2008, p. 35).
8. Vide art. 269 LSA.
9. Art. 136, V, e art. 137 da LSA.
   Nesse sentido, Luiz Eduardo Bulhões Pedreira aduz: "A constituição de grupo de sociedades (de direito, não de fato) justifica o direito de retirada porque a companhia perde a sua autonomia: as sociedades que integram o grupo mantêm suas personalidades jurídicas, mas o interesse de cada uma pode ser subordinado ao do grupo, de outra sociedade e da sociedade de comando do grupo." (In: LAMY FILHO, Alfredo e PEDREIRA, José Luiz Bulhões (Coord.). *Direito das companhias*. v. I. Rio de Janeiro: Ed. Forense, 2009, p. 346).
10. Os grupos de fato podem ser identificados por um conjunto de elementos que indicam a integração entre sociedades, sob um objetivo ou comando comum. Outros elementos caracterizadores dos grupos de fato são: empreendimentos comuns, integração de atividades, objetos sociais complementares, garantias cruzadas, empréstimos entre as sociedades, coincidência de administradores, caixa centralizado, consolidação contábil, entre outros.
11. Art. 115 e 117 LSA.

A lei presume, portanto, que a autonomia das sociedades pertencentes aos grupos de fato não é minimamente afetada[12]. Tanto é assim que diferentemente do que ocorre com grupos formais, não é conferido sequer o direito de recesso ao sócio dissidente em deliberação sobre participação de grupo de fato.

Em outras palavras, os grupos de fato se encontram em um "limbo jurídico", pois possuem comportamento de grupos de direito, mas não gozam da mesma liberdade.[13]

Essa inconsistência no campo societário faz emergir a indagação se não seria o caso de o Brasil equiparar os grupos de fato aos grupos de direito no que tange à possibilidade de subordinação de interesses da sociedade aos interesses do grupo, desde que haja uma fiscalização sobre o equilíbrio ou a compensação de ganhos e perdas entre as sociedades.[14]

Trata-se de uma contradição em si, uma vez que a autonomia exigida por lei é presumidamente desrespeitada de partida. Assim, na prática, a autonomia jurídica das sociedades pertencentes a grupos acaba por ser invariavelmente relativizada, sem qualquer fiscalização ou compensação às sociedades controladas.

No entanto, a autonomia na administração e organização do grupo que afetam diretamente o conflito de interesses, não se confundem necessariamente com a autonomia patrimonial das sociedades que o compõem, muito embora se reconheça que muitas vezes a linha é tênue e que determinadas decisões afetam diretamente o patrimônio de sociedades controladas.

De qualquer forma, a regra é clara: as sociedades que compõem os grupos, sejam estes formais ou não, por lei, devem manter autonomia patrimonial e o fato de uma sociedade pertencer a um grupo não pressupõe e tampouco pode acarretar confusão patrimonial entre ela e os demais membros.

O legislador optou por insistir nesse sistema inflexível com relação à responsabilidade patrimonial das sociedades pertencentes ao grupo, seja nos termos da LSA ou do próprio Código Civil.

E não se diga que a legislação é ultrapassada e deve se adequar à realidade. Recentemente o legislador ratificou sua preocupação com a autonomia patrimonial das sociedades

---

12. A pergunta importante que se faz é: se os interesses grupais se chocam com os interesses individuais das controladas, e consequentemente os minoritários, qual merece proteção jurídica? Para Fábio Ulhoa Coelho, a resposta é simples: se o grupo for de direito, protegem-se os interesses grupais, e se o grupo for de fato, protegem-se os interesses dos acionistas minoritários da controlada, sendo defeso à controladora se aproveitar de recursos e esforços de uma sociedade em prol do grupo. "O poder de controle sobre companhias abertas concorrentes", in COELHO, Fábio Ulhoa; RIBEIRO, Maria de Fátima (Org.). *Questões de direito societário em Portugal e no Brasil.* Coimbra: Almedina, 2012p. 132.

13. Nesse sentido, ver MUNHOZ, Eduardo Secchi. "Estrutura de governo dos grupos societários de fato na lei brasileira", In: CASTRO, Rodrigo Rocha Monteiro de; WARDE JUNIOR, Walfrido Jorge; GUERREIRO, Carolina Dias Tavares (Coord.). *Direito empresarial e outros estudos em homenagem ao professor José Alexandre Tavares Guerreiro.* São Paulo: Ed. Quartier Latin do Brasil, 2013, p. 281.

14. A legislação da França e da Itália merecem destaque. Na França foi desenvolvida a doutrina Rozenblum, segundo a qual não se caracterizaria o abuso no poder de controle, que em tal país é tipificado como crime, caso (i) haja integração empresarial no âmbito do grupo, (ii) haja um balanço equilibrado de perdas e benefícios recíprocos e (iii) a subordinação dos interesses de uma sociedade em prol do grupo não coloque em risco a sua continuidade (insolvência). Já na Itália, foi desenvolvida a teoria *dei vantaggi compensativi*, de acordo com a qual nas relações intragrupo não devem ser considerados os efeitos de cada operação isoladamente, e sim em conjunto, pois deve haver um equilíbrio, isto é, uma compensação entre perdas e ganhos.

pretendentes a grupos e aprovou a Lei 13.874/2019, que incluiu o § 4º ao artigo 50 do Código Civil, reforçando a ideia de que a mera existência de grupo não presume desvio de finalidade ou confusão patrimonial.

Ou seja, tais elementos caracterizadores do abuso da personalidade jurídica devem ser demonstrados para permitir a desconsideração da personalidade jurídica das empresas pertencentes a grupos.

Mais uma vez o legislador conscientemente reforçou sua escolha em manter inexorável a personalidade jurídica das sociedades pertencentes a grupos. Poderia ter optado por sua flexibilização, mas não foi o que ocorreu. Em nome da segurança jurídica, restou evidenciado que a desconsideração da personalidade jurídica de empresas do grupo não pode ser presumida.

Exceção é feita às legislações que expressamente prevejam a solidariedade entre sociedades pertencentes a grupos, como é o caso da CLT, Lei Antitruste e Lei da Seguridade Social, ou responsabilidade subsidiária entre elas, como a Lei dos Crimes Ambientais e o Código de Defesa do Consumidor.[15]

Por essas razões, é de se imaginar que quando o grupo se socorre da recuperação judicial ou extrajudicial para superação da crise econômico-financeira, os problemas pulverizados em diferentes searas se concentram no processo coletivo.

Créditos de naturezas distintas e credores com condições e interesses assimétricos são reunidos no mesmo processo concursal, de modo que regras claras e adequadas sobre o processamento e tratamento de ativos e passivos das empresas do grupo são imprescindíveis para proporcionar segurança jurídica.

Até a entrada em vigor da Lei 14.112/2020 que incluiu seção própria para consolidação processual e substancial, a LFR era omissa a respeito. A doutrina e a jurisprudência especializada, contudo, vinham resistindo à adoção da consolidação substancial de forma automática e generalizada, justamente como forma de preservar a autonomia patrimonial das sociedades, como será abordado no tópico a seguir.

3. O QUE SOFREMOS ATÉ AGORA: A EVOLUÇÃO DE ENTENDIMENTOS SOBRE CONSOLIDAÇÃO PROCESSUAL E SUBSTANCIAL

As dificuldades mencionadas no tópico anterior sobre dissociação entre teoria e realidade quanto aos limites da personalidade jurídica das empresas pertencentes a grupos ficam ainda mais agudas num contexto de crise, em que o grupo requer recuperação judicial ou extrajudicial em conjunto.

Os problemas se acentuaram, em especial, por conta da omissão da LFR quanto ao processamento da recuperação judicial de grupos de sociedades e todos os seus desdobramentos, tais como apresentação de relação de credores, plano(s) de recuperação judicial, assembleia geral de credores e respectivas votações etc.

---

15. Vide CLT, art. 2º § 2º, Lei do Sistema Brasileiro de Defesa da Concorrência (Lei 12.529/11, art. 33) e Lei da Seguridade Social (Lei 8.212/91, art. 30, IX), Lei 9605/1998, (art. 4º), Código de Defesa do Consumidor (CDC, artigo 28, § 2º).

A lacuna da LFR quanto ao tema, fez com que por muito tempo o Poder Judiciário e os operadores do direito fechassem os olhos para a exigência prevista na LSA, de modo que a unificação de ativos e passivos – consolidação substancial – se desse como consequência natural e automática do deferimento conjunto do pedido – consolidação processual.[16]

O caminho trilhado pela prática internacional com relação aos mecanismos de consolidação processual e substancial passaram a ser adotados no Brasil lenta e isoladamente, em especial pelas varas e câmaras especializadas.

3.1 Sobre a já consagrada consolidação processual

A consolidação processual nada mais é do que o deferimento do processamento em conjunto da recuperação judicial ou extrajudicial das sociedades do grupo requerente, isto é, em litisconsórcio ativo, facultativo e comum. Diante do silêncio da LFR sobre tema, o artigo 113, II e III Código de Processo Civil (CPC) passou a ser aplicado subsidiariamente para fundamentar a consolidação processual.

Os pontos que mereceram maior atenção dos tribunais no desenvolvimento jurisprudencial com relação à consolidação processual foram relativos a: (i) elementos caracterizadores do grupo de fato aptos a permitir o deferimento do processamento conjunto; (ii) questões atreladas à definição de principal estabelecimento do grupo para fins de competência interna e (iii) a necessidade de análise individualizada dos requisitos e documentos autorizadores do pedido.

A consolidação processual encontrou inicialmente certa relutância na jurisprudência. Houve hesitação, por exemplo, em se admitir o litisconsórcio ativo em casos que os credores trabalhistas fossem prejudicados e impossibilitados de participar efetivamente das assembleias gerais de credores, tendo em vista a distância entre os estabelecimentos da empresa e a comarca onde foi inicialmente distribuído o pedido.[17]

---

16. SATIRO, Francisco e CEREZETTI, Sheila. "A silenciosa 'consolidação' da consolidação substancial. Resultados de pesquisa empírica sobre recuperação judicial de grupos empresariais". *Revista do Advogado*. n. 131. Out. 2016, Op. cit. p. 217.

17. "Apelação. Recuperação judicial requerida em litisconsórcio por três sociedades empresárias distintas, cada uma delas com sede social em Estados diversos da Federação (São Paulo, Minas Gerais e Bahia). Alegação de serem integrantes do mesmo grupo econômico. Deferimento do processamento da recuperação judicial. Posterior constatação da inviabilidade do processamento da medida em litisconsórcio ativo, em face da existência de credores distintos, domiciliados em Estados diferentes. Reconhecimento da incompetência absoluta do juízo original onde foi requerida inicialmente a recuperação judicial. Extinção do processo, sem resolução do mérito, por força do indeferimento da inicial. Matéria de ordem pública, sobre a qual não ocorre preclusão nas instâncias ordinárias. Soberania da assembleia geral de credores restrita à deliberação sobre o plano de recuperação judicial, mas não sobre pressupostos ou condições da ação. Natureza contratual da recuperação judicial que impõe se facilite a presença dos credores na assembleia geral para examinar o plano da devedora. A grande distância entre os estabelecimentos principais das empresas requerentes causa dificuldades incontornáveis à participação dos credores, notadamente os trabalhadores, nos conclaves assembleares realizados em Estados diversos da federação. Princípio da preservação da empresa e da proteção aos trabalhadores, ambos de estatura constitucional que, se em conflito, devem ser objeto de ponderação para a prevalência do mais importante. Tutela dos trabalhadores em razão da hipossuficiência. Extinção do processo de recuperação judicial, sem resolução do mérito, mantida, situação que não impede que cada uma das empresas requeira a medida recuperatória individualmente, observada a regra da competência absoluta do art. 3º, da LRF. Apelo das empresas desprovido" (TJSP, Apelação 9184284-72.2009.26.0000, Rel. Des. Pereira Calças, J. em 09.06.2009).

A jurisprudência favorável à consolidação processual passou a se consagrar no sentido de que a comprovação da existência de grupo é suficiente para o deferimento do processamento da recuperação judicial em conjunto, em atenção à economia processual.[18]

O Tribunal Paulista por determinado período passou a determinar que o litisconsórcio ativo fosse acolhido desde que presentes elementos que permitissem o tratamento conjunto de ativos e passivos, ou seja, a apresentação de plano único, ao que sequer era atribuído ainda o nome de consolidação substancial.[19]

De qualquer forma, consolidou-se o entendimento de que com a demonstração da existência de grupo, a consolidação processual era deferida.

Contudo, os grupos de fato, diferentemente dos grupos de direito, não são reconhecidos imediatamente, fazendo-se necessária a apuração de diversos elementos que permitem a caracterização de grupo e a conexidade entre as sociedades, tais como comando único, mesmos administradores, integração vertical ou horizontal das atividades, sede ou estabelecimentos comuns, consolidação contábil, garantias e empréstimos cruzados, centralização de caixa, dentre outros.

Pontos isolados de conexão entre duas ou mais sociedades, tais como apenas sócios e administradores comuns ou, ainda pior, o mero parentesco entre eles, não deveriam ser suficientes para demonstrar a existência de grupo de fato, muito embora não se ignore que há casos em que essa análise sequer é feita.

Em se constatando a existência de elementos caracterizadores do grupo, caberá ao magistrado analisar o principal estabelecimento do grupo para fixação da competência.

Diferentes critérios foram adotados[20] até se chegar ao atual posicionamento orientado pelo Superior Tribunal de Justiça quanto à definição de principal estabelecimento

---

18. Nesse sentido, vejamos a ementa e excertos extraídos do acórdão do Agravo de Instrumento 990.10.188755-0 do TJ/SP, Rel. Des. Romeu Ricupero, de 19.10.2010:

"Recuperação judicial. Litisconsórcio ativo. Duas empresas que constituem um grupo econômico de fato e familiar, instaladas no mesmo local, e com Plano de Recuperação Judicial já apresentado e que considerou as empresas como constituindo o Grupo Delta, com unificação de quadros e de todos os processos administrativos e industriais, prevendo-se, expressamente, na cláusula 10.3, que, nos termos do inciso II do art. 50 da Lei 11.101/05, no curso da recuperação judicial, sofrerão as empresas processo de fusão, com a possibilidade da cessão de cotas do capital social da empresa resultante do processo. Ademais, processamento em litisconsórcio ativo já deferido a mais de um ano. Agravo de instrumento provido. (...) No caso dos autos, não há dúvida que as duas empresas são sediadas na mesma Comarca de Limeira e existem outros elementos a justificar a permanência do litisconsórcio ativo. (...) Ademais, o pedido, elaborado conjuntamente em 17 de abril de 2009 (fl. 41), já salientava que as duas empresas eram formadoras de grupo econômico de fato, e totalmente familiar, instaladas atualmente de fato e na pendência da regularização do registro comercial, no mesmo local, objetivando os mesmos interesses e anseios, realçando-se a intenção futura de fusão (cf. fl. 44)."

19. "Agravo de instrumento. Recuperação judicial. Litisconsórcio ativo. Possibilidade. Precedentes desta Câmara que reconheceram a possibilidade, em tese, de pedido de recuperação judicial em litisconsórcio ativo, desde que presentes elementos que justifiquem a apresentação de plano único, bem como a posterior aprovação de tal cúmulo subjetivo pelos credores. Pedido formulado por três sociedades empresárias distintas, detidas direta ou indiretamente por dois irmãos. Grupo econômico de fato configurado. Estabelecimento de uma das sociedades em cidade e estado diversos. Irrelevância no caso concreto, principalmente em razão desta empresa não possuir empregados. Ausência de credores trabalhistas fora da Comarca de Itatiba. Administrador judicial que demonstra a relação simbiótica das empresas." (TJ/SP, Agravo de Instrumento 0281187-66.2011.8.26.0000. Des. Rel. Pereira Calças. J. em 26.06.2012).

20. Diferentes critérios para definição de principal estabelecimento do grupo foram adotados, dentre eles o que entendia que principal estabelecimento é o que concentra o maior número de empregados, para não se prejudicar

do grupo como o local que concentra o maior número de relações jurídicas ou maior volume de negócios do grupo.[21]

Ultrapassada a fixação da competência, caberá, então, a análise individualizada dos requisitos formais para o deferimento do processamento da recuperação judicial, nos termos dos artigos 48 e 51 da Lei 11.101/2005 e 46 do CPC.

O eventual não atendimento de tais requisitos ou apresentação de documentação por uma ou outra sociedade do grupo pode acarretar o deferimento do processamento apenas para parte do grupo.[22]

Por uma ótica formal, se todos os elementos acima mencionados estiverem presentes, então a consolidação processual é deferida.

No entanto, apenas a partir de 2018 as varas especializadas da comarca da capital de São Paulo, por exemplo, passaram a se pronunciar especificamente sobre consolidação processual na decisão de deferimento do processamento, deixando claro que a consolidação processual não acarreta consolidação substancial.[23] Evidentemente que nem sempre foi assim.

---

o comparecimento de credores da classe I às assembleias, bem como o que define principal estabelecimento como o centro decisório do grupo:

"Pedido de Recuperação Judicial. Pedido formulado em conjunto pelas empresas por H-Buster São Paulo Indústria e Comércio S/A, com sede em Cotia-SP e por H-Buster da Amazônia Indústria e Comércio S/A, com sede em Manaus-AM, Litisconsórcio ativo admitido. Competência para o processamento do pedido de recuperação judicial. Declinação da competência para o foro da Comarca de Manaus-AM com base no critério de porte econômico, por ser naquela cidade em que o grupo de empresas concentra a maior parte de seus ativos, aufere a maior parte de sua receita operacional e onde possui o maior número de funcionários. Centro decisório do grupo, contudo, situado na Comarca de Cotia-SP. Exegese do art. 3º da Lei 11.105/05. Precedentes do STJ e do TJSP. Principal estabelecimento correspondente ao local de onde emanam as principais decisões estratégicas, financeiras e operacionais do grupo de empresas. Competência do foro da Comarca de Cotia-SP para o processamento do pedido de recuperação judicial. Agravo provido". (TJSP, Agravo de Instrumento n. 0080995-49.2013.8.26.0000., Rel. des. Alexandre Marcondes, j. em 21.05.2013).

21. "A qualificação de principal estabelecimento, referido no art. 3º da Lei 11.101/2005, revela uma situação fática vinculada à apuração do local onde exercidas as atividades mais importantes da empresa, não se confundindo, necessariamente, com o endereço da sede, formalmente constante do estatuto social e objeto de alteração no presente caso. (...) Tornados os bens indisponíveis e encerradas as atividades da empresa cuja recuperação é postulada, firma-se como competente o juízo do último local em que se situava o principal estabelecimento, de forma a proteger o direito dos credores e a tornar menos complexa a atividade do Poder Judiciário, orientação que se concilia com o espírito da norma legal. Concretamente, conforme apurado nas instâncias ordinárias, o principal estabelecimento da recorrente, antes da inatividade, localizava-se no Rio de Janeiro – RJ, onde foram propostas inúmeras ações na Justiça comum e na Justiça Federal, entre elas até mesmo um pedido de falência, segundo a recorrente, em 2004, razão pela qual a prevenção do referido foro permanece intacta. (...) Principal estabelecimento, para fins de definição da competência para o direito falimentar, é aquele em que se encontra concentrado o maior volume de negócios da empresa; é o mais importante do ponto de vista econômico. (...)" (STJ, Resp 1.006.093 – DF Rel. Min. Antonio Carlos Ferreira).

22. Como exemplo pode ser citada a recuperação judicial do Grupo Schahin (Processo n. 1037133-31.2015.8.26.0100, em trâmite perante a 2ª Vara de Falências e Recuperações Judiciais do Foro Central de São Paulo), oportunidade em que a seguinte decisão foi proferida:

"Com relação às sociedades nacionais que integram o polo ativo, algumas delas são inativas: Foxborough Participações Ltda.; HHS Participações S/A; Schahin Administração e Informática Ltda.; S2 Participações Ltda. Havendo obstáculo legal para o processamento de recuperação dessas sociedades sem o exercício de atividade empresarial, requisito previsto no art. 48, caput, da Lei 11.101/2005, indefiro o pedido por elas formulado."

23. A título de exemplo cita-se decisão de deferimento de processamento em conjunto, proferida em 21.08.2020 nos autos do processo 1070194-04.2020.8.26.0100 pelo MM. Juízo da 2ª Vara de Falências e Recuperações Judiciais de São Paulo:

De acordo com pesquisa de jurimetria desenvolvida pelo Núcleo de Estudos de Pesquisa de Insolvência (NEPI)[24] liderado por professores da Pontifícia Universidade Católica de São Paulo (PUC SP), foi constatado que do universo de pedidos de recuperação judicial distribuídas no Fórum Central de São Paulo entre 01/09/2013 e 30.06.2016, 41,4% são compostos por mais de um requerente. Tal dado demonstra uma quantidade bastante expressiva de grupos societários no Brasil.

Os dados obtidos apontaram que das recuperações judiciais requeridas em litisconsórcio ativo, 87% delas tiveram o deferimento concedido à todas as requerentes, o que significa dizer que, por um lado, a consolidação processual é comumente aceita e, por outro, que já havia à época uma análise individualizada das condições formais para o deferimento do processamento, de modo que em 13% dos casos algumas sociedades foram excluídas do polo ativo por não atenderem às exigências legais.[25]

3.2 O eterno problema da consolidação substancial

A consolidação processual é medida processual cabível em casos em que há formação de grupo, como forma de contribuir com a celeridade do processo, mas trata- se de medida meramente formal, que não acarreta a unificação de ativos e passivos entre

---

Desta maneira, uma vez reconhecida a existência do grupo societário formado entre as empresas requerentes, para que o processamento do pedido de recuperação judicial seja deferido, aceitando-se a formação do litisconsórcio ativo, devem ser observados não apenas os requisitos previstos nos artigos 48 e 51 da Lei 11.101/05, mas também aqueles encontrados no artigo 46 do CPC (...) A aglutinação das referidas personalidades jurídicas distintas num único feito, nessa hipótese, é apenas medida de economia processual. Como consequência, os planos devem ser separados para cada pessoa jurídica, ainda que integrem um único documento, e cada qual deverá ser votado por seus próprios credores. (...) Situação diversa ocorre quando, no interior do grupo, as diversas personalidades jurídicas não são preservadas como centros de interesses autônomos. Nessa hipótese, há confusão patrimonial em sua atuação conjunta e as diversas pessoas jurídicas do grupo exercem "suas atividades sob unidade gerencial, laboral e patrimonial" (STJ, ROMS 14168/SP, rel. Min. Nancy Andrighi). Nessa segunda situação, de consolidação substancial, há verdadeiro litisconsórcio necessário. Diante da confusão entre as personalidades jurídicas dos integrantes, a reestruturação de um dos integrantes do grupo depende da reestruturação dos demais. Por seu turno, as relações contratadas perante terceiros revelam não apenas uma pessoa jurídica contratante, mas não raras vezes evidenciam um comportamento do próprio grupo como um todo, ainda que a contratação tenha sido realizada com apenas uma das pessoas jurídicas integrantes. (...) Assim, aquelas pessoas jurídicas que, após a análise do Administrador Judicial, revelarem-se autônomas diante das demais sociedades do grupo econômico, deverão ter plano e votação separados."

24. Resultados da 1ª fase do observatório da Insolvência, uma parceria entre o NEPI e a Associação Brasileira de Jurimetria (ABJ). Fonte: https://rpubs.com/abj/pucrj_pre.

25. Como no caso da recuperação judicial do Grupo Água de Cheiro (Processo 1083068- 31.2014.8.26.0100), em que o MM. Juízo da 2ª Vara de Falências e Recuperações Judiciais de São Paulo, em decisão proferida pelo Ilmo. Magistrado Paulo Furtado de Oliveira Filho, indeferiu a inclusão de uma empresa do grupo no litisconsórcio ativo, em razão de sua inatividade, nos seguintes termos:

"Admite-se o processamento em litisconsórcio ativo pois há um grupo econômico, com duas sociedades que controlam as demais, todas elas vinculadas ao empreendimento comum, no mercado de cosméticos. A crise é comum, passível de ser solucionada por meio de um plano único, com votação por todos os credores. A competência do juízo firmou-se pelo anterior ajuizamento de pedido de falência do banco Fibra, contra uma das autoras, com estabelecimento principal nesta Capital. A existência de sociedades sediadas em outras localidades não tolhe a competência deste juízo, pois aqui sediadas as controladoras, de onde emanam, ao que parece, a política empresarial.

Porém, fica mantida a anterior decisão que não admitiu a Fanape no polo ativo, pois constatada a sua inatividade: recuperação judicial não se destina a liberar um devedor de CND para outorgar escritura de imóvel previamente compromissado à venda."

as empresas do grupo, em respeito à autonomia jurídica e patrimonial das sociedades que o compõe.[26]

Há casos, todavia, que exigem unificação de ativos e passivos das empresas do grupo, de modo que todas as sociedades em recuperação se responsabilizem pelos credores e, consequentemente, todos os credores assumam os riscos do grupo como um todo e não apenas da sua devedora direta.

Trata-se de medida semelhante à da desconsideração da personalidade jurídica, em que se cria uma responsabilidade solidária entre as empresas do grupo perante os credores, bem como assunção de riscos pelos credores ante todas as recuperandas.

Objetivamente, a consolidação substancial apenas é cabível quando os requisitos necessários para a desconsideração da personalidade jurídica estiverem presentes ou quando os próprios credores entenderem ser medida de rigor para a superação da crise.

Assim como a desconsideração da personalidade jurídica, a consolidação substancial é medida que deve ser adotada excepcionalmente, sendo necessária uma análise casuística rigorosa pelo Poder Judiciário e respectivos credores, porque ultrapassa os limites legais da autonomia patrimonial.

Os relevantes estudos de jurimetria realizados até 2016[27] demonstraram que a discussão sobre a consolidação substancial propriamente dita só ocorria se um credor bem assessorado e que se sentisse prejudicado com o tratamento unificado insistisse nessa questão. Do contrário, por muito tempo a tendência foi de tratamento unificado de credores e devedores, ignorando-se por completo a autonomia jurídica e patrimonial das sociedades que compõem o grupo em recuperação.

O levantamento do NEPI mostra que em cerca de 80% das recuperações judiciais de grupos a consolidação substancial sequer costumava ser objeto de decisão judicial. Além disso, do espectro de recuperações judiciais cuja consolidação processual foi deferida, em 76,1% dos casos as recuperandas apresentaram um plano unificado, sendo que em apenas 20% houve determinação judicial nesse sentido. Ou seja, notoriamente a apresentação de plano unitário era presumida pelas próprias devedoras, sem que houvesse qualquer provocação, manifestação ou decisão judicial a respeito.

Como em 15,2% das recuperações requeridas por mais de uma parte o plano ainda não tinha sido apresentado pelas devedoras na época da pesquisa, em números absolutos a porcentagem transcrita no parágrafo anterior é ainda mais expressiva. Ou seja, de todas as recuperações judiciais de grupos que planos já tinham sido apresentados até julho de 2016 pelas requerentes, 89,74% eram planos unitários e em menos de 27% destes a consolidação substancial tinha sido de fato deferida judicialmente.[28]

---

26. FONTANA. Maria Isabel. *A Recuperação judicial de grupos de sociedades*. Dissertação de Mestrado. PUCSP 2016.

27. Extraídos dos já citados estudos desenvolvidos por Francisco Satiro e Sheila Cerezetti, bem como do NEPI.

28. Um dos primeiros casos em que houve determinação para apresentação de planos separados pelo TJSP, foi de 16/11/2015, conforme voto do des. rel. Fábio Tabosa nos autos do Agravo de Instrumento n. 123667-67.2015.8.26.0000:

    "Nesses termos, as autoras devem, em princípio, elaborar planos recuperacionais individuais e apresentá-los em juízo; caso, em assembleia, os credores entendam que a superação do momento de crise econômico-financeira será alcançada mais facilmente através da adoção de medidas conjuntas por parte das devedoras, aí então se abrirá a possibilidade de formulação de um único plano de recuperação judicial."

Essas pesquisas contribuíram significativamente para uma virada de posicionamento nas varas especializadas não apenas de São Paulo como de outros tribunais como Rio de Janeiro e Rio Grande do Sul.

Numa importante união entre doutrina e jurisprudência foi sendo solidificada a ideia de que a consolidação substancial não é automática, não decorre naturalmente da consolidação processual, mas que pode ser deliberada pelos credores em assembleia, na chamada consolidação substancial voluntária ou determinada de ofício, na consolidação substancial obrigatória.

A rigor, no caso da consolidação obrigatória, para que o Juízo determine a unificação de ativos e passivos das empresas do grupo em recuperação, afastando a autonomia jurídica e patrimonial das recuperandas, importante a constatação de confusão patrimonial ou desvio de finalidade prévias ao pedido de recuperação judicial.[29]

Ou seja, nesses casos excepcionais, em tese, a decisão que defere a consolidação substancial deve estar fundamentada na demonstração de abuso da personalidade jurídica, de modo que credores e terceiros em geral tratem o grupo como se fosse uma só empresa.

Até que se decida a respeito de eventual consolidação substancial, caberá às recuperandas a apresentação de relação de credores separadas e planos separados (ou em documento único, com previsões distintas por recuperanda). Ao administrador judicial, caberá a apresentação de relação de credores separadas, votações em assembleia de forma individualizada e apresentação de relatórios mensais de atividades com análises por recuperanda.

De modo geral, tal tratamento separado tem sido feito nas varas especializadas, o que deve ser considerado grande conquista para o direito brasileiro em proteção à personalidade jurídica.

Há casos, contudo, que muito embora não tenha sido demonstrado o abuso da personalidade jurídica apto a permitir a consolidação substancial obrigatória, os credores assim deliberem em assembleia geral de credores, em consolidação substancial voluntária, por entenderem ser o caminho mais viável ou conveniente para a superação da crise.[30]

Nesse cenário, deve ficar a cargo dos credores deliberar sobre a consolidação substancial. Como as votações devem ocorrer e qual o quórum de deliberação são questões que ainda precisam ser debatidas e unificadas na jurisprudência.

---

29. A decisão de deferimento do processamento comumente proferida pelo MM. Juiz Marcelo Sacramone, da 2ª Vara de Falências e Recuperações Judiciais de São Paulo, por exemplo, é clara no sentido de quais os requisitos para a consolidação obrigatória, deferida pelo Juízo. Nada diz, todavia, sobre eventual consolidação voluntária e deliberação assemblear. A própria decisão esclarece que a consolidação substancial depende de requisitos alternativos de confusão patrimonial, abuso da personalidade jurídica ou atuação única cumuladas com a interdependência, isto é, a reestruturação de uma empresa depende necessariamente do soerguimento do grupo. Nesse sentido, é atribuído ao administrador judicial a análise do grupo e pertinência da consolidação substancial. As empresas que, após a análise do administrador judicial, revelarem-se autônomas diante das demais sociedades do grupo econômico, deverão ter plano e votação separados".

30. Nos casos distribuídos na 1ª Vara de Falências e Recuperações Judiciais da comarca de São Paulo, a consolidação substancial voluntária costuma ser abordada na decisão de deferimento do processamento conjunto. Isto é, esclarece-se que apenas da consolidação processual ter sido deferida, a consolidação substancial, a princípio, deverá ser deliberada em Assembleia Geral de Credores.

Como decorrência lógica da autonomia jurídica e patrimonial das recuperandas, espera-se que as votações ocorram de forma separada – ainda que na mesma assembleia – e, portanto, a consolidação substancial será considerada aprovada apenas se houver aprovação pela maioria dos credores de todas as recuperandas, sem exceção.

O quórum de deliberação, se o simples previsto no art. 42 ou o qualificado do art. 45 da LFR está longe de ser pacificado pela jurisprudência, mas há decisões pontuais a respeito, estando longe de qualquer pacificação de entendimento.[31]

Sendo aprovada a deliberação, então, poderão as recuperandas apresentar plano de recuperação judicial unitário, isto é, com condições e tratamento consolidado de ativos e passivos e a respectiva votação será realizada de forma unificada, como se se tratasse de apenas uma recuperanda.

Esses foram os ensinamentos da melhor doutrina e jurisprudência desenvolvida em mais de quinze anos de lacuna da LFR sobre tratamento de recuperação de grupos.

Parte desses ensinamentos foi incorporada na Lei 14.112/2020, mas há inconsistências graves que expõem ainda mais a personalidade jurídica das sociedades de grupos.

4. O QUE VAMOS SOFRER COM AS ALTERAÇÕES DA LEI 11.101/2005 QUANTO À CONSOLIDAÇÃO PROCESSUAL E SUBSTANCIAL

Diante de tudo o que foi lembrado nos tópicos anteriores desse artigo, é possível fazer uma análise crítica e fundamentada à Lei 14.112/2020, que põe um fim ao silêncio da LFR com relação à consolidação processual e substancial a partir do artigo 69-G.

Em linhas gerais, a Lei 14.112/2020 acerta nas previsões relacionadas à consolidação processual e, apesar de tentando acertar, erra nas previsões sobre consolidação substancial, como será exposto a seguir numa análise de todos os dispositivos.

Seguindo o desenvolvimento da jurisprudência nas varas e câmaras especializadas, conforme tópico anterior, o *caput* do art. 69-G[32] prevê que os grupos de sociedades poderão requerer recuperação judicial sob consolidação processual.

---

31. Um dos acórdãos mais completos sobre o tema, definindo o quórum qualificado para deliberação sobre consolidação substancial é do TJRJ, no caso da Recuperação Judicial do grupo Constellation, AI n. 0030135-29.2019.8.19.0000: "Agravo de Instrumento e Agravo Interno. Assembleia Geral de Credores e Agravo Interno. Assembleia Gral de Credores. Consolidação Substancial e a forma de sua aprovação. Jurisdição nacional e sociedades empresárias estrangeiras. Pretensão de submissão de quesito aos credores para fins do art. 22, III do CPC. (...) 2. A consolidação substancial, quando aprovada, muda por completo a forma de votação do plano de recuperação dos grupos de sociedades. Sem ela deve cada sociedade, em votação separada, deliberar na forma do artigo 45 da lei 11.101, mercê da autonomia das sociedades (artigo 266 da Lei das AS). Uma vez consolidadas, apuram-se os votos de forma conjunta, como o de uma única pessoa jurídica se estivesse a tratar. 3. De sua inequívoca influência sobre a forma de contabilizar os votos na votação do Plano resulta a necessidade de submeter a aprovação da consolidação a idêntico quórum, sob pena de difundi-la e consagrá-la como instrumento de burla à independência das integrantes de um mesmo grupo societário. 4. Consolidação substancial que, ademais, guarda estreita afinidade com as matérias, próprias do plano, objeto dos incisos II (cisão, incorporação, fusão ou transformação de sociedades) e XIV (administração compartilhada) do art. 50 da Lei 11.101, a justificar, também por este fundamento, sua submissão ao quórum do artigo 45, em detrimento do artigo 42, ambos da Lei 11.101 (...)"

32. Art. 69-G. Os devedores que atendam aos requisitos previstos nesta Lei e que integrem grupo sob controle societário comum poderão requerer recuperação judicial sob consolidação processual.

Contudo, tal artigo não abarcou a viabilidade e tratamento do pedido de recuperação extrajudicial em conjunto. Diante da notória intenção do legislador em incentivar o uso da recuperação extrajudicial e mitigar a insegurança jurídica que circunda tal instituto, teria sido boa oportunidade para tratar do tema.

De qualquer forma, a jurisprudência já vem equiparando os entendimentos sobre consolidação processual e substancial às recuperações extrajudiciais, o que seguramente seguirá ocorrendo apesar da lacuna permanecer.[33]

Acertadamente, o art. 69-G, § 1[o34] esclarece que os requisitos de deferimento do processamento serão analisados de forma singular, por empresa, de modo que a documentação exigida pelo artigo 51 seja apresentada individualmente.

Caberia ao projetista ter feito menção, também, às informações e documentos previstos pelo art. 48 sobre condições subjetivas para pedido de recuperação judicial. Mais uma vez, contudo, o lapso do legislador provavelmente não terá o condão de prejudicar a interpretação do artigo, estando claro que todas as condições serão analisadas de forma individual, por recuperanda.

O parágrafo subsequente, ou seja, artigo 69-G, § 2[o35] trata da competência e em consonância com o artigo 3º da LRF esclarece que o juízo do principal estabelecimento "entre os dos devedores" será o competente para deferimento do processamento. Muito embora a lei não esclareça qual o principal estabelecimento comercial do grupo, o STJ já sedimentou orientação no sentido de ser aquele que concentra o maior volume de negócios.[36]

O § 3º de aludido artigo[37] é claro ao dispor que todas as demais disposições legais da LRF se aplicam aos casos de consolidação processual e substancial, sanando dúvidas quanto à aplicabilidade de outros dispositivos e esclarecendo que cada recuperanda será tratada de forma individualizada.

É o caso, por exemplo, das lacunas mencionadas como recuperação extrajudicial de grupos e requisitos subjetivos para deferimento do pedido que são supridos pelo art. 69-G, § 3º. A apresentação de plano alternativo pelo credor de que trata o art. 56, § 4º e seguintes da Lei 14.112/20, por exemplo, também deverá espeitar as previsões dessa seção.

---

33. Nesse sentido, emblemática a decisão que indeferiu o pedido de homologação de plano de recuperação extrajudicial do grupo Queiroz Galvão em razão da ausência de demonstração dos requisitos autorizadores da consolidação substancial e, consequentemente, não atingimento do quórum exigido em lei. "A ausência de demonstração dos requisitos da consolidação substancial já implica a não homologação do plano de recuperação extrajudicial por ausência de atendimento do requisito de aprovação de 3/5 dos créditos de cada uma das classes de cada um dos devedores requerentes. Isto posto, indefiro o pedido de homologação do plano de recuperação extrajudicial e revogo as medidas liminares anteriormente concedidas." (Processo 1120166-11.2018.8.26.0100 que tramitou perante a 2ª Vara de Falências e Recuperação Judicial do Foro Central de São Paulo).

34. Art. 69-G, § 1º. Cada devedor apresentará individualmente a documentação exigida no art. 51 desta Lei.

35. Art. 69-G, § 2º O juízo do local do principal estabelecimento entre os dos devedores é competente para deferir a recuperação judicial sob consolidação processual, em observância ao disposto no art. 3º desta Lei.

36. Ver Nota de rodapé 22.

37. Art. 69-G, § 3º Exceto quando disciplinado de forma diversa, as demais disposições desta Lei aplicam-se aos casos de que trata esta Seção.

O artigo 69-H[38], em atenção à economia processual, prevê que apenas um administrador judicial será nomeado caso o processamento seja deferido em conjunto. Importante lembrar que tal administrador deve estar atento ao tratamento adequado das recuperandas e também respeitar a personalidade jurídica de cada sociedade, apresentando listas separadas de credores, relatórios mensais de atividade com análises individualizadas, informando nos autos não apenas os elementos caracterizadores dos grupos, como também eventual confusão patrimonial.

O artigo 69-I[39] talvez seja a tábua de salvação da personalidade jurídica das sociedades que compõem o grupo e poderá ser alegado na tentativa de impedir que a consolidação substancial seja utilizada de forma irresponsável.

De forma cristalina tal dispositivo prevê que consolidação processual não acarreta a consolidação substancial e que mesmo se o processamento for deferido em conjunto, a personalidade jurídica e, portanto, autonomia das recuperandas, seus passivos e ativos, será garantida.

Os §§ 1º a 5º[40] do art. 69-I preveem as consequências do deferimento em conjunto e necessário respeito à autonomia das sociedades.

É o caso da determinação de apresentação de meios de recuperação independentes prevista no art. 69-I, § 1º, considerando a capacidade de pagamento de cada recuperanda, seja através de planos de recuperação judicial separados por recuperanda ou plano em documento único, mas com previsões individualizadas por devedora e que deverão ser votados separadamente.

Muito embora a redação do art. 69-I § 2º permita a leitura de que as assembleias serão separadas por recuperanda, a melhor interpretação do dispositivo, corroborado pelo próprio 69-I, § 3º é a de que ainda que a assembleia seja única, as deliberações serão distintas, abrindo-se votações separadas por recuperanda, respeitando-se os respectivos quóruns.

Automaticamente, como as deliberações são distintas, os resultados também poderão ser diferentes, de modo que algumas das recuperandas obtenham aprovação do plano e concessão da recuperação e outras a decretação da quebra, hipótese em que haverá desmembramento do processo, nos termos do art. 69-I, §§ 4º e 5º.

---

38. Art. 69-H. Na hipótese de a documentação de cada devedor ser considerada adequada, apenas um administrador judicial será nomeado, observado o disposto na Seção III do Capítulo II desta Lei.

39. Art. 69-I. A consolidação processual, prevista no art. 69-G desta Lei, acarreta a coordenação de atos processuais, garantida a independência dos devedores, dos seus ativos e dos seus passivos.

40. Art. 69-I, § 1º Os devedores proporão meios de recuperação independentes e específicos para a composição de seus passivos, admitida a sua apresentação em plano único.

§ 2º Os credores de cada devedor deliberarão em assembleias gerais de credores independentes.

§ 3º Os quóruns de instalação e de deliberação das assembleias gerais de que trata o § 2º deste artigo serão verificados, exclusivamente, em referência aos credores de cada devedor, e serão elaboradas atas para cada um dos devedores.

§ 4º A consolidação processual não impede que alguns devedores obtenham a concessão da recuperação judicial e outros tenham a falência decretada.

§5º Na hipótese prevista no § 4º deste artigo, o processo será desmembrado em tantos processos quantos forem necessários.

Absolutamente nada é dito sobre a deliberação sobre consolidação substancial pelos credores, a forma de apuração dos votos e respectivos quóruns. Infelizmente a Lei forem necessários.14.112/20 não destina uma linha sequer sobre a consolidação substancial voluntária, uma das questões que a jurisprudência também é indefinida e escassa.[41]

O artigo 69-J[42] diz respeito à consolidação substancial obrigatória, isto é, aquela deferida de ofício desde que presentes determinados requisitos. Trata-se de dispositivo com redação inadequada, temerária, imprecisa e que permite a adoção da consolidação substancial como regra e não exceção – o que vinha sendo combatido pela doutrina e jurisprudência de câmaras especializadas e o que contradiz o próprio art. 69-I.

Ou seja, trata-se do dispositivo mais delicado da Lei 14.112/2020 e que põe em risco a personalidade jurídica das sociedades pertencentes a grupos.

Muito embora o caput do art. 69-J determine que a consolidação substancial se dê excepcionalmente, elenca como condições para sua autorização pelo juiz os seguintes requisitos: (i) interconexão e confusão entre ativos ou passivos dos devedores, de modo que não seja possível identificar a sua titularidade sem excessivo dispêndio de tempo ou de recursos e, cumulativamente (ii) duas das quatro hipóteses indicadas nos incisos I a IV que não passam de meros elementos inerentes a grupos de sociedade.

A imprecisão do *caput* do 69-J provavelmente acarretará o que o próprio legislador ironicamente alega combater: a adoção da consolidação obrigatória como regra e sem a cautela necessária. Isso porque, a rigor, as condições exigíveis para o

---

41. Importante mencionar a proposta apresentada pelo grupo de trabalho formado pelos professores Cassio Cavalli, Francisco Satiro de Souza Junior, Paulo Fernando Campos Salles de Toledo e Sheila Neder Cerezetti, que deu origem ao Projeto de Lei 10.220/2018. Referido grupo de trabalho foi apelidado pela comunidade acadêmica de "GTzinho". A proposta do Gtzinho propunha o seguinte com relação à consolidação substancial voluntária:

"Art. 69-D. O pedido de recuperação judicial sob consolidação processual poderá ser acompanhado de proposta de consolidação substancial de ativos e passivos de devedores quando a medida se mostrar indispensável à superação da crise econômico-financeira.

§ 1º Na hipótese prevista no caput deste artigo, o juiz convocará assembleia geral de credores de cada devedor para deliberar, de forma independente, sobre a proposta de consolidação substancial.

§ 2º O juiz deferirá a consolidação substancial cuja proposta tiver sido aprovada em todas as assembleias, obedecido o quórum previsto no art. 42 desta Lei.

§ 3º Em caso de aprovação por ao menos uma das assembleias, o juiz deferirá a consolidação substancial contanto que, de forma cumulativa, a proposta:

I – tenha contado com manifestação favorável de credores que representem pelo menos 2/3 do valor de todos os créditos presentes às assembleias; e

II – tenha contado com manifestação favorável de pelo menos 1/5 (um quinto) do valor dos créditos presentes à assembleia que a desaprovou.

§ 4º A proposta de consolidação substancial a que se refere este artigo não impede seja imediatamente deferido o processamento da recuperação judicial sob consolidação processual, quando atendidos os requisitos legais."

42. Art. 69-J. O juiz poderá, de forma excepcional, independentemente da realização de assembleia geral, autorizar a consolidação substancial de ativos e passivos dos devedores integrantes do mesmo grupo econômico que estejam em recuperação judicial sob consolidação processual, apenas quando constatar a interconexão e a confusão entre ativos ou passivos dos devedores, de modo que não seja possível identificar a sua titularidade sem excessivo dispêndio de tempo ou de recursos, cumulativamente com a ocorrência de, no mínimo, 2 (duas) das seguintes hipóteses:

I – existência de garantias cruzadas;

II – relação de controle ou de dependência;

III – identidade total ou parcial do quadro societário; e

IV – atuação conjunta no mercado entre os postulantes.

deferimento da consolidação substancial obrigatória seriam os mesmos que autorizariam a desconsideração da personalidade jurídica, ou seja, confusão patrimonial ou desvio de finalidade entre as empresas do grupo – e de preferência antes do pedido de recuperação judicial.

A "interconexão" entre as devedoras, além de ser um termo inapropriado e sem qualquer conotação técnica ou jurídica, costuma ser uma característica inerente aos grupos. Ora, evidente que as sociedades plurissocietárias possuem conexão entre si.

Outrossim, a confusão patrimonial deve ser efetivamente demonstrada a fim de permitir a consolidação substancial, independentemente do tempo que se destine para tanto. Assim como a fraude, a confusão patrimonial entre empresas do grupo não pode ser presumida, como bem esclarece o art. 50, § 4º, do Código Civil.

A imprecisão e inadequação de aludido artigo não se limitam ao termo "interconexão". Diversas perguntas surgem, tais como: no que consiste excessivo dispêndio de tempo ou de recursos? Sobre quem recai o ônus de demonstrar ou apurar a eventual confusão patrimonial? A confusão patrimonial provocada maliciosamente pelas recuperandas posteriormente ao pedido de recuperação judicial para obter os benefícios da consolidação substancial pode ser levada em consideração ou é necessário que tal confusão seja anterior ao pedido? Caso constatada a confusão patrimonial, as sociedades do grupo se tornam solidariamente responsáveis pelo cumprimento de obrigações não sujeitas à recuperação judicial? A confusão patrimonial com outras empresas do grupo que não tenham sido incluídas no polo ativo do processo permite sua inclusão de ofício pelo Juízo?

São muitas as perguntas sem respostas, que dependerão do desenvolvimento jurisprudencial.

Além disso, com relação aos incisos I a IV elencados pelo art. 69-J, dos quais dois deles também devem estar presentes para justificar a consolidação obrigatória, também nada deveriam acrescentar no deferimento do tratamento unificado de ativos e passivos. As hipóteses listadas são apenas elementos inerentes aos grupos societários, que devem estar presentes para a concessão da consolidação processual e não substancial.

Ora, essas hipóteses lançadas pelos incisos I a IV como garantias cruzadas, relação de controle ou de dependência, identidade total ou parcial do quadro societário e atuação conjunta no mercado entre os postulantes são exemplos de características típicas de grupos de fato que autorizariam apenas o litisconsórcio ativo e deferimento do processamento em conjunto.

Aqui o legislador denuncia que a Lei 14.112/2020 não passou de uma colcha de retalhos.[43]

São muitos os questionamentos relativos a tal dispositivo que possivelmente não terão o condão de realmente fazer com que a consolidação substancial seja deferida de forma excepcional.

---

43. Juntaram-se propostas diversas de alteração da Lei 11.101/05, pois o PL 4.458/20 aproveitou integralmente a proposta sobre a consolidação processual, como a do PL 10.220/2018 (Projeto GTzinho).

5. CONCLUSÃO

Não é de hoje que a personalidade jurídica das sociedades pertencentes a grupos está em crise.

Parte dessa crise decorre da inadequação do nosso sistema legislativo que impõe uma autonomia jurídica e patrimonial para as sociedades pertencentes a grupos que é incompatível com a própria natureza dos grupos.

Isso porque sejam os grupos de fato ou de direito, os interesses coletivos devem se sobrepor aos interesses individuais das sociedades a eles pertencentes, o que por si só já representa uma ameaça à autonomia destas, inclusive, potencialmente, a autonomia patrimonial.

Além de não adotar um sistema apropriado para lidar com a complexidade dos grupos de sociedades, o legislador ainda vem reafirmando sua escolha em manter inabalável a personalidade jurídica das sociedades pertencentes aos grupos.

Na contramão da imposição legal prevista pela LSA, corroborada por exemplo pelo próprio Código Civil, por muito tempo a personalidade jurídica das sociedades pertencentes a grupos foi completamente ignorada quando o grupo se encontrava em recuperação judicial ou extrajudicial.

Diante da lacuna da LFR sobre o tema, doutrina e jurisprudência especializadas vem se desenvolvendo nos últimos quinze anos e lutando contra a consolidação substancial silenciosa, ou seja, que decorra automaticamente da consolidação processual.

Finalmente, quando tivemos a oportunidade a suprir a lacuna da LFR com relação ao tratamento da recuperação judicial de grupos de sociedades, infelizmente demos um passo em falso: um avanço quanto à consolidação processual e um retrocesso quanto à consolidação substancial.

Muito embora seja louvável a intenção do legislador da Lei 14.112/2020 ao estabelecer critérios para o deferimento da consolidação substancial de ofício, a redação imprecisa e inadequada da lei, especialmente do delicado art. 69-J, abre caminho para sua adoção como regra, em contradição ao que a doutrina, jurisprudência e ao que o próprio legislador diz combater.

São muitas as perguntas sem respostas, que dependerão do desenvolvimento jurisprudencial e do bom senso dos advogados, administradores judiciais e magistrados na interpretação e aplicação da Lei 14. 112/2020 para alteração da LFR, para que toda a luta pela conservação da personalidade jurídica das sociedades pertencentes a grupos não tenha sido em vão.

6. REFERÊNCIAS

AIRES, Antonio; XAVIER, Celso Martins; FONTANA, Maria Isabel. "Recuperação judicial e falência de grupo econômico". In: ELIAS, Luis Vasco (Org.). *10 anos de recuperação de empresas e falência, reflexões sobre a reestruturação empresarial no Brasil*. São Paulo: Quartier Latin, 2015.

ANTUNES, José Engrácia. *Os grupos de sociedades*. Coimbra: Almedina, 1993. BEZERRA FILHO, Manoel Justino. *Lei de recuperação de empresas e falências*. 10ª ed. São Paulo: Ed. RT, 2014.

CALÇAS, Manoel de Queiroz Pereira. "Reflexões sobre o litisconsórcio ativo entre empresas componentes de grupo econômico na recuperação judicial". In: YARSHELL, Flavio Luiz; PEREIRA, Guilherme Setoguti (Coord.). *Processo societário II*. São Paulo: Quartier Latin, 2015.

CALÇAS, Manoel de Queiroz Pereira. "A proteção do sócio minoritário na lei das sociedades anônimas brasileira". In: COELHO, Fábio Ulhoa; RIBEIRO, Maria de Fátima (Org.). *Questões de direito societário em Portugal e no Brasil*. Coimbra: Almedina, 2012.

CEREZETTI, Sheila Christina Neder. "Grupos de sociedades e recuperação judicial: o indispensável encontro entre direito societário, processual e concursal". In: YARSHELL, Flavio Luiz; PEREIRA, Guilherme Setoguti (Coord.). *Processo societário II*. São Paulo: Quartier Latin, 2015.

CEREZETTI, Sheila Christina Neder. *A recuperação judicial de sociedade por ações*: o princípio da preservação da empresa na Lei de Recuperação e Falência. São Paulo: Malheiros Ed., 2012.

CEREZETTI, Sheila Christina Neder. SATIRO, Francisco. "A silenciosa 'consolidação' da consolidação substancial. Resultados de pesquisa empírica sobre recuperação judicial de grupos empresariais". *Revista do Advogado*. n. 131. Out. 2016, p. 216-223.

COELHO, Fabio Ulhoa. *Comentários à nova lei de falências e de recuperação de empresas*. 7. ed. São Paulo: Saraiva, 2010.

COELHO, Fabio Ulhoa. *Curso de direito comercial: direito de empresa*. vol. III. 14ª edição. São Paulo: Saraiva, 2013.

COELHO, Fabio Ulhoa. "O poder de controle sobre companhias abertas concorrentes". In: CASTRO, Rodrigo Rocha Monteiro de; WARDE JUNIOR, Walfrido Jorge e GUERREIRO, Carolina Dias Tavares (Coord.). *Direito empresarial e outros estudos em homenagem ao professor José Alexandre Tavares Guerreiro*. São Paulo: Ed. Quartier Latin do Brasil, 2013.

COMPARATO, Fábio Konder. *Aspectos jurídicos da macroempresa*. São Paulo: Ed. RT, 1970.

COMPARATO, Fábio Konder. "Os grupos societários na nova lei de sociedade por ações". *Revista de Direito Mercantil, Industrial, Econômico e Financeiro*. São Paulo, n. 23/24, p. 91-107, 1976.

CUNHA, Rodrigo Ferraz Pimenta da. "O poder de controle na nova lei de falências e recuperações judiciais". In: CASTRO, Rodrigo R. Monteiro de e AZEVEDO, Luis André N. de Moura. *Poder de controle e outros temas de direito societário e mercado de capitais*. São Paulo: Quartier Latin, 2010.

DEZEM, Renata Mota Maciel Madeira. *A extensão da competência do Juízo da recuperação judicial*. 2016. Tese (Doutorado) – Programa de Pós-Graduação em Direito, Faculdade de Direito, Universidade de São Paulo, São Paulo, 2016.

DINAMARCO, Candido R. *Litisconsórcio* (um estudo sobre o litisconsórcio comum, unitário necessário, facultativo). São Paulo: Ed. RT, 1984.

DINIZ, Gustavo Saad. *Grupos societários*: da formação à falência. São Paulo. Ed. Forense. São Paulo, 2016.

EIZIRIK, Nelson. *A Lei das S/A comentada*. v. II. São Paulo: Quartier Latin, 2011.

GUERREIRO, José Alexandre Tavares; TEIXEIRA, Egberto Lacerda. *Das sociedades anônimas no direito brasileiro*. v. II. São Paulo: Bushatsky, 1979.

GUERREIRO, José Alexandre Tavares. "Direito dos grupos de sociedades". *Revista de Direito Mercantil*, n. 107, 1997.

GUERREIRO, José Alexandre Tavares. "Responsabilidade por obrigações e dívidas da sociedade empresária na recuperação extrajudicial, na recuperação judicial e na falência". *Revista de Direito Mercantil, Industrial, Econômico e Financeiro*. São Paulo, ano 45, n. 144, p. 138-145, out./dez. 2006.

MONTALENTI, Paolo. *Persona giuridica, gruppi do società, corporate governance: studi in tema di società per azioni*. Padova: CEDAM, 1999.

MUNHOZ, Eduardo Secchi. Estrutura de governo dos grupos societários de fato na lei brasileira. In: CASTRO, Rodrigo Rocha Monteiro de; WARDE JUNIOR, Walfrido Jorge; GUERREIRO, Carolina Dias Tavares (Coord.). *Direito empresarial e outros estudos em homenagem ao professor José Alexandre Tavares Guerreiro*. São Paulo: Ed. Quartier Latin do Brasil, 2013.

MUNHOZ, Eduardo Secchi. "Desconsideração da personalidade jurídica e grupos de sociedades". In:

Revista de Direito Mercantil, n. 134, 2004.

MUNHOZ, Eduardo Secchi. *Empresa contemporânea e direito societário: poder de controle e grupos de sociedades*. São Paulo: Juarez de Oliveira, 2002.

PEDREIRA, José L. Bulhões; LAMY FILHO, Alfredo (Coord.). *Direito das companhias*. v.1. Rio de Janeiro: Forense, 2009.

PEDREIRA, José L. Bulhões. *Direito das companhias*. v. 2. Rio de Janeiro: Forense, 2009.

PRADO, Viviane Muller. *Conflito de interesses nos grupos societários*. São Paulo: Quartier Latin, 2006.

PRADO, Viviane Muller. "Grupos societários: análise do modelo da Lei 6.404/1976". *Revista Direito GV*. v. 1., 2005, p. 05-28.

SALOMÃO FILHO, Calixto. *O novo direito societário*. São Paulo: Malheiros, 1998.

SALOMÃO FILHO, Calixto. *O poder de controle na sociedade anônima*. Rio de Janeiro: Forense, 2008.

9
IMPACTOS DAS ALTERAÇÕES DA LEI FALIMENTAR À ATIVIDADE RURAL E AO FINANCIAMENTO DO AGRONEGÓCIO

José Afonso Leirião Filho

Professor do Insper e do Instituto Brasileiro de Direito do Agronegócio (IBDA). Especialista em contencioso comercial e LL.M em Direito Comercial pelo CEU Law School. Graduado pelo Mackenzie e advogado em São Paulo.

Sumário: 1. Introdução – a importância da atividade de produção rural e o conceito de agronegócio. 2. A relação do Sistema de Financiamento do Agronegócio com o regime de insolvência do produtor rural. 3. As propostas legislativas da "Emenda Alceu". 3.1 Admissibilidade da recuperação judicial do produtor rural. 3.2 Créditos sujeitos ao concurso de credores. 3.3 Plano especial de recuperação judicial. 3.4 A CPR com liquidação física. 4. Conclusão. 5. Referências.

1. INTRODUÇÃO – A IMPORTÂNCIA DA ATIVIDADE DE PRODUÇÃO RURAL E O CONCEITO DE AGRONEGÓCIO

A atividade de produção rural no Brasil se desenvolveu para uma realidade em que a agricultura brasileira é modelo de produtividade mundial, tendo galgado a cada dia posições de maior destaque no âmbito de produção e de desenvolvimento de tecnologia de produção agrícola, com ênfase na exploração das culturas de soja, milho, cana-de-açúcar e café; a soja, principal produto nacional, com forte concentração no mercado de exportação, posicionou o país como o maior produtor mundial, com mais de 36,950 milhões de hectares de área plantada, responsáveis pelo cultivo de mais de 124 milhões de toneladas até setembro de 2020, destacando-se o Mato Grosso como estado de maior produção[1].

A pujança do setor, exemplificada acima pela agricultura, é ainda mais evidenciada pelo PIB do agronegócio do ano de 2020, visto que, em meio à pandemia que afeta as economias do Brasil e do mundo de forma severa, de acordo estudo do Cepea (Centro de Estudos Avançados em Economia Aplicada), da Esalq/USP, realizado em parceria com a CNA (Confederação da Agricultura e Pecuária do Brasil), os números indicam crescimento acumulado (de janeiro a agosto) de 8,48%[2]. Apenas o setor agrícola demonstra acúmulo de 6,12% em 2020. O agronegócio, em suma, representa mais de 21% do PIB brasileiro[3].

---

1. Vide https://www.embrapa.br/soja/cultivos/soja1/dados-economicos, consultado em 16.12.2020.
2. Disponível em: https://www.cepea.esalq.usp.br/upload/kceditor/files/Cepea_PIB-do-Agro-CNA-08-DEZ-2020(1).pdf, consultado em 16.12.2020.
3. Disponível em: https://www.cnabrasil.org.br/cna/panorama-do-agro, consultado em 18.12.2020.

O entendimento adequado do conceito atual de agronegócio e das particularidades do setor são fundamentais para que se compreenda essa evolução econômica. Referido conceito advém do termo *agribusiness*, cunhado em 1957 a partir de estudos da Universidade de Harvard[4], que inseriu a matriz *insumo-produto* no âmbito dos negócios agrícolas, a qual é definida como a soma das operações de produção, de armazenamento, processamento e de distribuição dos produtos agrícolas e dos itens beneficiados. Trata-se de visão que contribuiu para que o agronegócio seja compreendido como uma cadeia complexa de atividades desempenhadas antes, dentro e depois da porteira.

A partir do conceito acima, portanto, atualmente pode se definir tecnicamente o agronegócio como o complexo organizado de atividades econômicas que envolvem a produção, o processamento e o armazenamento de insumos, até a comercialização ao consumo interno e exportação de produtos de origem agrícola ou pecuária, ainda compreendidas as bolsas de mercadorias e futuros e as formas próprias de financiamento, sistematizadas por meio de políticas públicas específicas[5].

Esse sistema é permeado de riscos específicos a cada atividade rural, tais como, riscos físicos, riscos de mercado, riscos de crédito e riscos jurídicos. No âmbito do Direito Falimentar, destacam-se os riscos de crédito ou de *default*, que surgem por fatores causadores da inadimplência, tais como como a alta dos juros, da inflação, oscilação de demanda, variação da moeda, intempéries climáticas, entre outros, bem como os riscos jurídicos, que se resumem a fatores contratuais formais e à sua análise pelo Poder Judiciário em caso de controvérsia, dado que o agronegócio e o seu financiamento atuam mediante instrumentos contratuais pertencentes a regimes jurídicos específicos, de modo a refletir as intenções negociais de forma adequada a cada espécie ou ciclo do agronegócio, com vistas a mitigar os riscos da atividade – o que se dá também com o auxílio das garantias – e trazer segurança às avenças entabuladas.

Dessa forma, a existência de um mercado de crédito estável e desenvolvido é fundamental ao agronegócio, o qual, ao lançar mão de instrumentos contratuais específicos, depende de segurança jurídica para mitigar as incertezas que envolvem os direitos do credor e suas garantias *vis a vis* os interesses do devedor. É nessa linha que alerta lucidamente a doutrina, de que *"num lugar onde não há certeza, nem justiça, certamente não haverá crédito"*[6].

O agronegócio insere-se, portanto, em um ambiente complexo de economia globalizada de mercado e, dessa forma, não obstante a inegável pujança econômica, o elemento crise não é estranho às suas atividades e necessita ser tutelado. Note-se o exemplo da cultura de flores ornamentais, absolutamente prejudicada pela pandemia do novo coronavírus. A crise da atividade empresarial, ressalta-se, é inerente ao próprio sistema capitalista, cuja história indica uma alternância praticamente inevitável entre

---

4. DAVIS, J., GOLDBERG, R. *A concept of agribusiness*, Boston: Harvard University, 1957.
5. BURANELLO, R. M. *Sistema Privado de Financiamento do Agronegócio*: regime jurídico. Ed. Quartier Latin: São Paulo, 2011, p. 44.
6. SADDI, Jairo. *Crédito e Judiciário no Brasil: uma análise de Direito & Economia*. São Paulo: Quartier Latin, 2007, p.307.

o progresso econômico e os momentos de crise, com o estouro de bolhas criadas pelo sistema, que acarretam recessão[7].

O elemento crise, como visto, invariavelmente se fará presente na produção rural, o que é ratificado pelo número de recuperações judiciais no setor que, principalmente a partir de 2018, tem sentido os efeitos deletérios da – até então – pior recessão da história da economia brasileira, que, não obstante tenham demorado para afetar com intensidade a atividade rural, fizeram com que o termo "recuperação judicial" virasse pauta entre os agentes econômicos.

No ano em tela, o aumento no volume de pedidos de recuperação judicial passou a alarmar os vetores de financiamento, o que se intensificou em 2019, multiplicando-se o número de requerimentos do favor legal pelos estados em que se concentra a atividade rural, principalmente por produtores rurais pessoas naturais.

Essa realidade gerou desequilíbrio na matriz de crédito do agronegócio, e tem preocupado o sistema privado de financiamento, conforme indica estudo realizado pela assessoria MB Associados, a pedido da Associação Brasileira das Indústrias de Óleos Vegetais (Abiove), em que a análise de cerca de 60 recuperações judiciais de produtores rurais indicou que os devedores estariam incluindo no concurso os débitos oriundos de obrigações de entrega de produtos atreladas a Cédulas de Produtor Rural (CPR), frustrando os credores, com o objetivo de obter descontos nas dívidas[8]. O estudo aponta que, em uma realidade em que o produtor financia cerca de 60% de sua safra, a utilização muitas vezes oportunista do favor legal pode limitar o acesso ao crédito.

O cenário em 2020, com a chegada alarmante da pandemia, trouxe novos desafios: o agronegócio resiste com mais força à crise do que outros setores da economia, sendo exemplo disso a estimativa de que o ano de 2020 contará com a maior produção agrícola da história[9], com a observação de que algumas atividades têm encontrado dificuldades importantes, como é o caso da sucroalcooleira[10].

A partir desta singela introdução, se pode ter uma ideia pontual da relevância da atividade de produção rural à economia, bem como do fato de que, inserido em uma economia de mercado, o agronegócio não está alheio a possíveis crises, sendo sua relação com o regime de insolvência fator relevante à continuidade de seu desenvolvimento.

2. A RELAÇÃO DO SISTEMA DE FINANCIAMENTO DO AGRONEGÓCIO COM O REGIME DE INSOLVÊNCIA DO PRODUTOR RURAL

O agronegócio enfrentou a migração de um sistema de financiamento focado em políticas públicas, desde a constituição do Sistema Nacional de Crédito Rural (SNCR), em 1965, permeado por intensa intervenção governamental, até a edição da Lei 8.929/1994, que criou a CPR e, principalmente, da Lei 11.076/2004, que instituiu novos títulos de

---

7. VON MISES, Ludwig. *A ação humana*. Trad. Donald Stewart Jr., 31. ed. São Paulo: Mises Brasil, 2010, p. 656.
8. Agência Reuters, *Recuperação judicial no campo ameaça pilares do agronegócio como CPR, diz estudo*, em "Notícias de Negócios", de 30.10.2019.
9. Vide Levantamento Sistemático da Produção Agrícola (LSPA) – IBGE.
10. O Estado de São Paulo, *"Um quarto das usinas do país pode fechar as portas"*, caderno de Economia de 02.05.2020.

financiamento do agronegócio em busca de atrair o interesse do crédito privado, o que contribuiu intensamente ao desenvolvimento do sistema de financiamento atual, em que o mercado privado assumiu o papel de principal financiador da atividade rural no país.

Nesse sistema, instituições financeiras, *tradings*, cooperativas, fornecedores e revendas de insumos, entre outros, passaram a protagonizar o financiamento agropecuário, por intermédio de títulos privados criados especificamente para atender às demandas de cada etapa da cadeia integrada do agronegócio, do fomento à fase de produção com a CPR, armazenamento e comercialização com o Certificado de Depósito Agropecuário e Warrant Agropecuário (CDA/WA), à pura captação de recursos com emissores específicos, inclusive com acesso ao mercado de capitais, bem representado pelo Certificado de Recebíveis do Agronegócio (CRA). Referidos títulos, aliados ao sistema de garantias, são responsáveis por atribuir estabilidade às relações comerciais, com vistas a possibilitar uma recuperação efetiva do crédito em caso de inadimplemento.

Para ilustrar essa mudança de paradigma, segundo o Valor Econômico[11], as *tradings* financiam de 30% a 35% da safra nacional de soja e milho, boa parte por intermédio de operações de *barter*, que envolvem a troca entre o insumo necessário à produção ou o adiantamento parcial ou total do preço ao produtor, por percentual da safra futura. Realizada a operação financeira, a *trading* assume, em paralelo, contratos perante os mercados nacional e internacional e conta como lastro justamente os produtos pré-adquiridos. Essa equação e as demais relacionadas ao financiamento privado foram desbalanceadas com pedidos não esperados de recuperação judicial, ameaçando a solidez do mercado de crédito.

Sobre o instituto recuperacional, se trata de uma das respostas aos efeitos deletérios da crise empresarial no Brasil, inserida pela Lei 11.101/05, legislação motivada em criar mecanismos aptos a propiciar oportunidades efetivas de recuperação a empresas e a empresários individuais em crise econômico-financeira[12], dentre eles a recuperação judicial, que conta com o objetivo expresso de *viabilizar a superação da situação de crise econômico-financeira do devedor, a fim de permitir a manutenção da fonte produtora, do emprego dos trabalhadores e dos interesses dos credores, promovendo, assim, a preservação da empresa, sua função social e o estímulo à atividade econômica.*

Além disso, almeja o regime de insolvência, mesmo em casos de falência, maximizar a utilização produtiva dos bens, ativos e recursos produtivos do devedor em crise[13]. Abre-se parêntese para comentar que esse senso de preservação da atividade empresarial fez com que parte da doutrina e da jurisprudência passasse a utilizar, de forma indiscriminada, o termo "princípio da preservação da empresa", o que fomentou lúcidas críticas doutrinárias[14], e passou até a motivar decisões questionáveis no âmbito concursal[15]. Não obstante, o objetivo da Lei 11.101/05, em interpretação que nos parece mais adequada, é o de preservação da força produtiva, de modo a mitigar, quando possível, os efeitos da crise e desde que respeitadas as demais previsões do regime falimentar.

O favor legal da recuperação judicial, como dito, passou a ser visto como uma possível solução aos produtores rurais que se encontram principalmente em cenário de escassez de liquidez, dada a cultura de concentração imobiliária de seus patrimônios. Não obstante tal perfil não ser regra absoluta, é fato que prevalece panorama em que o endividamento do produtor rural se intensifica em prol da aquisição de propriedades rurais, retirando sua liquidez e fomentando a crise com maior facilidade, como se pode denotar do pedido de recuperação judicial por J. Pupin, que traz confissão em sua exordial de que o endividamento se iniciou ante a aquisição de novas áreas:

> "Em que pese o escopo integrado das diversas atividades desenvolvidas pelo Grupo nos últimos anos, o que traz melhor rendimento e diminuição de custos, atualmente o Grupo J. Pupin enfrenta uma crise financeira que se iniciou em meados de 2013, quando o caixa do grupo sofreu uma alta necessidade de capital para compra de novas áreas de expansão e preparo das novas áreas de plantio em Querência e Paranatinga."

O fôlego gerado pelo *automatic stay*, aliado às possibilidades de reestruturação de fluxo de caixa no âmbito dos planos de recuperação judicial, com previsões de carências, deságios e alongamentos de dívidas são características que despertaram a atenção do setor e foram responsáveis por um *boom* de requerimentos.

A despeito da discussão jurídica sobre a admissibilidade do pedido de recuperação judicial pelo produtor rural pessoa natural e forma de comprovação do biênio de atividade empresária regular, é importante se compreender que, historicamente, as crises enfrentadas pelo produtor rural – que há décadas atua preponderantemente na condição de pessoa física não inscrita no Registro de Comércio no desenvolvimento de suas atividades[16] – eram resolvidas entre as partes e, quando judicializadas, a via do regime de insolvência empresarial não era utilizada.

A alteração desse histórico gerou intensas controvérsias no mundo jurídico, que se iniciaram com o *leading case* Pupin, bem como enfrentou críticas por parte dos financiadores do setor, que alegam prejuízos à previsibilidade das relações comerciais entabuladas. Em singela síntese, a crítica, principalmente das instituições financeiras, fornecedoras de insumos, revendas e *tradings*, é de que os produtores rurais se endividam em demasiado, principalmente para a aquisição de terras e insumos, e acabam utilizando a recuperação judicial para renegociar – *longa manus* – as posições mantidas com seus credores, se beneficiando nesses processos de deságios expressivos e longos prazos, muitas vezes sem renunciar às suas propriedades. Por outro lado, a submissão do produtor rural pessoa natural ao regime da insolvência civil tampouco parece ser medida adequada a atender os eventos de crise do setor.

---

16. Segundo o Censo Agropecuário 2017 (IBGE), cerca de 95% dos produtores rurais brasileiros têm o *status* de pessoa física.

Apesar dos argumentos de cada "lado", o embate entre o sistema de financiamento e a produção rural não deve atribuir vilania ao instituto da recuperação, visto tratar-se de mecanismo de política econômica fundamental à superação da crise que, mediante regime jurídico específico, procura nivelar as relações obrigacionais entre credores e devedores, em prol de uma avaliação – pelos credores – da viabilidade econômica da empresa em crise, com vistas a uma possível solução decidida pela maioria.

A utilização da recuperação judicial pela atividade rural a partir de um comportamento oportunista (*moral hazard*) de parte dos produtores rurais tampouco pode ser vista como regra, contudo, é inegável o cenário de insegurança jurídica presente nessa equação e os exemplos negativos já vistos pelo mercado, já que a inscrição do produtor rural como empresário não representa mecanismo de segregação patrimonial, e acaba por dificultar e/ou obscurecer a análise dos agentes com quem o produtor estabelece seus negócios.

A "culpa', se é que se pode atribuir tal vocábulo, não reside no favor legal, cuja inexistência acarretaria um volume insuperável de intentadas individuais de credores em face do devedor, com soluções injustas aos diversos interessados, custos incrivelmente maiores ao Estado, e nenhuma maximização da força produtora da empresa em crise. Ao discorrer a respeito dos objetivos do sistema, WARREN demonstra sua importância:

> [The insolvency] "system aims, with greater or lesser efficacy, toward four principal goals: (1) to enhance the value of the failing debtor; (2) to distribute value according to multiple normative principles; (3) to internalize the costs of the business failure to the parties dealing with the debtor; and (4) to create reliance on private monitoring."[17]

A maior controvérsia parece se concentrar, na visão deste autor, em uma problemática de segurança jurídica e previsibilidade, elementos essenciais do Direito, em especial o comercial. Como ensinam os comercialistas, é dado ao direito a criação de regras aptas a atribuir previsibilidade às relações negociais. Essa ótica se insere desde o princípio basilar do *pacta sunt servanda*; não há aqui uma carta branca em prol de determinada parte ou uma garantia do resultado (lucro) do negócio, mas sim a garantia de que o Direito possibilitará aos agentes econômicos a avaliação de suas reais possibilidades em determinado negócio de acordo com as regras do jogo.

Segundo FORGIONI, a "calculabilidade jurídica assume, assim, uma dimensão toda própria: o apanágio da racionalidade jurídica, significa a possibilidade de o cálculo do resultado. O direito é racional porque garante o processo e não o resultado a ser obtido, mesmo porque a "álea normal" é inerente aos negócios. Ou seja, o direito é estruturado com o propósito de possibilitar o cálculo do resultado (Weber), viabilizando, inclusive, a previsão do comportamento do outro, segundo os parâmetros por ele colocados"[18].

---

17. WARREN, Elizabeth. Bankruptcy Policymaking in an Imperfect World, *Michigan Law Review*, n. 92, 1993-1994, p. 343-344.

18. FORGIONI, Paula Andrea. Teoria Geral dos Contratos Empresariais. São Paulo: Ed. RT, 2009, p. 79.

Como se vê, o pedido de recuperação judicial por produtores rurais não era, em regra, um comportamento calculado pelos financiadores do agronegócio, que se viram diante de uma avalanche de processos concursais, o que gerou um descompasso nas relações jurídicas do setor, abrindo caminho para, além de encarecer, dificultar o acesso ao crédito pelos próprios produtores rurais, que poderiam, por exemplo, se ver obrigados a disponibilizar mais e melhores garantias para conseguir determinada linha de financiamento, com *spread* mais alto, por exemplo. Essa reação, de forma sistêmica, é inequivocamente prejudicial à produção rural.

Fundamental nesse embate é a participação do Poder Judiciário, que não é estranho à necessidade de análise econômica para a correta solução de questões que podem refletir diretamente nas relações comerciais subjacentes[19]. Na discussão em tela, gerou-se intensa controvérsia nos âmbitos doutrinários e jurisprudenciais, haja vista o contexto histórico e de desenvolvimento da atividade agrícola e agroindustrial no Brasil e a legislação civil que atribui ao produtor rural a possibilidade de optar pela empresarialidade, em uma tentativa da lei de adaptar os regimes jurídicos e a forma de atuação do produtor rural que exerce atividade em âmbito familiar, eminentemente não profissional ou organizada, daquele que atua empresarialmente, compondo os elementos de firma.

A despeito dos entendimentos contrários, cujos argumentos e fundamentos jurídicos foram extensamente debatidos pela doutrina especializada[20], razão pela qual este autor opta por não rememorá-los, fato é que o Superior Tribunal de Justiça, inicialmente em decisão da Quarta Turma tirada do caso Pupin[21], e, em seguida, da Terceira Turma na recuperação judicial de Alessandro Nicoli[22], em ambos os casos por maioria dos vo-

---

19. Em julgamento relacionado à submissão do crédito objeto de cessão fiduciária à recuperação judicial, a Ministra do Superior Tribunal de Justiça (STJ) Maria Isabel Gallotti, proferiu voto de comemorada lucidez: "Se, por um lado, a disciplina legal da cessão fiduciária de título de crédito coloca os bancos em situação extremamente privilegiada em relação aos demais credores, até mesmo aos titulares de garantia real (cujo bem pode ser considerado indispensável à atividade empresarial), e dificulta a recuperação da empresa, por outro, não se pode desconsiderar que a forte expectativa de retorno do capital decorrente deste tipo de garantia permite a concessão de financiamentos com menor taxa de risco e, portanto, induz à diminuição do spread bancário, o que beneficia a atividade empresarial e o sistema financeiro nacional como um todo." (STJ, Recurso Especial n. 1.263.500-ES; Min. Rel. Maria Isabel Gallotti, j. 05.02.2013).

20. Vide meros exemplos: CAMPINHO, Sergio; *Curso de Direito Comercial: falência e recuperação de empresas*; São Paulo: Saraiva Educação, 2019; p.137; BURANELLO, Renato; FAILLA, Wilson; Regime jurídico do produtor rural e o instituto da recuperação judicial; *Revista de Direito Empresarial Rede*, Haroldo Malheiros Duclerc Verçosa (Coord.); Ano 4, Edição n. 20, São Paulo: Ed. RT, 2016; p. 136; e SZTAJN, Rachel e VERÇOSA, Haroldo Malheiros Duclerc. Recuperação Judicial do Empresário Rural, *Revista Brasileira do Agronegócio*, v. 1, 1º Semestre/2019, São Paulo: Ed. Thoth, p. 222.

21. "(...) desde antes do registro, e mesmo sem ele, o produtor rural que exerce atividade profissional organizada para a produção de bens e serviços já é empresário. Nessa linha, reitero que não há na Lei exigência temporal em relação ao registro do empresário. O art. 48 apenas exige como condição do pedido de recuperação que o empresário exerça sua atividade de forma regular por pelo menos 2 (dois) anos. Sabe-se, assim, que o registro é condição de regularidade para todos os demais empresários, mas não para o empresário individual, como declara o artigo 971 do Código Civil, reproduzido anteriormente." (Recurso Especial 1.800.032, Voto vencedor do Min. Raul Araújo, julgado em 05.11.2019).

22. "Recurso especial. Pedido de recuperação judicial efetuado por empresário individual rural que exerce profissionalmente a atividade agrícola organizada há mais de dois anos, encontrando-se, porém, inscrito há menos de dois anos na junta comercial. Deferimento. Inteligência do art. 48 da LRF. Recurso especial provido". (...) "Ainda que relevante para viabilizar o pedido de recuperação judicial, como instituto próprio do regime empresarial, o registro é absolutamente desnecessário para que o empresário rural demonstre a regularidade (em conformidade com a lei) do exercício profissional de sua atividade agropecuária pelo biênio mínimo, podendo

tos, autorizou o acesso do produtor rural pessoa natural à recuperação judicial sem a necessidade do cumprimento do prazo de dois anos contados da inscrição do produtor perante o Registro de Comércio, bastando a comprovação do exercício de atividade rural por tal prazo por outras formas admitidas em Direito.

Referidos julgados, contudo, não tramitaram sob a égide da sistemática dos recursos repetitivos, o que, em especial antes da pronúncia da Terceira Turma, manteve cenário de insegurança e possibilitou decisões contrárias[23], razão pela qual o legislativo, provocado pelos agentes econômicos do setor, se viu instado a procurar estabelecer as regras do jogo, o que deu origem a uma das emendas que compôs o projeto de reforma da Lei 11.101/05, a qual passaremos a avaliar no detalhe.

3. AS PROPOSTAS LEGISLATIVAS DA "EMENDA ALCEU"

A intenção dos itens anteriores deste artigo era a de situar o leitor no contexto econômico e jurídico que deu origem às alterações legislativas recentemente aprovadas pelo Senado Federal quanto à recuperação judicial do produtor rural.

Pois bem. Ao longo da evolução da controversa recuperação judicial do produtor rural até as decisões do STJ sobre o tema, tramitava na Câmara dos Deputados, desde o ano de edição da Lei 11.101/2005, o Projeto de Lei 6.229/05, de autoria do Deputado Hugo Leal (PSD/RJ), que, apesar de inicialmente tratar de questões procedimentais gerais da lei, acabou por ser composto por profunda – e em diversos pontos preocupante – reforma aprovada na Câmara dos Deputados e, na sequência, no Senado Federal sob o número 4.458/2020, com sua sanção presidencial realizada em 24 de dezembro de 2020, ao longo da redação deste artigo, sob o n. 14.112/2020.

Dentre as diversas emendas que integraram a reforma, a de número 11, de escopo restrito e autoria do deputado Alceu Moreira (MDB/RS), presidente da Frente Parlamentar da Agropecuária (FPA) durante o biênio 2019/2020, foi responsável por propor mudanças relevantes à recuperação judicial da atividade rural (Emenda Alceu). O surgimento da referida emenda se deu com o escopo de conferir segurança jurídica ao tratamento da crise às cadeias de relações do agronegócio.

Importante se consignar que as sugestões de alterações legislativas que compõem a Emenda Alceu, não obstante amplamente discutidas em grupo de trabalho específico, não se inseriram no contexto do extenso projeto da reforma da lei. A razão se deve ao fato de que, ao longo de 2019, a Subsecretária de Política Agrícola e Negócios Agroambientais do Ministério da Economia passou a mediar encontros entre as principais associações, confederações e organizações representativas de produtores rurais e financiadores do agronegócio no Brasil, com o objetivo de formar um grupo técnico para discutir a problemática da recuperação judicial do produtor rural e, se fosse possível encontrar consenso, buscar um caminho legislativo com o intuito de adequar a questão.

---

ser comprovado por outras formas admitidas em direito e, principalmente, levando-se em conta período anterior à inscrição". (Recurso Especial 1.811.953/MT, Min. Rel. Marco Aurélio Bellizze, julgado em 06.10.2020).

23. TJPR, Agravo de Instrumento 0040558-32.2019.8.16.0000, Des. Rel. Rosana Amara Girardi Fachin, j. 11.12.2019; TJMT, Agravo de Instrumento 1005613-40.2019.8.11.0000, Des. Rel. Nilza Maria Pôssas de Carvalho, j. 05.05.2020.

9 • IMPACTOS DAS ALTERAÇÕES NA ATIVIDADE RURAL E FINANCIAMENTO DO AGRONEGÓCIO

Referidos encontros, que contaram também com participações de diversos juristas, inclusive deste autor, almejavam ultrapassar as barreiras limitadoras do pobre maniqueísmo de interesses de credores e devedores, na tentativa de encontrar uma proposta de melhora efetiva à questão, em busca de segurança jurídica, cuja ausência nega a essência do Direito[24]. A intenção inicial, que não avançou no campo legislativo, seria a criação de um regime especial de insolvência ao produtor rural, que trataria de forma específica de um setor que possui necessidades e características igualmente singulares.

Nesse ínterim, com a decisão do STJ no caso Pupin, a política legislativa indicou a possibilidade de se inserir no Projeto de Lei 6.229/05 apenas alterações absolutamente pontuais em busca de regular a recuperação judicial do produtor rural; referidas alterações, em resumo, compuseram a Emenda Alceu, cujos principais artigos referentes às Leis 11.101/05 e 8.929/94 serão comentados na sequência, respectivamente.

3.1 Admissibilidade da recuperação judicial do produtor rural

Art. 48 (...)

§ 2° No caso de exercício da atividade rural por pessoa jurídica, admite-se a comprovação do prazo estabelecido no caput deste artigo por meio da Escrituração Contábil Fiscal (ECF), ou por meio de obrigação legal de registros contábeis que venha a substituir a ECF, entregue tempestivamente.

§3° Para a comprovação do prazo estabelecido no caput deste artigo, o cálculo do período de exercício de atividade rural por pessoa física é feito com base no Livro Caixa Digital do Produtor Rural (LCDPR), ou por meio de obrigação legal de registros contábeis que venha a substituir o LCDPR, e pela Declaração do Imposto sobre a Renda da Pessoa Física (DIRPF) e balanço patrimonial, todos entregues tempestivamente.

§4° Para efeito do disposto no §3° deste artigo, no que diz respeito ao período em que não for exigível a entrega do LCDPR, admitir-se-á a entrega do livro-caixa utilizado para a elaboração da DIRPF.

§5° Para os fins de atendimento ao disposto nos §§ 2° e 3° deste artigo, as informações contábeis relativas a receitas, a bens, a despesas, a custos e a dívidas deverão estar organizadas de acordo com a legislação e com o padrão contábil da legislação correlata vigente, bem como guardar obediência ao regime de competência e de elaboração de balanço patrimonial por contador habilitado".

Art. 51 (...)

§ 6° Em relação ao período de que trata o § 3° do art. 48 desta Lei:

I – a exposição referida no inciso I do *caput* deste artigo deverá comprovar a crise de insolvência, caracterizada pela insuficiência de recursos financeiros ou patrimoniais com liquidez suficiente para saldar suas dívidas;

II – os requisitos do inciso II do caput deste artigo serão substituídos pelos documentos mencionados no § 3° do art. 48 deste Lei relativos aos últimos 2 (dois) anos.

Como se denota da proposta de alteração do artigo 48 da Lei de Falências, o regime de insolvência empresarial passará, em linha com o entendimento do STJ, a aceitar expressamente o requerimento de recuperação judicial pelo produtor rural pessoa natural, desde que satisfeitos os requisitos trazidos pela norma para fins de comprovação do biênio de exercício regular de atividade rural, quais sejam, a apresentação de (i) Livro Caixa

---

24. Nesse sentido, vide lição de SICHES: "Poderá haver Direito injusto ou falho, mas nunca inseguro, pois a ausência de segurança nega a essência mesma do jurídico". (SICHES, L. Recanséns, *Filosofia del Derecho*, México, Porrúa, 1959, p. 224).

Digital do Produtor Rural (LCDPR), ou registro contábil que venha a substitui-lo; (ii) Declaração do Imposto sobre a Renda da Pessoa Física (DIRPF); e (iii) balanço patrimonial.

A redação que institui rol taxativo de documentos contábeis, entregues tempestivamente e organizados de acordo com a legislação e com o padrão contábil vigente, se dá ante a intensa informalidade que vige as atividades desempenhadas pelos produtores rurais, os quais acabam por preferir atuar como pessoas físicas ante os benefícios correlatos, em especial a simplicidade de atuação no âmbito contábil, bem como o fato de que o sistema tributário brasileiro se apresenta mais favorável aos contribuintes pessoas físicas[25].

Neste ponto, relembre-se que segundo o Censo Agropecuário de 2017, realizado pelo Instituto Brasileiro de Geografia e Estatística (IBGE), do total de 5 milhões de estabelecimentos agropecuários existentes no Brasil, apenas 97,5 mil possuem são sociedades empresárias regularmente inscritas no Registro de Comércio.

A obrigatoriedade da apresentação concomitante da documentação prevista no §3º, aliada aos requisitos do §5º, se justifica, mesmo que tais obrigações não estejam refletidas na lei tributária, visto que visam a garantir que o produtor rural pessoa natural que requerer recuperação judicial possua, ao menos, dois anos de entrega regular de escrita fiscal confiável.

Ou seja, para que o produtor rural tenha acesso ao regime de insolvência empresarial, ele terá o ônus de manter e apresentar informações contábeis em que seja possível efetivamente avaliar *receitas, bens, despesas, custos e as dívidas* de forma confiável, subscrita por profissional de contabilidade e dotada, portanto, de mínimo rigor contábil.

Dessa forma, a nova redação autoriza, de forma expressa, o acesso ao favor legal, desde que o produtor se preocupe em organizar sua informação contábil de acordo com os requisitos legislativos específicos. Trata-se de previsão de consenso entre as entidades do setor que compuseram o grupo técnico, sempre em vista de estabelecer regras claras à possibilidade de acesso à recuperação judicial.

Por fim, quanto à inserção do § 6º ao artigo 51, destaca-se o inciso I, que inova a sistemática atual de avaliação de requisitos de deferimento da recuperação judicial ao exigir do produtor rural pessoa física (ante a referência ao novo §3º) a comprovação da crise. Segundo a alteração, o devedor precisará, ao expor sua situação patrimonial e razões da crise econômico-financeira (artigo 51, I), comprovar a crise, *caracterizada pela insuficiência de recursos financeiros ou patrimoniais com liquidez suficiente para saldar suas dívidas.*

De plano, indica-se nesse ponto a criação de um critério aparentemente exclusivo ao produtor rural pessoa física que, diferente dos demais agentes econômicos submetidos ao regime jurídico empresarial, precisaria apresentar comprovação objetiva da existência

---

25. Para ilustrar o comentário em questão, apresenta-se exemplo do recolhimento do Fundo de Assistência ao Trabalhador Rural (FUNRURAL): enquanto o produtor rural pessoa física está sujeito a uma alíquota de 2,3%, a pessoa jurídica se sujeita a uma alíquota de 2,7%. Além disso, diferentemente do produtor rural pessoa física, o empresário rural, equiparado às pessoas jurídicas, estará sujeito ao recolhimento de Contribuição Social sobre o Lucro Líquido à alíquota de 9%, ao PIS e à Cofins à alíquota conjunta de 9,25%, bem como se submeterá a uma série de obrigações acessórias, como a apresentação de escritura física digital, escritura contábil digital, preenchimento de DCTF, dentre outras, inserindo-se em um regime consideravelmente mais formal e oneroso.

da crise mediante informações contábeis para fazer jus ao deferimento do processamento da recuperação judicial.

O requisito em questão pode encontrar obstáculos em sua aplicação prática, dado que o entendimento pacificado da doutrina e da jurisprudência a respeito dos requisitos ao processamento do pedido de recuperação judicial são de que possuem natureza formal, cabendo tão somente ao magistrado avaliar a conformidade da documentação apresentada, em respeito ao previsto no artigo 52 da Lei 11.101/2005, sendo dado aos credores a análise definitiva sobre a crise, uma vez apresentado o plano de recuperação judicial:

> "De acordo com a legislação brasileira, só o devedor em crise pode ajuizar o pedido de recuperação judicial. Cabe a ele exclusivamente a iniciativa de tentar a solução da sua crise pelo meio judicial. E o artigo 52 da lei 11.101/2005 dispõe que, estando em termos a documentação exigida no artigo 51 da mesma lei, o juiz deferirá o processamento da recuperação judicial.
>
> A lei 11.101/2005 não atribuiu ao juízo da recuperação neste momento inicial um juízo de cognição exauriente sobre o estado de crise da empresa. Quem fará tal análise são os credores, após a apresentação do plano de recuperação pelo devedor. Aprovado o plano, permanecerá em atividade o devedor; rejeitado o plano do devedor, será decretada a sua falência."[26]

O entendimento em questão converge com a máxima da autonomia assemblear, sendo da alçada dos credores a análise de viabilidade econômica do plano de recuperação judicial, não sendo dado ao Poder Judiciário se imiscuir em questões econômicas, tão somente atuar quanto ao controle de legalidade das previsões da proposta realizada pelo devedor[27].

Trata-se, como se vê, de uma opção de sistema de insolvência. O magistrado não realizará análises de viabilidade econômica tanto no momento de deferimento do processamento da recuperação judicial quanto no ato de sua concessão, sendo entregue, como regra, aos credores a prerrogativa de avaliar o cenário de crise proposto e a proposta para a eventual recuperação.

Por fim, o legislador traz no referido inciso I o termo "crise de insolvência", caracterizado pela *insuficiência de recursos financeiros ou patrimoniais com liquidez suficiente para saldar suas dívidas*. Tem-se aqui, assim, a utilização de um conceito relacionado à crise de natureza patrimonial, que supera o cenário de retração dos negócios e desbalanceamento de receitas e despesas (crise econômica) ou a hipótese de a sociedade empresária não possuir caixa suficiente para honrar seus compromissos (crise financeira)[28].

O cenário de crise patrimonial não é, em regra, solucionado pela recuperação judicial, que se amolda mais às crises geradas por desajustes de caixa, baixa liquidez,

---

26. OLIVEIRA FILHO, Paulo Furtado, *"Perícia prévia na recuperação judicial: a exceção que virou regra?"*, artigo publicado no site Migalhas em 02.05.2018.
27. Nessa linha, observe-se julgado do STJ: "Direito empresarial. Controle judicial do plano de recuperação judicial. Cumpridas as exigências legais, o juiz deve conceder a recuperação judicial do devedor cujo plano tenha sido aprovado em assembleia (art. 58, *caput*, da Lei 11.101/2005), não lhe sendo dado se imiscuir no aspecto da viabilidade econômica da empresa. De fato, um vértice sobre o qual se apoia a referida lei é, realmente, a viabilidade econômica da empresa, exigindo-se expressamente que o plano de recuperação contenha demonstrativo nesse sentido (art. 53, II). (...) ". (Recurso Especial 1.319.311-SP, Rel. Min. Luis Felipe Salomão, julgado em 09.09.2014).
28. COELHO, Fábio Ulhoa. *Comentários à lei de falências e de recuperação de empresa*. 8. ed. São Paulo: Saraiva, 2011, p. 69.

auxiliados pelo *stay period* e previsões contidas em plano de recuperação judicial, e problemas de gestão empresária, que podem inclusive ser solucionadas pelo afastamento do administrador da sociedade em recuperação, em casos mais drásticos.

O conceito de insolvência, dessa forma, não parece estar adequadamente inserido na proposta de alteração, dado que está mais atrelado à falência, conforme indica a doutrina:

> "(...) na crise patrimonial (i.e., quando o patrimônio líquido se apresenta negativo, hipótese em que o passivo exigível supera o ativo em função de prejuízos verificados em períodos anteriores), o cenário é agravado ainda mais, especialmente se a crise que originou essa situação não for revertida a tempo, hipótese em que situação tende a migrar para uma liquidação falimentar (na qual se garante o pagamento dos credores conforme as preferências legalmente estabelecidas). (...)
>
> De qualquer forma, caso a crise econômica, que deu origem à crise patrimonial, seja passível de reversão, pode-se utilizar a recuperação judicial para alongar o passivo exigível e utilizar esse espaço temporal para estabilizar a empresa. Seja como for, entende-se não ser possível a superação da crise empresarial sem a adoção de medidas drásticas de gestão. Sozinha, em caso de crise patrimonial, a LREF não tem nada a oferecer"[29].

Não obstante a inconsistência em tela, o cenário de endividamento que prevalece nos pedidos de recuperação judicial por produtores rurais é o de imobilização de seu patrimônio por meio da aquisição de propriedades rurais, o que nos leva a inferir que o legislador, ao conhecer essa realidade, parece ter objetivado fixar requisitos que auxiliem a impedir pedidos de recuperação judicial em que os patrimônios dos devedores superem consideravelmente o volume de seus passivos. De qualquer forma, a previsão nos parece inadequada.

A partir dessa realidade e de uma hermenêutica que considere de forma sistemática o regime da Lei 11.101/2005, caberá aos operadores do direito, com destaque à jurisprudência, buscar formas de aplicação da restrição proposta, justamente para evitar, quando aplicável, casos em que a recuperação judicial esteja sendo utilizada de forma oportunista. A utilização, excepcionalmente, de perícia prévia pode ser avaliada em casos em que o favor legal aparente ser utilizado de forma abusiva[30].

3.2 Créditos sujeitos ao concurso de credores

> Art. 49 (...)
>
> § 6º Nas hipóteses de que tratam os §§ 2º e 3º do art. 48 desta Lei, somente estarão sujeitos à recuperação judicial os créditos que decorram exclusivamente da atividade rural e que estejam discriminados nos documentos a que se referem os citados parágrafos, ainda que não vencidos.
>
> § 7º Não se sujeitarão aos efeitos da recuperação judicial os recursos controlados e abrangidos nos termos dos arts. 14 e 21 da Lei 4.829, de 5 de novembro de 1965.

---

29. SCALZILLI, João Pedro; SPINELLI, Luis Felipe, TELLECHEA, Rodrigo. *Pandemia, crise econômica e Lei de Insolvência*. Porto Alegre, Ed. Buqui, 2020, p. 23.

30. A utilização, sempre em caráter excepcional, da vistoria prévia é referendada pelo Grupo de Câmaras Empresariais do Tribunal de Justiça do Estado de São Paulo:

    Enunciado VII: "Não obstante a ausência de previsão legal, nada impede que o magistrado, quando do exame do pedido de processamento da recuperação judicial, caso constate a existência de indícios de utilização fraudulenta ou abusiva do instituto, determine a realização de verificação prévia, em prazo o mais exíguo possível."

§ 8º Estarão sujeitos à recuperação judicial os recursos de que trata o § 7º deste artigo que não tenham sido objeto de renegociação entre o devedor e a instituição financeira antes do pedido de recuperação judicial, na forma de ato do Poder Executivo.

§ 9º Não se enquadrará nos créditos referidos no *caput* deste artigo aquele relativo à dívida constituída nos 3 (três) últimos anos anteriores ao pedido de recuperação judicial, que tenha sido contraída com a finalidade de aquisição de propriedades rurais, bem como as respectivas garantias.

A opção legislativa da Emenda Alceu, após debates a respeito dos gargalos enfrentados pelo setor na matéria das recuperações judiciais, foi de submeter à recuperação judicial os créditos que decorram exclusivamente da atividade rural desempenhada por pessoa física ou jurídica. Referidos créditos, para que submetam ao concurso, devem estar discriminados na documentação contábil inserida pelos §§2 e 3º do artigo 48.

A alteração em questão representa importante conquista ao Sistema de Financiamento do Agronegócio, visto que pode acarretar maior transparência às análises de crédito no momento de sua concessão, bem como uma compreensão mais adequada dos efeitos da crise e de eventual pedido de recuperação judicial pelo devedor. Isto, pois as dívidas particulares do empresário rural não se sujeitarão ao concurso.

Por outro lado, a aplicação da previsão quanto ao produtor rural pessoa natural pode enfrentar dificuldades práticas, dado que não há segregação patrimonial do empresário individual no Direito brasileiro, o que tende a implicar dificuldades importantes no curso da recuperação judicial do devedor que tenha credores particulares, que acabarão por serem titulares de créditos extraconcursais.

Esse fato traz a possibilidade de que o Poder Judiciário aplique soluções que atinjam os contenciosos paralelos e suas intentadas à recuperação judicial, o que não é algo estranho à realidade atual, ante o exemplo do crédito fiscal que, ante sua natureza extraconcursal, não enfrenta impedimento ao prosseguimento das execuções fiscais, contudo, os atos expropriatórios que possam afetar o patrimônio da recuperanda e acarretar riscos ao plano de recuperação restam suspensos[31]. O exemplo do Fisco não foi positivo ao sistema de insolvência e tampouco outros impedimentos similares a credores são bem-vindos, contudo, a jurisprudência tem indicado esse caminho, o que se teme que possa afetar os direitos de credores das dívidas particulares do produtor rural.

Na sequência, o legislador opta por não sujeitar o crédito rural[32] aos efeitos da recuperação judicial, bem como eliminar do concurso os créditos relativos à dívida constituída nos 3 (três) últimos anos anteriores ao pedido de recuperação judicial, que tenha sido contraída com a finalidade de aquisição de propriedades rurais, bem como as respectivas garantias.

Quanto ao crédito rural, inserido em um sistema nacional capitaneado por bancos públicos e instituído em 1965 com o objetivo de fomentar o setor, trata-se de opção

---

31. Vide EDcl no REsp 1505290/MG, Rel. Ministro Herman Benjamin, Segunda Turma, julgado em 28.04.2015; AgRg no AREsp 549.795/RJ, Rel. Ministro Benedito Gonçalves, Primeira Turma, julgado em 16.04.2015; TJSP, Agravo de Instrumento 2066423-49.2016.8.26.0000; Relator Leonel Costa; julgado em 20.07.2016.

32. Segundo o artigo 2º da Lei 4.829/65, considera-se crédito rural o fornecimento de recursos financeiros por entidades públicas e estabelecimentos de crédito particulares a produtores rurais ou a suas cooperativas para aplicação exclusiva em atividades que se enquadrem nos objetivos indicados na legislação em vigor.

legislativa que acaba por restringir ainda mais o rol de credores sujeitos ao concurso, restando excluídos, dessa forma, os créditos subsidiados na forma da Lei 4.829/65.

O novo § 9º do artigo 49, por sua vez, está relacionado à tentativa de reprimir ajuizamentos estratégicos de recuperações judiciais por produtores que atinjam altos níveis de endividamento em prol da aquisição de propriedades rurais. Isto, pois há no setor diversos *cases* que indicam esse *modus operandi*, como já dito.

A despeito da necessidade, em especial ante a abertura legislativa ao produtor rural quanto ao acesso ao regime de insolvência empresarial, do endurecimento de práticas para a concessão de crédito pelos financiadores, a restrição em tela busca atender o pleito do Sistema Privado de Financiamento em prol da utilização do instituto em casos de efetiva crise econômico-financeira, com o objetivo de minorar comportamentos oportunistas.

3.3 Plano especial de recuperação judicial

Art. 70-A. O produtor rural de que trata o § 3º do art. 48 desta Lei poderá apresentar plano especial de recuperação judicial, nos termos desta Seção, desde que o valor da causa não exceda a R$ 4.800.000,00 (quatro milhões e oitocentos mil reais).

O histórico da produção rural no Brasil advém de modelos protecionistas e de intenso dirigismo estatal que ultrapassam o sistema de financiamento do agronegócio (e.g. Estatuto da Terra). A origem agrária do país, que remete à agricultura de subsistência, de âmbito familiar, explicava a necessidade de o legislador tutelar de forma diferenciada a produção rural. O próprio regime de empresarialidade opcional do produtor rural, instituído pelo Código Civil, é exemplo desse cenário histórico.

Cenário esse que sofreu intensas modificações, desde o desenvolvimento de um Sistema Privado de Financiamento, com títulos de crédito específicos à atividade rural, à realidade atual em que o Brasil se insere como um dos principais expoentes de tecnologia de produção agrícola, com níveis de produção que são absoluto destaque no mercado global.

Diante dessa realidade heterogênea da produção rural – que apesar de ainda contar com pequenos agricultores espalhados pelo país, seu destaque advém da atuação de grandes grupos de produção rural, inclusive companhias abertas, cujos faturamentos felizmente atingem quantias exorbitantes – é bem vinda a possibilidade expressa do produtor rural pessoa natural poder acessar o regime do capítulo da legislação falimentar da Recuperação Judicial para Microempresas e Empresas de Pequeno Porte quando aplicável, apesar das dificuldades que as limitações trazidas pelo artigo 71 da Lei 11.101/05 trazem à ampla utilização do instituto.

3.4 A CPR com liquidação física

Art. 4º O art. 11 da Lei 8.929, de 22 de agosto de 1994, passa a vigorar com a seguinte redação:

Art. 11. Não se sujeitarão aos efeitos da recuperação judicial os créditos e as garantias cedulares vinculados à CPR com liquidação física, em caso de antecipação parcial ou integral do preço, ou, ainda, representativa de operação de troca por insumos (*barter*), subsistindo ao credor o direito à restituição

9 • IMPACTOS DAS ALTERAÇÕES NA ATIVIDADE RURAL E FINANCIAMENTO DO AGRONEGÓCIO

de tais bens que se encontrarem em poder do emitente da cédula ou de qualquer terceiro, salvo motivo de caso fortuito ou força maior que comprovadamente impeça o cumprimento parcial ou total da entrega do produto.

Parágrafo único. Caberá ao Ministério da Agricultura, Pecuária e Abastecimento definir quais atos e eventos caracterizam-se como caso fortuito ou força maior para os efeitos deste artigo. (vetado)

Por fim, tratemos da única alteração proposta pela Emenda Alceu que não atinge a Lei 11.101/05, mas a Lei 8.929/94, que instituiu a CPR, a qual foi infelizmente vetada pela Presidência da República.

A CPR é um dos principais e o mais utilizado título de crédito de fomento da produção rural e sua instituição foi essencial ao desenvolvimento dessa atividade, além de representar quebra do paradigma do modelo de financiamento público do setor. Trata-se de título de crédito à ordem, líquido, certo e exigível, representativo de promessa de entrega de produtos rurais, e cuja emissão é privativa ao produtor rural, pessoa natural ou jurídica, à cooperativa agropecuária e à associação de produtores rurais que tenha por objeto a produção, a comercialização e a industrialização de produtos rurais.

Quanto à sua emissão, prevalecem as modalidades física e financeira, esta última, inserida pela Lei 10.200/01, o que ampliou consideravelmente sua utilização no âmbito do mercado financeiro e de capitais, tornando-se um título de características singulares[33]. A primeira (*CPR fomento*) representa a obrigação de entrega do produto versado no título de acordo com suas previsões de quantidade, qualidade e data de vencimento. Quanto à CPR de liquidação financeira, não há previsão de entrega física do produto, mas de sua liquidação com o pagamento, de acordo com a cotação do produto e especificidades do título.

Ante as suas particularidades, referida cédula pode ser objeto de execução civil[34], cujo rito, execução para entrega de coisa incerta ou de execução por quantia certa, aplica-se, respectivamente, às modalidades ante sua forma de liquidação, física ou financeira. Sua inserção no rol de títulos executivos deriva, por força da taxatividade insculpida pelo artigo 784 do Código de Processo Civil, de previsão expressa da Lei

---

33. Vide comentários de WALD e BULGARELLI sobre tais características: "A cédula de produto rural, ou CPR, como a denomina a própria Lei n. 8.929/94, apresenta características peculiares, bem destacadas pelo mesmo professor Waldirio Bulgarelli, em artigo específico referente à matéria, pois, além de se integrar no regime dos títulos de crédito rural existentes (Decreto-lei 167, de 14.2.67), se inseriu entre os papéis de crédito reconhecidos como valores mobiliários (cf. Lei 6.385, de 7.12.76). Por isso mesmo apresenta características especiais como, v.g.: a) a desnecessidade da menção de valor pecuniário; b) sua qualificação como título líquido e certo, ensejando a exigibilidade de certa quantidade do produto mencionado; c) constitui um instrumento hábil para aparelhar a execução para entrega de coisa. (...) Sendo assim, a CPR tem sua disciplina imbricada com a de vários outros institutos, que lhe são conexos, como é o caso do penhor rural e do penhor mercantil, do direito cambial, dos valores mobiliários, da disciplina geral das obrigações previstas principalmente no Código Civil e dos dispositivos do Código de Processo Civil que regem a execução específica para a entrega de coisa (art. 15 da Lei n. 8.929/94)." (WALD, Arnoldo. Da desnecessidade de pagamento prévio para caracterização da Cédula de Produto Rural, *Revista Forense*, Volume 374, 2004, p. 5-6).

34. Na lição clássica sobre o processo executivo, conforme consagrada por LIEBMAN, "a execução civil é aquela que tem por finalidade conseguir por meio do processo, e sem o concurso da vontade do obrigado, o resultado prático a que tendia a regra jurídica que não foi obedecida. (LIEBMAN, Enrico Tulio. *Processo de execução*. São Paulo: Bestbook, 2001).

8.929/94[35], e sua essência de título executivo extrajudicial tem reconhecimento inconteste na jurisprudência[36].

No âmbito recuperacional, antes da adentrarmos à proposição da Emenda Alceu, e não obstante entendimentos louváveis do STJ a respeito da impenhorabilidade dos bens vinculados à CPR[37], o crédito originado por CPR emitida pela recuperanda, sem garantia de natureza fiduciária, se sujeita aos efeitos do concurso, o que, ante o avanço de pedidos de recuperação judicial no setor, bem como a discussão sobre a essencialidade desses bens[38], acabou por enfraquecer o uso da CPR, com o impedimento de excussão pelo credor dos produtos atrelados à cédula. A mudança proposta pela emenda trata justamente desse cenário.

Conforme indica a redação que propôs alteração ao artigo 11 da Lei 8.929/94, os créditos e as garantias vinculados à CPR com *liquidação física* (CPR *fomento*), em caso de antecipação parcial ou integral do preço, ou, ainda, representativa de operação de troca por insumos (*barter*), não se sujeitarão à recuperação judicial. Dessa forma, subsiste ao credor o direito à *restituição* dos bens que se encontrarem em poder do emitente da CPR ou de qualquer terceiro. Trata-se, a rigor, de uma das alterações que poderia apresentar reflexos importantes ao sistema de financiamento do setor, dada a relevância da CPR ao fomento da produção rural.

Neste ponto, deve-se rememorar que redação similar à em questão originalmente integrou a medida provisória que deu origem à Lei 13.986/20, contudo, a previsão acabou por ser removida do texto final da lei, "substituída" pela instituição do patrimônio rural de afetação, outro recente e importante instituto.

A mudança legislativa, contudo, se faz mais distante, visto que, em ato de sanção ocorrido em 24 de dezembro de 2020, a Presidência da República vetou a previsão em tela, sob a seguinte justificativa:

---

35. Art. 4º A CPR é título líquido e certo, exigível pela quantidade e qualidade de produto ou pelo valor nela previsto, no caso de liquidação financeira.

 Art. 4º-A (...)

 § 2º Para cobrança da CPR com liquidação financeira, cabe ação de execução por quantia certa.

 Art. 15. Para cobrança da CPR, cabe a ação de execução para entrega de coisa incerta.

36. "Conforme preceitua a Lei n. 8.929/1994, a cédula de produto rural consubstancia título executivo extrajudicial representativo de promessa de entrega de produtos rurais, cujo inadimplemento ensejava originariamente o ajuizamento de execução por quantia certa, tão somente. A partir da alteração legislativa (Lei n. 10.200/2001), a cédula de produto rural pode, ou não, vir acompanhada da respectiva liquidação financeira, circunstância que definirá, em caso de descumprimento da obrigação nela inserida, o procedimento de execução a ser adotado (se específica de entrega de coisa ou se por quantia certa)." (STJ, Recuso Especial 1.097.242/RS, Quarta Turma, Rel. Ministro Marco Buzzi, julgado em 20.08.2013).

37. "Com fundamento na destacada função social atribuída ao título, o legislador tratou de prever instrumentos garantidores de eficiência e eficácia à Cédula, dentre os quais destaca-se o objeto deste recurso, qual seja o privilégio especial atribuído a seus credores, regulado pelo art. 18 da Lei n. 8.929/1994, que estabeleceu que os bens vinculados à Cédula "não serão penhorados ou sequestrados por outras dívidas do emitente ou do terceiro prestador da garantia real", cabendo a estes comunicar tal vinculação a quem é de direito, surgindo desta previsão verdadeira hipótese legal de impenhorabilidade." (Recurso Especial 1.327.643/RS, Quarta Turma, Rel. Ministro Luis Felipe Salomão, julgado em 06.08.2019).

38. Sobre a complexa questão, que se trata atualmente de uma das principais discussões nas recuperações judiciais do setor, vide singelos comentários deste autor em "*Bens essenciais de empresas em recuperação*", artigo publicado no caderno de Legislação do Valor Econômico, em 13.09.2018. No âmbito privativo aos produtos agrícolas, a compreensão que nos parece adequada é de que tais ativos não se enquadram no conceito de "bens capital".

"Embora a boa intenção do legislador, e de acordo com o Ministério da Economia, a medida contraria o interesse público, haja vista que a inclusão das hipóteses de caso fortuito e força maior, como causas excludentes da exigência da cobrança da CPR na recuperação judicial, promove a alteração de risco do crédito, fato que torna-o mais caro, minora a confiança nesse título, e reduz os negócios realizados por meio desse importante instrumento, em prejuízo ao aprimoramento das regras relativas à emissão da CPR, a fim de alavancar o crédito para o setor rural"[39].

Ou seja, segundo o despacho presidencial concluiu, a alteração da sistemática relacionada aos eventos de caso fortuito e força maior enfraqueceria a CPR e, consequentemente, a matriz de crédito do setor. A importância da extraconcursalidade dos créditos e garantias atrelados à CPR *fomento*, no entanto, foi esquecida pela justificativa.

O veto e sua justificativa, sob a visão deste autor, são bastante preocupantes, haja vista que, além de transparecerem desconhecimento do Poder Executivo a respeito das controvérsias que frustram os interesses dos credores de CPRs em processos recuperacionais, denotam falta de compreensão de previsão que poderia devolver ao título o seu protagonismo no âmbito do financiamento da atividade de produção rural no Brasil, além de reequilibrar o descompasso gerado pelos inúmeros requerimentos de recuperações judicias no setor, em especial ante as discussões sobre a essencialidade dos produtos rurais, que não é solucionada pela reforma da lei falimentar e tampouco pela redação atual da Lei 8.929/94, a qual mantém vigente, vale lembrar, sistemática inadequada sobre casos de comprovada quebra de safra.

No que toca à alteração da previsão original do artigo 11 da Lei de CPR[40], para exceptuar as hipóteses de caso fortuito ou força maior que comprovadamente impeçam o cumprimento parcial ou total da entrega do produto, o legislador conferiu ao Ministério da Agricultura, Pecuária e Abastecimento (MAPA) o papel de definir os critérios de verificação para caracterizar os eventos de caso fortuito ou força maior, diante do caráter técnico e especializado da própria atividade de produção rural.

Trata-se de proposição que objetivava alterar a regra da impossibilidade de se alegar esses eventos, para expediente que fixaria uma sistemática aliada às especificidades técnicas pertinentes ao setor. A intenção visava, através de órgão técnico pertencente ao Poder Executivo, fornecer, periodicamente, por ato administrativo, parâmetros para auxiliar a análise pelo Poder Judiciário das características fáticas de cada caso.

No entendimento deste autor, logo, a disposição administrativa a ser emitida pelo MAPA poderia balizar o ato de jurisdição de análise a respeito de evento no caso concreto. Isto, pois caberia ao magistrado realizar o convencimento e a análise das características fáticas que ensejassem a exceção à regra de não sujeição do crédito e de suas garantias ao concurso de credores.

Fundamental para se compreender o racional da norma é a análise da Lei de Política Agrícola (Lei 8.171/91), que entrega ao órgão técnico o dever de manutenção de sistema de informação agrícola para divulgação de uma séria de dados mencionados pelo seu artigo 30, denotando-se no parágrafo único a necessidade de coordenação de estudos e

---

39. *Diário Oficial da União*, publicado em 24.12.2020, Edição: 246-B, Seção: 1 – Extra B, p. 35.
40. Art. 11. Além de responder pela evicção, não pode o emitente da CPR invocar em seu benefício o caso fortuito ou de força maior.

análises detalhados para fornecimento de dados aos agentes do mercado. Nessa mesma linha, as competências do MAPA, nos termos do Decreto 10.253/2020, trazem itens como a *"informação meteorológica e climatológica para uso na agropecuária"*. *"pesquisa em agricultura, pecuária, sistemas agroflorestais, aquicultura, pesca e agroindústria"*, *"assistência técnica"*, dentre outros que atestam a possibilidade técnica e disposição de estrutura tecnológica aptos a cumprir com a intenção legislativa.

Neste ponto, deve-se consignar que a doutrina e a jurisprudência especializadas evoluíram para compreender que a aplicação da teoria da imprevisão à atividade de produção rural é excepcionalíssima, dado que intempéries ou eventos naturais, em regra, não podem ser interpretados como imprevisíveis ao produtor rural[41].

Não obstante a interessante sistemática criada aos casos de quebra de safra, bem como a importantíssima extraconcursalidade da CPR *fomento*, que se trata do ponto mais relevante da mudança legislativa em tela ao financiamento privado do setor, o veto presidencial, se mantido pelo Congresso Nacional, representa a perda de oportunidade importantíssima para conferir maior segurança jurídica às relações negociais do agronegócio, além de fortalecer o fomento à produção rural.

4.   CONCLUSÃO

Este artigo pretendeu, além de contextualizar o cenário que culminou na Emenda Alceu, apresentar análise inicial das alterações propostas e seus reflexos à reestruturação da atividade rural e ao Sistema Privado de Financiamento do Agronegócio. Não se pode olvidar, contudo, que a reforma legislativa acabou por trazer alterações não abrangidas pela emenda estudada e que também podem afetar a atividade rural e sua relação com a insolvência empresarial.

---

41. Vide exemplos do entendimento em questão:

"Ademais, quanto ao pedido de aplicação da teoria da imprevisão, consignou o acórdão recorrido que, "é ínsito à atividade agrícola a sua sujeição às variações climáticas, vulnerabilidade às pragas da lavoura, entre outros" (e-STJ, fl. 794). Esse entendimento encontra-se alinhado com a jurisprudência desta Corte sobre a matéria, no sentido de que, nos contratos agrícolas, o risco é inerente ao negócio, de forma que eventos como seca, pragas, ou estiagem, dentre outros, não são considerados fatores imprevisíveis ou extraordinários que autorizem a adoção da teoria da imprevisão".

(STJ, Agravo Interno no Agravo em Recurso Especial 1.02. 7.435/GO, Min. Rel. Marco Aurélio Bellize, j. 24.08.2020)

"Agravo interno no agravo em recurso especial. Busca e apreensão e depósito. Contratos agrícolas. Teoria da imprevisão. Inaplicabilidade. Súmula 83/STJ. Dissídio jurisprudencial não comprovado. Agravo não provido. *1. A jurisprudência desta Corte é firme no sentido de que, nos contratos agrícolas, o risco é inerente ao negócio, de forma que eventos como seca, estiagem, pragas, ferrugem asiática, entre outros, não são considerados fatores imprevisíveis ou extraordinários que autorizem a adoção da teoria da imprevisão. Precedentes. 2.* A Segunda Seção desta Corte consolidou o entendimento de que a devolução em dobro dos valores pagos pelo consumidor somente é possível quando demonstrada a má-fé do credor, o que não é o caso dos autos, conforme preceituou o Tribunal a quo. 3. Em relação à admissibilidade do recurso especial pela alínea c do permissivo constitucional, a jurisprudência desta Corte é no sentido de que a simples transcrição de ementas, sem que se evidencie a similitude das situações, não se presta como demonstração da divergência jurisprudencial. 4. Agravo interno desprovido" (STJ, Agravo Interno no Agravo em Recurso Especial 1.233.352/RS, Min. Rel. Raul Araújo, j. 22.06.2020).

Dentre as mais relevantes, cite-se o novo §13 do artigo 6° da Lei 11.101/05, cuja redação[42] exceptua aos efeitos da recuperação judicial os contratos e obrigações decorrentes dos atos cooperativos praticados pelas sociedades cooperativas com seus cooperados, o que representa valores relevantes[43] às atividades dos produtores rurais, mas que sofreu veto pela Presidência da República. Outra alteração relevante se dá com a previsão do novo artigo 193-A, que retira da recuperação judicial os créditos decorrentes de operações compromissadas e derivativos de balcão, o que atinge os contratos de *hedge* comumente explorados pelos produtores rurais para controle de risco de suas posições[44]. São inovações que, dentre outras, também podem afetar a atividade rural e sua reestruturação, razão pela qual merecem detida avaliação em âmbito específico.

Realizadas as considerações necessárias, este autor espera que a presente análise contribua à adequada compreensão de reforma legislativa cujos reflexos afetam a reestruturação da atividade rural e o fomento do agronegócio. Como consagrou o Dep. Ulysses Guimarães, *a verdade não tem proprietário exclusivo e infalível*, de modo que este singelo artigo visa à qualificação do debate sobre as novas previsões legais, como contribuição aos agentes econômicos e aos operadores do Direito que pretendam se aprofundar nesse setor que ultrapassa as barreiras econômicas e a cada dia mais conquista a atenção dos comercialistas, sendo um verdadeiro ramo do Direito Comercial, o Direito do Agronegócio.

5. REFERÊNCIAS

AGHION, Philippe. The economics of bankruptcy reform. *Journal of Law, Economics and Organization*. 1992, v. 8, issue 3.

BURANELLO, R. M. *Sistema Privado de Financiamento do Agronegócio: regime jurídico*. Ed. Quartier Latin: São Paulo, 2011.

BURANELLO, Renato; FAILLA, Wilson; Regime jurídico do produtor rural e o instituto da recuperação judicial; *Revista de Direito Empresarial Rede*, Haroldo Malheiros Duclerc Verçosa (coord.). Ano 4, Edição n. 20, São Paulo: Ed. RT, 2016.

---

42. §13. Não se sujeitam aos efeitos da recuperação judicial os contratos e obrigações decorrentes dos atos cooperativos praticados pelas sociedades cooperativas com seus cooperados, na forma do art. 79 da Lei 5.764, de 16 de dezembro de 1971, consequentemente, não se aplicando a vedação contida no inciso II do art. 2° quando a sociedade operadora de plano de assistência à saúde for cooperativa médica (vetado).

43. Vide matéria do Valor Econômico, "Digitalização acelera avanço de cooperativas de crédito no campo – grupos ampliam investimentos nessa frente e registram expansão em meio à pandemia", caderno de Agronegócios de 15.12.2020.

44. Art. 193-A. O pedido de recuperação judicial, o deferimento de seu processamento ou a homologação do plano de recuperação judicial não afetarão ou suspenderão, nos termos da legislação aplicável, o exercício dos direitos de vencimento antecipado e de compensação no âmbito de operações compromissadas e de derivativos, de modo que essas operações poderão ser vencidas antecipadamente, desde que assim previsto nos contratos celebrados entre as partes ou em regulamento, proibidas, no entanto, medidas que impliquem a redução, sob qualquer forma, das garantias ou de sua condição de excussão, a restrição do exercício de direitos, inclusive de vencimento antecipado por inexecução, e a compensação previstas contratualmente ou em regulamento.

§ 1° Em decorrência do vencimento antecipado das operações compromissadas e de derivativos conforme previsto no caput deste artigo, os créditos e débitos delas decorrentes serão compensados e extinguirão as obrigações até onde se compensarem.

§ 2° Se houver saldo remanescente contra o devedor, será este considerado crédito sujeito à recuperação judicial, ressalvada a existência de garantia de alienação ou de cessão fiduciária.

CAMPINHO, Sergio; *Curso de Direito Comercial*: falência e recuperação de empresas; São Paulo: Saraiva Educação, 2019.

COELHO, Fábio Ulhoa. *Comentários à Lei de Falências e de recuperação de empresas*. 8. ed. São Paulo: Saraiva, 2011.

DAVIS, J., GOLDBERG, R. *A concept of agribusiness*, Boston: Harvard University, 1957.

FORGIONI, Paula Andrea. *Teoria Geral dos Contratos Empresariais*. São Paulo: Ed. RT, 2009.

LIEBMAN, Enrico Tulio. *Processo de execução*. São Paulo: Bestbook, 2001.

NOGUEIRA, Ricardo José Negrão. *Preservação da empresa: princípio?* Tese de doutorado apresentada perante a PUC-SP, São Paulo, 2016.

OLIVEIRA FILHO, Paulo Furtado, "*Perícia prévia na recuperação judicial: a exceção que virou regra?*", artigo publicado no site Migalhas em 02.05.2018.

SADDI, Jairo. *Crédito e Judiciário no Brasil*: uma análise de Direito & Economia. São Paulo: Quartier Latin, 2007.

SCALZILLI, João Pedro; SPINELLI, Luis Felipe, TELLECHEA, Rodrigo. *Pandemia, crise econômica e Lei de Insolvência*. Porto Alegre, Ed. Buqui, 2020.

SICHES, L. Recanséns, *Filosofia del Derecho*, México, Porrúa, 1959.

SZTAJN, Rachel e VERÇOSA, Haroldo Malheiros Duclerc. Recuperação Judicial do Empresário Rural. *Revista Brasileira do Agronegócio*, v. 1, 1º Semestre/2019, São Paulo: Ed. Thoth, 2019.

VON MISES, Ludwig. *A ação humana*. Trad. Donald Stewart Jr. 31. ed. São Paulo: Mises Brasil, 2010.

WALD, Arnoldo. Da desnecessidade de pagamento prévio para caracterização da Cédula de Produto Rural, *Revista Forense*, v. 374, 2004.

WARREN, Elizabeth. *Bankruptcy Policymaking in an Imperfect World, Michigan Law Review*, n. 92, 1993-1994.